Studien der Hessischen Stiftung
Friedens- und Konfliktforschung

Herausgegeben von der

HSFK

Band 12

Susanne Fischer

Reisen für den Frieden?

Engagement von Unternehmen der Tourismusbranche in Israel und den Palästinensischen Gebieten

Nomos

Die Studien unterliegen einem externen Gutachterverfahren.

Die Deutsche Nationalbibliothek verzeichnet diese Publikation in der Deutschen Nationalbibliografie; detaillierte bibliografische Daten sind im Internet über http://dnb.d-nb.de abrufbar.

Zugl.: Darmstadt, Univ., Diss., 2011

ISBN 978-3-8329-6788-8

D 17

1. Auflage 2012

Vorwort

Bei diesem Buch handelt es sich um die geringfügig veränderte Fassung meiner Doktorarbeit. Diese habe ich Anfang des Jahres 2011 an der Technischen Universität Darmstadt eingereicht und schließlich verteidigt. Sie wurde im Rahmen des von der Fritz Thyssen Stiftung finanzierten Forschungsprojektes *Die Rolle von Unternehmen in Konfliktzonen* an der Hessischen Stiftung Friedens- und Konfliktforschung (HSFK) in Frankfurt am Main verfasst. Während der Arbeit an meiner Dissertation haben mich verschiedene Institutionen und zahlreiche Personen unterstützt, ihnen möchte ich an dieser Stelle danken.
Zu allererst gilt mein Dank Klaus Dieter Wolf, Leiter des „Business-Projektes" und Erstgutachter, für die Möglichkeit, meine Doktorarbeit in diesem Forschungsprojekt, und damit im intensiven fachlichen Austausch, entwickeln und umsetzen zu können. Die stets wertvollen Anregungen von ihm sowie von Nicole Deitelhoff, Zweigutachterin dieser Arbeit, sind an zahlreichen Stellen in vorliegende Dissertation eingeflossen. Die Erfahrungen, die aus dem konzentrierten Arbeiten an diesen beiden Projekten erwuchsen, sind ein unschätzbares Gut. Hierfür möchte ich beiden Betreuern herzlich danken.

Daneben gilt mein Dank den Kolleginnen und dem Kollegen des „Business-Projektes" für die wirklich kolossale Teamarbeit, den Mitgliedern des HSFK-Doktorandenkolloquiums für die konstruktiv-kritische Lektüre der vorgestellten Kapitel sowie den Kolleginnen und Kollegen in der HSFK für die kollegiale und freundschaftliche Zusammenarbeit.

Der Deutschen Stiftung Friedensforschung (DSF) und der HSFK danke ich für die finanzielle Unterstützung im Rahmen von Promotionsstipendien. Neben der DSF förderte die Minerva Stiftung der Max Planck Gesellschaft meine empirische Forschung in Israel und den Palästinensischen Gebieten mit einem Short-Term Research Grant. Mein Dankeschön geht an dieser Stelle auch an alle Interviewpartnerinnen und Interviewpartner in Deutschland, Israel und den Palästinensischen Gebieten. Ohne deren Auskunftsbereitschaft wäre diese Arbeit nicht möglich gewesen.

Schließlich danke ich meiner Familie und meinen Freunden. Meinen Eltern, die mich bei allen Entscheidungen uneingeschränkt unterstützt haben – auch wenn mich meine Wege nach Wien, Kairo und Jerusalem und weniger nach Balingen führten. Stellvertretend für die Freunde im wissenschaftlichen und nicht-wissenschaftlichen Umfeld, deren Rat, Tat und Ideen mich stets weitergebracht haben, möchte ich Andreas, Eike, Iris und Mirjam danken. An dieser

Stelle darf natürlich das gemeinsame Schreiben in der schmucken Altphilologie nicht unerwähnt bleiben.

Mein besonderer Dank gilt Jan. Nicht nur für die Unterstützung beim Korrekturlesen und Formatieren, sondern vor allem dafür, dass er trotz der stets wiederkehrenden Formel mit *der* Deadline immer für mich da war.

Düsseldorf, August 2011 Susanne Fischer

Inhaltsverzeichnis

Tabellen- und Abbildungsverzeichnis

Abkürzungsverzeichnis

ATG	Alternative Tourism Group
BIP	Bruttoinlandsprodukt
CC	Corporate Citizenship
CEO	Corporate Executive Officer
CSR	Corporate Social Responsibility
ISO 14001	Internationale Umweltmanagementnorm für Umweltmanagementsysteme
ISO 9001	Internationale Qualitätsmanagementnorm für Qualitätsmanagementsysteme
DRV	Deutscher ReiseVerband e.V.
DSF	Deutsche Stiftung Friedensforschung
ECPAT	End Child Prostitution, Pornography and Trafficking for Sexual Purposes
EMAS	Eco-Management and Audit Scheme
EU	Europäische Union
GRI	Global Reporting Initiative
GTZ	Gesellschaft für technische Zusammenarbeit
HLITOA	Holy Land Incoming Tour Operators Association
HSFK	Hessische Stiftung Friedens- und Konfliktforschung
IB	Internationale Beziehungen
IO	Internationale Organisation
ISO	International Organization for Standardization
KfW	Kreditanstalt für Wiederaufbau
KMU	Kleine und mittlere Unternehmen
Laila Tours	Laila Tours & Travel
MNU	Multinationales Unternehmen
NET	Near East Tourist Agency
NRO	Nichtregierungorganisation
PIRT	Palestinian Initiative for Responsible Tourism
PNA	Palestinian National Authority
PRDP	Palestinian Reform and Development Plan
REWE Touristik	Touristik der REWE Group
Studiosus	Studiosus Reisen München GmbH
The Code	The Code of Conduct for the Protection of Children from Sexual Exploitation in Travel and Tourism
TNU	Transnationales Unternehmen
TOI	Tour Operators' Initiative for Sustainable Tourism Development

TUI	TUI AG
UNWTO	United Nations World Travel Organization
USA	United States of America

1. Unternehmensengagement für Frieden in Konfliktregionen?

„Frieden braucht Wirtschaft – und Wirtschaft Frieden!" (Alroi-Arloser 2004)

Ob und wie Wirtschaft und Frieden in Israel und den Palästinensischen Gebieten zusammengehen ist ein Thema, über das Vertreter[1] von Politik und Wirtschaft in den vergangenen Jahren intensiv nachgedacht haben. Shimon Peres, iraelischer Außenminister während der Friedensverhandlungen zwischen Israelis und Palästinensern in Oslo, entwirft in *The Broader Middle East* die Vision eines friedlichen Wirtschaftsraumes Nahost (Peres 1993). Stef Wertheimer, israelischer Unternehmer, entwickelte das Konzept israelisch-palästinensischer Industriezonen, in welchen Israelis und Palästinenser zusammenarbeiten.[2] Grisha Alroi-Arloser steht 2004 als Hauptgeschäftsführer der Deutsch-Israelischen Wirtschaftsvereinigung e.V. für eine Sichtweise, die Wirtschaft und Frieden, wie das einleitende Zitat veranschaulicht, als interdependent begreift und deswegen das gleichzeitige Ineinandergreifen der Prozesse stark macht.[3]

Im Gegensatz dazu befasste sich die politikwissenschaftliche Forschung der Internationalen Beziehungen und der Friedens- und Konfliktforschung eher mit den spannungsreichen Momenten des Wechselverhältnisses von Wirtschaft und Frieden: Angesichts einer wachsenden Anzahl innerstaatlicher Konflikte mit dem Ende des Ost-West-Konfliktes identifizierte die Forschung zur politischen Ökonomie von Bürgerkriegen die Einbindung von Konfliktregionen in die globalen Welt(rohstoff)märkte als zentralen Faktor für die Entstehung und die Persistenz von innerstaatlichen Gewaltkonflikten. Diese Einbindung ermöglicht es lokalen Konfliktparteien, Profite durch den Handel mit verschiedenen Rohstoffen zu erwirtschaften und diese beispielsweise in Waffen oder Soldaten zu investieren.[4]

1 Diese Arbeit verzichtet aus Gründen der besseren Lesbarkeit auf eine genderausgeglichene Schreibweise.

2 So initiierte Stef Wertheimer als Geschäftsführer des hartmetallverarbeitenden Unternehmens ISCAR das Tefen-Modell. Der Industriepark Tefen folgt einem *integral approach* mit Blick auf Wirtschaftsentwicklung, d.h. neben Unternehmergeist und Bildung gehört auch die Koexistenz jüdischer und nicht-jüdischer Teile der Bevölkerung zum Leitbild der Industrieparks, http://www.iparks.co.il/museum/default.aspx (02.11.09).

3 Seit 2008 ist Grisha Alroi-Alroser Geschäftsführer der Israelisch-Deutschen Industrie- und Handelskammer in Tel Aviv.

4 Für die wissenschaftliche Diskussion über die die Akteure motivierenden Faktoren – greed versus grievance – sind unter anderem die Arbeiten von Collier und Hoeffler (Collier/Hoeffler 2000) und Berdal/Malone instruktiv (Berdal/Malone 2000).

Wissenschaftliche *think tanks* sowie die Friedens- und Konfliktforschung nahmen überdies Mitte der 1990er die Verstrickung von einzelnen Unternehmen in lokale Gewaltkonflikte in den Blick – ein Phänomen, das durch die öffentliche Skandalisierung, organisiert und durchgeführt von transnational operierenden und vernetzten Nichtregierungsorganisationen (NROs), zunehmend publik wude. Besonders prominent ist der Fall des Diamantenunternehmens DeBeers mit Sitz in Johannesburg und London.[5] Ende der 1990er Jahre machten insbesondere *Global Witness* und *Partnership Africa Canada* darauf aufmerksam, dass Rebellengruppen in Angola und Sierra Leone ihren grausamen Krieg um die Macht aus Einkünften aus dem Verkauf von Rohdiamanten finanzierten. Im Zuge dieser Veröffentlichungen und der NRO-Kampagne *Fatal Transactions* geriet DeBeers, marktführendes Unternehmen im Diamantenhandel, damit in die Schlagzeilen, mit so genannten Konfliktdiamanten auf Kosten der Bürgerkriegsländer Gewinn zu machen (Bone 2004; Huckel/Rieth et al. 2007: 128-133).

Während privatwirtschaftlichen Akteuren im Szenario der Bürgerkriegsökonomien als Zwischenhändler oder Abnehmer noch nachrangige Bedeutung zugewiesen wurde, verweist das Beispiel DeBeers auf die aktive und direkte Verbindung transnational sowie lokal operierender privatwirtschaftlicher Unternehmen zu innerstaatlichen Gewaltkonflikten.[6] Vor dem Hintergrund dieses empirischen Befundes drängt sich die Frage nach dem Verhältnis von Wirtschaft und Frieden erneut auf – jedoch unter anderen Vorzeichen.

1.1 Thema und Fragestellung

Im Zentrum dieser Arbeit soll das Verhältnis von Unternehmensverhalten und Frieden in Konfliktregionen stehen.[7] Die niederschmetternde Ausprägung der empirischen Befunde zu Unternehmensverhalten in Konfliktregionen und ein normativ angeleitetes Forschungsinteresse legen es nahe, insbesondere den Bedingungen und Möglichkeiten pazifizierenden Handelns privatwirtschaftlicher Akteure in Konfliktregionen nachzugehen. Bestätigung erfährt dieses Interesse auch durch realweltliche Entwicklungen. So sah sich das Unternehmen DeBeers

5 Hollywood widmete sich diesem Thema mit dem Film *Blood Diamond* in Starbesetzung: http://wwws.warnerbros.de/blooddiamond/ (31.01.11).

6 Während einige politikwissenschaftliche Arbeiten mit dem Begriff *private Akteure* arbeiten (Carbonnier 2009: 246), wird hier zur Verdeutlichung des Akteursfokus stets von *privatwirtschaftlichen Akteuren* gesprochen. Darüber hinaus werden die Begriffe *Unternehmen* und *privatwirtschaftliche Akteure* synonym verwendet.

7 Die Begriffe Verhalten/Handeln von Unternehmen werden entgegen Max Webers Unterscheidung entlang des subjektiven Sinns in dieser Arbeit synonym und nicht als terminus technicus verwandt (Weber 1984: 19-43).

durch den öffentlichen Druck gezwungen, umzusteuern. Fortan engagierte es sich im Rahmen des so genannten *Kimberley-Prozesses*, der von interessierten Staaten, Vertretern der Diamantenindustrie und Internationalen Organisationen (IOs) im Jahr 2000 angeregt wurde, für die Zertifizierung von „sauberen" Diamanten.[8] Diese Veränderung unternehmerischen Verhaltens ist kein Einzelfall. In Reaktion auf das Bekanntwerden negativer Auswirkungen ihrer Unternehmensaktivitäten in Konfliktregionen nahmen privatwirtschaftliche Akteure in der letzten Dekade eine aktivere Rolle ein. Unternehmen kooperierten vor diesem Hintergrund zunehmend mit Staaten, IOs oder NROs im Rahmen politischer Prozesse zu verschiedensten Problemfeldern. Für derartige Kooperationskonstellationen sind im Bereich von Menschenrechtsfragen die *Voluntary Principles on Security and Human Rights* – eine Initiative, die vom US-amerikanischen *State Department* und dem britischen *Foreign and Commonwealth Office* ins Leben gerufen wurde – exemplarisch (Freeman/Hernández Uriz 2003). Zur Steigerung der Transparenz der Zahlungsströme in den extraktiven Industrien wurde 2002 die *Extractive Industry Transparency Initiative* in Leben gerufen (Feldt 2004). Neben dem Engagement in Multistakeholderinitiativen oder rein privatwirtschaftlichen sektoralen Initiativen ist auch zunehmendes individuelles Unternehmensengagement nachweisbar – als Indiz lassen sich Selbstverpflichtungen in Form von Unternehmensleitlinien nennen.[9]

Vor diesem Hintergrund liegt die Vermutung nahe, dass sich Unternehmen in Konfliktregionen zunehmend aktiver verhalten (Wolf/Deitelhoff et al. 2007: 295). In den letzten Jahren kam es zu einer immer intensiveren wissenschaftlichen Beschäftigung mit der Rolle von privatwirtschaftlichen Akteuren in Konfliktregionen – zunächst vor allem in Form von empirisch-deskriptiven Fallstudien zu einzelnen Unternehmen oder Initiativen, schließlich jedoch auch mit der Frage nach der Erklärung des privatwirtschaftlichen Engagements. Vor diesem Hintergrund wurden bereits unterschiedlichste Faktoren als Erklärungsvariablen vorgebracht und diskutiert (Haufler 2001a; Spar/Mure 2003; Steuerer 2009; Wolf/Deitelhoff et al. 2007: 305). Theoretisch angeleitete, systematisch vergleichende empirische Forschung ist jedoch nach wie vor ein sehr junges Feld[10] – hierzu möchte vorliegende Arbeit, die in diesem Zusammenhang einer doppelten Fragestellung folgt, beitragen: In einem ersten Schritt soll untersucht

8 Es ist umstritten, wie effektiv der Zertifizierungsmechanismus ist (Huckel/Rieth et al. 2007: 132).

9 Exemplarisch für derartige individuelle Selbstverpflichtungen – *Codes of Conduct* - siehe: Deutsche Post DHL: http://www.dp-dhl.com/en/about_us/code_of_conduct.html (02.02.11), oder Deutsche Telekom: http://www.telekom.com/dtag/cms/content/dt/de/7164 (02.02.11).

10 Bis vor wenigen Jahren war dieses Forschungsfeld noch kaum theoretisch-systematisch bearbeitet worden (Rittberger 2004: 29; Wolf/Deitelhoff et al. 2007: 295).

werde, wie sich international, transnational und lokal operierende Unternehmen in Konfiktregionen[11] verhalten. Dabei interessiert insbesondere Unternehmensverhalten, das – im Gegensatz zu den eingangs skizzierten empirischen Beispielen – die Voraussetzungen erfüllt, eine Friedenswirkung zu entfalten. In einem zweiten Schritt soll erklärt werden, warum sich die ausgewählten Unternehmen in der festgestellten Weise verhalten. Das Erkenntnisinteresse der Arbeit ist somit zum einen empirisch-deskriptiv, zum anderen analytisch begründet. Die entscheidende Analyseebene ist das Engagement von Unternehmen.

1.2 Forschungsdesign und Methodik

Um das Unternehmensengagement, die abhängige Variable in dieser Arbeit, im empirisch-deskriptiven Teil nicht nur zu erfassen, sondern auch vergleichbar zu machen, bedarf es zunächst der Konzeption der abhängigen Variablen. Anders als beispielsweise bei der Analyse staatlichen Handelns liegen bislang jedoch nur wenige theoretische Ansätze zur Beschreibung und Erklärung von Unternehmensengagement in Konfliktregionen vor.[12] Vorliegende Arbeit knüpft hier stark an Überlegungen des HSFK-Forschungsprojektes an und rekurriert für die Konzeption der abhängigen Variablen auf Überlegungen der politischen Steuerung sowie der Governance-Forschung (Feil/Fischer et al. 2008a; Deitelhoff/Wolf 2010b; Wolf/Deitelhoff et al. 2007). Die konzeptionelle Offenheit von Governance erlaubt das Verhalten unterschiedlicher Akteurstypen auf verschiedenen Ebenen sowie in vielfältigen Konstellationen zu erfassen. Dies ermöglicht einen systematischen Zugriff auch auf Unternehmen als (politische) Akteure. Letztlich wird in dieser Arbeit das Unternehmensengagement jedoch stark inklusiv konzipiert, um unterschiedliche Formen von Unternehmensverhalten sichtbar werden zu lassen.[13] Schließlich modelliere ich privatwirtschaftliche Unternehmen als

11 Als Konfliktregion wird das geographische Gebiet bezeichnet, auf dem sich Konfliktparteien aufhalten und den Konflikt austragen. Entsprechend der Definition von Wallensteen (Wallensteen 2002: 16-24): „Conflict consists of three components: action, incompatibility and actors. Combining them we arrive at a complete definition of a conflict as a social situation in which a minimum of two actors (parties) strive to aquire at the same moment in time an available set of scarce resources“ (Wallensteen 2002: 16). Und: „What counts is the use of violence. [...] It covers conflicts from a threshold level of 25 battle-related deaths in a year“ (Wallensteen 2002: 24).

12 Einige Ansätze operieren mit konzeptionellen Überlegungen der Konfliktprävention oder dem *Peacebuilding*, exemplarisch: Haufler 2001a: 665ff; Joras 2007: 35-44; Rieth/ Zimmer 2004b; Sweetman 2009.

13 Das Forschungsprojekt an der HSFK fokussiert auf die Beschreibung und Erklärung von *Governance-Beiträgen* – diese Arbeit identifiziert jedoch drei Formen von Engagement (siehe Kapitel 3.2).

Nutzen maximierende Akteure mit eingeschränkter Rationalität. Der Rekurs auf dieses bereits etablierte Modell zur Beschreibung und Erklärung von Akteurshandeln schärft den Blick für Unternehmensverhalten, das von dieser Logik abweicht. Der Beitrag privatwirtschaftlicher Akteure zu Frieden wird in Anknüpfung an Überlegungen der Friedens- und Konfliktforschung sowie an Literatur zu *Peacebuilding* konzipiert. Aus diesem Untersuchungsinteresse ergeben sich folgende Überlegungen für die Fallauswahl und das Forschungsdesign der Arbeit:

Ein Blick in die Forschungsliteratur zur Rolle von Unternehmen in Konfliktregionen zeigt, dass diese stark von Fallstudien zu transnationalen Unternehmen des produzierenden Gewerbes (chemische Industrie, Nahrungsmittelindustrie, Textilsektor) und insbesondere des extraktiven Sektors (Öl, Diamanten, Coltan) dominiert wird. Eine Forschungslücke existiert somit zu Unternehmen des Dienstleistungssektors einerseits und lokal ansässigen Unternehmen andererseits. Vor diesem Hintergrund bietet es sich an, das Engagement der international bzw. transnational operierenden deutschen Tourismusbranche sowie das der lokal ansässigen Tourismusbranche in Israel und den Palästinensischen Gebieten auszuwählen, um die Frage nach dem Engagement von Unternehmen in Konfliktregionen zu untersuchen.[14] Die wissenschaftliche Annäherung an die zentralen Charakteristika der Tourismusbranche legt nahe, dass es sich bei der Tourismusbranche um einen *most-likely case* für Unternehmensengagement in Konfliktregionen handelt (George/Bennett 2005: 120f). Damit ist die Branche besonders gut geeignet, um dem Forschungsinteresse – der Beschreibung und Erklärung von pazifizierenden Unternehmensengagement in Konfliktregionen – nachzugehen. Aus der empirischen Annäherung an die Tourismusbranche sowie unter Rückgriff auf Überlegungen der Tourismusforschung werden zwei Hypothesen zu den Bedingungen des Engagements dieser Branche in Konfliktregionen formuliert. Auf Grundlage dieser Hypothesen gehe ich der Frage nach dem Unternehmensengagement (der Tourismusbrache) in Konfliktregionen in *drei Schritten* nach:

Im *ersten Schritt* werden die vorab formulierten Hypothesen im Rahmen von strukturierten fokussierten Fallstudien sowie einer Kongruenzanalyse auf Plausibilität untersucht.[15] Ziel ist die Plausibilisierung – und ggf. Spezifizierung – dieser Hypothesen, die die Tourismusbranche als *most-likely case* für die Entwicklung zu einem aktiveren privatwirtschaftlichen Engagement in Konfliktregionen beschreiben. Um die Generalisierbarkeit zu steigern, werden Unternehmen mit möglichst unterschiedlichen Merkmalen, z.B. hinsichtlich des Heimatstaates, der Unternehmensgröße oder der Eigentümerstruktur, ausgewählt. Dementsprechend werden drei Unternehmen gewählt, deren Unternehmenszentralen in Deutsch-

14 Eine umfassendere Begründung der Auswahl der Tourismusbranche und der Konfliktregion erfolgt in Kapitel 2.2 und Kapitel 4.3.

15 Zur Plausibilitätsprobe siehe Eckstein 1992a: 147; George/Bennett 2005: 75.

land angesiedelt sind, nämlich die TUI AG, Touristik der REWE Group, Studiosus Reisen München GmbH. Im Gegensatz dazu haben die Near East Tourist Agency, Laila Tours & Travel sowie die Alternative Tourism Group ihren Sitz in den Palästinensischen Gebieten.[16] Mit der Entscheidung für Israel und die Palästinensischen Gebiete als Konfliktregion können zusätzlich unterschiedliche Formen von Tourismus untersucht werden.[17] Die empirischen Befunde dieses ersten Untersuchungsschrittes zeigen unterschiedliche Formen privatwirtschaftlichen Engagements in der Konfliktregion auf. Allerdings – und dies überrascht – bestätigen diese Befunde nicht die Vermutung, dass sich Unternehmen in Konfliktregionen zunehmend aktiver engagieren. Vielmehr deutet die Ausprägung des Engagements in die gegenläufige Richtung. Lediglich zwei Unternehmen – Studiosus und ATG – weisen Engagement in der Konfliktregion auf, das verschiedene Dimensionen und Formen abdeckt. Die Mehrheit der ausgewählten Unternehmen engagiert sich – anders als vermutet – nur geringfügig für Frieden in der ausgewählten Konfliktregion.

Vor dem Hintergrund dieses Befundes werden im *zweiten Untersuchungsschritt* diese empirisch verschiedenen Unternehmensgruppen zunächst getrennt voneinander analysiert. (i) Das gering ausgeprägte Engagement der Mehrheit der Unternehmen deutet darauf hin, dass keine Veränderung der abhängigen Variable über Zeit zu beobachten ist. Daher fokussiert die Analyse des Unternehmensengagements von TUI, REWE Touristik, NET und Laila Tours auf einen Zeitpunkt und greift auf Branchenexperten und die Tourismusforschung zurück. (ii) Dem Engagement von Studiosus und NET, die sich in verschiedenen Dimensionen sowie auf unterschiedliche Weise für Frieden engagieren, wird im Rahmen von Längschnittstudien mit einer Prozessanalyse an salienten Wendepunkten nachgegangen. Ziel dieser Einzelfallstudien ist die Identifikation der fallspezifischen Erklärungsfaktoren und deren Zusammenspiel sowie die Identifikation

16 Im Folgenden werden mit Ausnahme der Kapitelüberschriften und der Unternehmensportraits in Kapitel 6 jeweils Namensabkürzungen für die Unternehmen verwendet. Diese Abkürzungen sind wie folgt: TUI (TUI AG), REWE Touristik (Touristik der REWE Group), Studiosus (Studiosus Reisen München GmbH), NET (Near East Tourist Agency), Laila Tours (Laila Tours & Travel), ATG (Alternative Tourism Group). Um Irrtürmer zu vermeiden: Die REWE Group bezeichnet ausschließlich die pauschaltouristischen Veranstaltermarken unter dem Dach der Touristik der REWE Group als REWE Touristik. In dieser Arbeit ist jedoch stets von dem Gesamtportfolio der Touristik der REWE Group die Rede, wenn von REWE Touristik gesprochen wird. Caveat: Dem Unternehmensengagement wird mit der größt möglichen Sorgfalt nachgegangen, gleichwohl zeigen die vorliegenden Materialien nur einen Ausschnitt aus einem Gesamtbild und lassen oftmals unterschiedliche Interpretationen zu. Diese hat die Autorin nach sorgfältiger Abwägung und best möglicher Recherche vorgenommen.

17 Natürlich sind gerade bei Forschung in Konfliktregionen auch forschungspragmatische Aspekte für die Fallauswahl relevant, d.h. wie sicher kann sich die Forscherin in dem Land bewegen und sich – ein wesentlicher Aspekt für die Interviews – verständigen.

der Kausalmechanismen, die dazu führen, dass sich diese Unternehmen für Frieden in der Konfliktregion engagieren. Das Unternehmensengagement beider Unternehmensgruppen gilt dann als hinreichend erklärt, wenn sich ein jeweils konsistentes Gesamtbild für das Unternehmensengagement ergibt.

Der *dritte Untersuchungsschritt* fügt die Erklärungsansätze der vorangehenden Kapitel zusammen und betrachtet nun alle Unternehmen im Lichte der identifizierten Erklärungsfaktoren. Diese Erkenntnisse werden zudem an bestehende theoretische Überlegungen angeschlossen und abschließend in ein Modell zur Erklärung privatwirtschaftlichen Engagements (der Tourismusbranche) in Konfliktregionen eingefügt.

Für die Durchführung der Unternehmensfallstudien werden Unternehmensberichte, öffentliche Stellungnahmen von Unternehmensvertretern sowie Berichte von NROs und wissenschaftliche Beiträge herangezogen. Außerdem wurden Interviews mit Unternehmens-, Branchen- sowie Regionalexperten durchgeführt. Teilnehmende Beobachtung erfolgte durch Feldforschung in der Region und auf ausgewählten Branchenveranstaltungen.

1.3 Ziel und Gliederung der Arbeit

Die Erkenntnisse, die in dieser Arbeit generiert werden, entfalten in zweifacher Hinsicht Relevanz: Erstens leistet die Arbeit einen theoretischen Beitrag zur Debatte über die Beschreibung und Erklärung von Unternehmensengagement in Konfliktregionen. Die systematisch vergleichenden empirischen Fallstudien mit sechs Unternehmen einer Branche erlauben nicht nur die Identifikation von Erklärungsvariablen, sondern geben Einblick in das komplexe kausale Zusammenspiel verschiedenener Variablen. Vor diesem Hintergrund wird unter anderem deutlich, dass Strukturbedingungen die grundlegenden Ähnlichkeiten im privatwirtschaftlichen Engagement der Tourismusbranche („Branchentrend“) erklären, während die Akteursfaktoren die Abweichung einzelner Unternehmen („Vorreiterunternehmen“) vom Branchentrend bestimmen. Der erste Aspekt ist insbesondere im Rahmen der Debatte über die Rolle des *Schattens der Hierarchie* (Börzel 2007; Börzel 2008; Börzel 2009) für privatwirtschaftliches Engagement in Regionen schwacher Staatlichkeit bedeutsam. Das zweite Erklärungsmoment ist für die Frage nach grundlegenden Handlungslogiken privatwirtschaftlichen Engagements relevant.

Darüber hinaus generiert diese Arbeit empirische Erkenntnisse über die Rolle von Unternehmen in Konfliktregionen. Besonders hervorzuheben ist die Beschreibung und Analyse der Rolle lokaler Unternehmen – ein Aspekt, der bislang nur geringfügig und nicht systematisch-vergleichend beleuchtet wurde. Ein weiterer empirischer Zugewinn ergibt sich aus der Branchenauswahl. So wird mit der Erforschung der Tourismusbranche bislang nicht verfügbares empirisches Material zusammengetragen. Außerdem war die Forschung in der Vergangenheit stark auf produzierende und extraktive Branchen gerichtet – die Fallstudien zur Tourismusbranche begegnen diesem *bias*.[18]

Insgesamt ist die Arbeit wie folgt strukturiert: *Kapitel 2* erarbeitet den Forschungsstand zu den relevanten Themenfeldern und stellt auf dieser Grundlage die Forschungslücke, die konzeptionelle Grundlage dieser Arbeit sowie die forschungsleitenden Hypothesen heraus. Die Konzeption des Unternehmensverhaltens unter Rückgriff auf die Forschung zu Governance (Forschungsprojekt an der HSFK) erfolgt in *Kapitel 3*. Dieses Kapitel erarbeitet zudem eine Systematisierung des privatwirtschaftlichen Engagements für Frieden in Konfliktregionen. Die bereits angestellten Ausführungen zum Forschungsdesign der Arbeit, die Fallauswahl und die verwendeten Methoden werden in *Kapitel 4* dargelegt. Die Operationalisierung des Unternehmensverhaltens schließt dieses Kapitel ab. Mit *Kapitel 5* beschreitet vorliegende Arbeit den empirischen Weg. Hier werden die zentralen Aspekte des israelisch-palästinensischen Konfliktes dargestellt, um auf dieser Folie das Unternehmensengagement für Frieden bewerten zu können. *Kapitel 6* konzentriert sich auf die Beschreibung des Unternehmensverhaltens der ausgewählten Reiseanbieter. Im darauf folgenden *Kapitel 7* werden die Befunde des Engagements der Unternehmen TUI, REWE Touristik, NET und Laila Tours anhand von Experteninterviews und Erkenntnissen der Tourismusforschung einer Erklärung zugeführt. *Kapitel 8* widmet sich der Erklärung des Engagements von Studiosus und ATG in Längsschnittstudien mit Prozessanalyse. *Kapitel 9* führt die Befunde zu den Erklärungsfaktoren aus den beiden vorangehenden Kapiteln zusammen und plausbilisiert die Rolle der jeweiligen Faktoren für die Erklärung des Engagements der ausgewählten Reiseanbieter. Zudem werden diese Befunde an aktuelle theoretische Debatten angeschlossen, z.B. über den so genannten *Schatten der Hierarchie* oder zu Überlegungen über Handlungslogiken, die privatwirtschaftlichem Engagement zu Grunde liegen. Das Kapitel schließt mit dem Erklärungsmodell ab, das die Befunde zu den Erklärungsfaktoren zusammenfasst. In *Kapitel 10* werden die Ergebnisse zusammengefasst und an politikwissenschaftliche Überlegungen zur Rolle von privatwirtschaftlichen Akteuren in Konfliktregionen angebunden. Darüber hinaus sollen Forschungsdesiderata sowie erst mögliche „Stoßrichtungen“ aufgezeigt werden.

18 Weitere dem Dienstleistungssektor angehörende Branchen, die bislang untersucht wurden sind: Finanz- und Bankensektor, Telekommunikationssektor.

2. Die Rolle von Unternehmen in Konfliktregionen

Im Folgenden wird zunächst der Stand der Forschung zur Rolle von privatwirtschaftlichen Akteuren in Konfliktregionen skizziert, um die Forschungslücke, in welche vorliegende Arbeit „stößt", herauszuarbeiten. Im Anschluss daran werden auf Basis einer ausführlichen Branchenbeschreibung die forschungsleitenden Hypothesen zum Engagement von Unternehmen der Tourismusbranche entwickelt.

2.1 Forschungsstand und Forschungslücke

2.1.1 Befreiung aus dem empirischen Schattendasein

Galten gewaltsame Konflikte in den südlichen Entwicklungs- und Schwellenländern während des Ost-West Konfliktes vielfach als Stellvertreterkriege oder *proxy wars*, so wurde diese Sicht mit der Fortdauer der Konflikte bei gleichzeitigem Ende der Blockkonfrontation obsolet und der eigenständige Charakter dieser Konflikte deutlich (Jean/Rufin 1999: 7, 25). Die so genannten *neuen Kriege* zeichnen sich unter anderem durch ihren innerstaatlichen Charakter aus und sind durch die enge Verquickung von globalen Rohstoffmärkten, Kriegsparteien und ausbeutbaren Rohstoffvorkommen charakterisiert (Ballentine/Sherman 2003: 1f; Berdal/Malone 2000: 6-9; Duffield 2001: 14; Kaldor 2006: 95, 110f). Obgleich sich die wissenschaftliche Diskussion bei der Suche nach Erklärungen für das Entstehen und die Persistenz von Bürgerkriegen einige Zeit stark auf die durch Collier und Hoeffler eingeführte Dichotomie *greed versus grievance*[19] konzentrierte (Collier/Hoeffler 2000; Collier/Hoeffler 2001), ist weiterhin umstritten, wie sich die Existenz von Rohstoffen in Kombination mit anderen Faktoren auswirkt. Allein auf den Faktor Rohstoff bezogen, scheint die Abhängigkeit von Öl stärker das Aufflammen eines Konfliktes und die Existenz von Ressourcen wie Edelsteine oder Opium eher die Persistenz von Gewaltkonflikten zu erklären (Ross 2004: 352).[20] Zudem konnten Zusammenhänge zwischen der Struktur der

19 Bei den Begriffen *greed* und *grievance* handelt es sich nicht um Erklärungsvariablen. Sie dürfen lediglich als von den Autoren in die Debatte eingeführte *Containerbegriffe* verstanden werden.

20 Insgesamt ist feststellbar, dass der Ressourcenreichtum eines Landes nicht zwingend mit einer positiven ökonomischen Entwicklung des Landes korreliert. Dieses kontraintuitive negative Ergebnis ist der empirische Ausgangspunkt für die *resource curse* These (Auty

vorhandenen Rohstoffe und den die Konfliktparteien charakterisierenden Merkmale festgestellt werden.[21] Insgesamt spielen jedoch auch Faktoren wie die Beschaffenheit der Regierungsführung oder die Existenz eines Gewaltmonopols eine tragende Rolle. So öffnen Strukturen zerfallender wie zerfallener Staatlichkeit herrschaftsfreie Räume, die Gewaltakteuren als Rückzugs- und Reproduktionsräume dienen können und somit die Fortdauer von Gewaltkonflikten begünstigen (Schneckener 2006: 14).

Während die Forschung zu Bürgerkriegsökonomien die Rolle transnationaler Unternehmen maximal am Rande – als Abnehmer oder Zwischenhändler – beleuchtet hat, ist das Handeln singulärer privatwirtschaftlicher Akteure und die Auswirkungen dieses Handelns in jüngster Zeit sehr viel stärker in den Fokus der Friedens- und Konfliktforschung gerückt. Angeregt wurde diese Diskussion zunächst vor allem von Kampagnen und der Berichterstattung von NROs zu besonders massiven Fällen von Menschenrechtsverletzungen in Gewaltkonflikten unter der direkten oder indirekten Beteiligung von Unternehmen. Exemplarisch hierfür sind die Berichterstattung und das Engagement von *Global Witness*.[22] Wie bereits eingangs skizziert, thematisierte Global Witness Ende der 1990er Jahre die Rolle des Diamantenhandels für die Fortdauer und Verschärfung der Gewaltkonflikte in Sierra Leone, Angola und Liberia. Die Kampagne, an der neben *Global Witness* oder *Medico International* weitere NROs beteiligt waren, betraf insbesondere DeBeers als marktbeherrschendes Unternehmen und mündete 2000 in den *Kimberley-Prozess* (Bone 2004; Huckel/Rieth et al. 2007: 124-129).[23] Vergleichbare Dynamiken und Prozesse können auch für Unternehmen anderer Branchen – insbesondere für Unternehmen der Ölindustrie – nachgewie-

1993). Thematisch eng verwandt ist die Forschung zur Entstehung von Rentierstrukturen und deren Auswirkungen auf die ökonomische Entwicklung sowie die politischen und sozialen Strukturen eines Landes. Bekannt sind insbesondere Studien zur Entstehung von Rentierstrukturen in Ländern mit großen Öl- und Gasvorräten (Karl 1997: 49, 54-58).

21 So unterscheidet Ross zwischen plünderbaren (*lootable*) Rohstoffen – klassischerweise Diamanten – und nicht-plünderbaren (*non-lootable*) Rohstoffen wie beispielsweise Öl oder Erdgas. Während plünderbare Rohstoffe eher mit nicht-separatistischen Akteuren in Verbindung stehen, korrelieren nicht-plünderbare Rohstoffe eher mit separatistischen Akteuren (Ross 2003).

22 Siehe: http://www.globalwitness.org/ (23.04.10).

23 Der Name des Prozesses geht auf die südafrikanische Stadt Kimberley zurück. Hier trafen sich im Sommer des Jahres 2000 Regierungsvertreter, Vertreter von IOs, NROs sowie der Privatwirtschaft und verständigten sich auf den *Kimberley-Prozess*. An diesem Prozess sind neben Unternehmen und NROs auch Staaten maßgeblich beteiligt. Das *Kimberley Process Certification Scheme* zertifiziert Diamanten, die nicht im Zusammenhang mit Gewaltkonflikten abgebaut wurden. Dadurch soll der Handel mit den so genannten Konfliktdiamanten quasi unmöglich werden. Siehe auch http://www.kimberleyprocess.com/home/index_en.html (05.04.10)

sen werden.[24] Diesem Phänomen haben sich in der vergangen Dekade die Friedens- und Konfliktforschung und auch die anwendungsorientierte Forschung mit empirischen Einzelfallstudien angenommen – wobei Letztere insbesondere auch Instrumente entwickelte, die Unternehmen dazu befähigen sollten, den besonderen Bedingungen in Konfliktregionen Rechnung zu tragen.[25] Gemeinsam ist beiden Feldern jedoch eine anfänglich starke Konzentration auf transnationale Unternehmen des Rohstoff extrahierenden Sektors sowie die Fokussierung auf die negativen Auswirkungen dieses Engagements (Rittberger 2004: 16; Wenger/Möckli 2003: 4). Hingegen öffneten sich Studien, die den Zugang zu dem Verhalten von Unternehmen über ein Politikfeld wählten – beispielsweise Menschenrechte oder Umwelt –, zunehmend für weitere Branchen, beispielsweise die chemische Industrie, die Pharmaindustrie oder die Textilbranche (Sullivan 2003).[26] Sukzessive wurde auch nach – im weitesten Sinne – stabilisierenden oder pazifizierenden privatwirtschaftlichen Beiträgen gefragt (Bais/Huijser 2005; Fort/Schipani 2004; Ganser 2004; Gerson/Colletta 2002; Nelson 2000; Wenger/Möckli 2003). Diese Arbeiten rekurrieren zumeist auf Überlegungen, die im Zusammenhang mit konzeptionellen Arbeiten zu Konfliktprävention oder auf die Debatte um *Peacebuilding,* angestellt wurden (Joras 2007: 35-44; Lederach 2008; Rieth/Zimmer 2004b; Sweetman 2009; Wenger/Möckli 2003: 31-40). Darüber hinaus fokussieren auch diese Arbeiten auf transnationale Unternehmen und Unternehmen des extraktiven Sektors, während Forschung zu lokalen Unternehmen oder kleinen und mittleren Unternehmen (KMUs) sowie Unternehmen der Dienstleistungsbranche noch weitgehend ein Desideratum ist.[27] Insgesamt ist feststellbar, dass trotz der zunehmenden Diskussion darüber, warum privatwirtschaftliches Engagement relevant und notwendig ist, und darüber, welche Formen dieses Engagement annehmen kann, die theoretisch angeleitete Beschreibung *und* Erklärung des Verhaltens von Unternehmen in Konfliktregionen

24 Hierzu gehören unter anderem die Unternehmen der Öl- und Gas-fördernden Industrien. Das Bekanntwerden der negativen Konsequenzen des Verhaltens von Ölfirmen in Konfliktregionen – beispielsweise von Shell in Nigeria oder Talisman im Sudan – führte zur Gründung der *Voluntary Principles on Business and Human Rights*. Initiatoren waren die jeweiligen Heimatstaaten der betroffenen Ölunternehmen, die USA, Kanada und Großbritannien.

25 So hat International Alert neben zahlreichen empirischen Fallstudien *Risk- und Impact Assessment Instrumente* für Unternehmen entwickelt (International Alert 2005). Und unter dem Dach von *The Collaborative for Development Action* bietet das *Corporate Engagement Project* Trainings für Unternehmen an, die diese befähigen sollen, negative Auswirkungen ihres Engagements zu vermeiden, siehe: http://www.cdainc.com/cdawww/project_home.php (03.03.10).

26 Der Konfliktfokus dieser Arbeiten ist in diesen Fällen in der Regel weniger stark ausgeprägt – zentral sind Entwicklungs- oder Nachhaltigkeitsfragen.

27 Als Ausnahmen können genannt werden: Killick/Srikantha et al. 2005; Banfield/Gündüz et al. 2006; Huber 2003b.

noch ein sehr junges Feld darstellt (Deitelhoff/Wolf 2010b; Feil/Fischer et al. 2008b; Feil/Fischer et al. 2008a; Rieth/Zimmer 2004b; Wolf/Deitelhoff et al. 2007). Obgleich einige Arbeiten bereits relevante Faktoren eingeführt haben, die Unternehmensverhalten in Konfliktregionen potenziell erklären (Haufler 2001b: 3; Haufler 2001a: 661f; Spar/Mure 2003; Steuerer 2009; Wolf/Deitelhoff et al. 2007: 305), liegen nur wenige Arbeiten vor, die Erklärungsfaktoren durch theoretisch angeleitete empirisch vergleichende Forschung systematisch erarbeiten (CsecR Research Group 2010). Um dies zu leisten, finden sich in einer Forschungsdisziplin der Internationalen Beziehungen, in der Global Goverance Forschung, Überlegungen, die für eine theoretische Herangehensweise relevant sind.

2.1.2 Befreiung aus dem konzeptionellen Schattendasein

Vor dem Hintergrund der Prozesse der Globalisierung konstatieren Anfang der 1990er Jahre immer mehr politikwissenschaftliche Arbeiten eine gewachsene Gestaltungsmacht privater Akteure.[28] Dass nicht mehr ausschließlich staatliche Akteure die Formulierung und Umsetzung von Politik bestimmen, wurde hierbei unterschiedlich interpretiert. Zum einen als Bedeutungsverlust des Staates als Ordnung und Regeln durchsetzender Akteur – in diesem Zusammenhang vertritt Susan Strange sicher eine Extremposition (Strange 1996: 3f; 73)[29] – oder als Ausdruck eines Wandels von Staatlichkeit (Leibfried/Zürn 2006; Pierre 2000: 242f). Insgesamt nährte das wachsende Bewusstsein für Phänomene wie internationaler Terrorismus, Wirtschaftkrisen oder Klimawandel die Vermutung, dass Staaten nicht mehr im Alleingang öffentliche Güter wie Sicherheit, Frieden, ökonomische Prosperität oder saubere Umwelt bereitzustellen vermögen. Vielmehr scheint es sich um Prozesse der Ko-Produktion von Staatlichkeit durch verschiedene Akteure und Akteurskonstellationen zu handeln (Schuppert 2008: 34).

Dieser doppelten Veränderung – neue Akteure und neue Herausforderungen – widmet sich insbesondere die Global Governance Forschung, die seit Mitte der 1990er Jahren explizit das Verhalten unterschiedlicher Akteure in neuen Akteurskonstellationen auf unterschiedlichen Analyseebenen auch konzeptionell in

28 Da weite Teile der Weltgesellschaft von Prozessen der Globalisierung ausgeschlossen sind, ist der von Zürn geprägte Begriff der Denationalisierung präziser. Daher soll Globalisierung hier stets als Denationalisierung verstanden werden (Zürn 1998).

29 Während die Internationale Politische Ökonomie gleichsam ausschließlich staatliches ökonomisches Handeln in den Blick nahm, richtete sich das Interesse von Strange stark auf den Einfluss privatwirtschaftlicher Akteure, insbesondere transnational operierender Unternehmen.

den Blick nimmt.[30] Ausgehend von der Vermutung, dass staatliche Handlungskapazitäten unter den Bedingungen der Globalisierung sowie durch grenzüberschreitende Probleme zunehmend herausgefordert sind, fragt die Global Governance Forschung nach den Bedingungen und Möglichkeiten, unter denen private Akteure als Komplement oder Substitut zu staatlichem Handeln wirken können (Cutler/Haufler et al. 1999b: 16; Wolf 2002; Knill/Lehmkuhl 2002; Ruggie 2004: 500; Reinicke 1998).[31] Ein zentrales Anliegen ist somit die Frage nach den Bedingungen, unter denen nicht-staatliche Akteure Beiträge zu effektivem globalem Regieren leisten können.[32] An diese Forschungsfragen schließen sich zwangsweise Überlegungen zur möglichen Erosion der Grenzen zwischen öffentlicher und privater Sphäre an, und diese wiederum evozieren Fragen nach der Legitimität von Herrschaftsausübung durch private Akteure (Conzelmann/Wolf 2007; Cutler/Haufler et al. 1999b: 16; Hall/Biersteker 2002: 4; Wolf 2006).[33]

Empirisch konzentrierte sich die Aufmerksamkeit zunächst vor allem auf die Erforschung der Rolle von NROs in der internationalen Politik.[34] Neben der Fra-

30 Im Gegensatz zur Global Governance Forschung nehmen die Regimeforschung sowie (die meisten) Arbeiten zu dem Phänomen der Interdependenz diese neuen Akteure und Akteurskonstellationen lediglich mittelbar in den Blick – eine Ausnahme bildet unter anderem (Stopford/Strange et al. 1991) – und konzentrieren sich stärker auf die Problembearbeitung in einem Politikfeld (Regimeforschung) oder die Möglichkeit zwischenstaatlicher Kooperation vor dem Hintergrund zunehmender (ökonomischer) Interdependenz. Dies erklärt sich aus dem Entstehungszusammenhang dieser Ansätze: Während die Global Governance Forschung vor allem vor dem Hintergrund der Prozesse der Globalisierung entstand, entwickelte sich die Regimeforschung und die Forschung zu Interdependenz während des Ost-West Konfliktes. In den 1970er Jahren wurden staatliche Akteure von der Krise des *Bretton Woods Systems* und der Ölkrise, also von über nationalstaatliche Grenzen hinweg reichende Krisen, herausgefordert. Regimeforschung und Interdependenzforschung können vor diesem Hintergrund als eine Reaktion auf realweltliche Veränderungen begriffen werden. Die Forschung konzentrierte sich auf die „neuen Abhängigkeiten" der staatlichen Akteure und die Möglichkeiten der Problembearbeitung durch Regimebildung. Ein interessanter Beitrag, der Regime aus Perspektive multinationaler Unternehmen behandelt ist Levy/Prakash 2003.

31 Im Gegensatz zu diesem analytischen Governance-Begriff, wird in der anwendungsorientierten Forschung und in der entwicklungspolitischen Praxis der Governance-Begriff oftmals normativ gebraucht.

32 In diesem Zusammenhang wird der Governance-Forschung oftmals ein funktionalistischer *bias* vorgeworfen. Die Frage nach der Problemlösungseffektivität verbindet die Governance Forschung allerdings stark mit der Steuerungstheorie und der Regimeforschung.

33 Vor diesem Hintergrund muss auf die Unterscheidung zwischen einem engen und einem weiten Governance-Begriff hingewiesen werden: Ein enges Verständnis von Governance schließt autonomes Handeln des Staates aus, während der weite Governance-Begriff auch dies erfasst.

34 Die Forschung zu – im weitesten Sinne – nicht-staatlichen Akteuren und Global Governance ist inzwischen überaus umfassend. NROs bezeichnen hierbei lediglich einen Akteurstyp in diesem Feld. Die Terminologie (private Akteure, zivilgesellschaftliche Akteu-

ge nach der Demokratisierung politischer Prozesse durch NROs widmen sich zahlreiche Arbeiten der Rolle von NROs als konfrontative Herausforderer und kooperative Partner in der internationalen Politik. Exemplarisch für letztgenannten Aspekt ist die wachsende Forschung zu *Public-Private Partnerships* (Brühl/Liese 2004; Huckel/Rieth et al. 2007). Erstmals griffen schließlich Cutler, Haufler, Porter mit *Private Authority and International Affairs* dezidiert und systematisch die Rolle privatwirtschaftlicher Akteure in der internationalen Politik auf.[35] Ausgehend von der Feststellung, dass zunehmend auch privatwirtschaftliche Akteure Initiatoren und Träger unterschiedlich stark institutionalisierter transnationaler Governance-Arrangements sind, untersuchen die Autorinnen die Bedingungen unter denen privatwirtschaftliche Kooperation „aquire[s] the mantle of authority“ (Cutler/Haufler et al. 1999b: 4; 11-15). Der Fokus der meisten Arbeiten auf Prozesse kollektiven privatwirtschaftlichen Engagements in Form von sektoralen, öffentlich-privaten oder multistakeholder Initiativen ist ausgehend von der Frage nach der Genese von Autorität und vor dem Hintergrund regimetheoretischer Überlegung plausibel. Individuelles privatwirtschaftliches Engagement gerät dadurch jedoch zunächst aus dem Blick.[36] Zudem konzentrieren sich die Forschungsarbeiten, die die Rolle privater und privatwirtschaftlicher Akteure untersuchen, stark auf Politikfelder, die Umweltfragen oder soziale Belange abdecken (Haufler 2001b; Wolf 2005: 56). Themenfelder wie Menschenrechte, Sicherheit und Frieden gelten in diesem Zusammenhang nach wie vor als Domäne des Nationalstaates.

Erst in der letzten Dekade öffnen sich immer mehr Forschungsarbeiten zu privaten und privatwirtschaftlichen Akteuren auch für diese Politikfelder. Diese Entwicklung ist erneut durch realweltliche Veränderungen motiviert. Schließlich legen die Entstehung des *Global Compacts*[37], die Formulierung der OECD-Leitlinien für multinationale Unternehmen[38] sowie die Beteiligung von Unternehmen an dem *Kimberley-Prozess* oder der *Extractive Industries Transparency*

re, Dritter Sektor usw.) sowie der Gehalt der Begriffe (beispielsweise Inklusion oder Exklusion von Unternehmen) variiert dabei im deutsch- wie im englischsprachigen Forschungsraum.

35 Die Rolle privatwirtschaftlicher Akteure wurde bereits in den 1970er Jahren durch Forschungsarbeiten zu transnationaler Politik diskutiert, allerdings resultierte hieraus keine langfristige und systematische Auseinandersetzung mit privatwirtschaftlichen Akteuren (Cutler/Haufler et al. 1999b: 24, FN 8).

36 Eine Ausnahme hiervon stellt die Forschung zu *Corporate Codes of Conduct* dar. Hierbei handelt es sich um Leitlinien, zu denen sich Unternehmen freiwillig individuell verpflichten (Herberg 2007; Teubner 2005).

37 http://www.unglobalcompact.org/ (29.03.10). Für eine Übersicht über die Entstehung siehe Rieth 2004.

38 http://www.oecd.org/department/0,3355,en_2649_34889_1_1_1_1_1,00.html (29.03.10). Für eine Übersicht siehe Hamm 2002.

Initiative[39] nahe, dass sich auch in diesen Politikfeldern „die Grenzen der Verantwortung zwischen öffentlichen und privaten Akteuren zumindest ein Stück weit verschoben haben" (Rittberger 2004: 31).[40] Unklar ist jedoch, warum und unter welchen Bedingungen sich privatwirtschaftliche Akteure für Frieden, Sicherheit oder Menschenrechte engagieren sollten. Bei diesen Themenfeldern handelt es sich offensichtlich um *hard cases* für privatwirtschaftliches Engagement. Einige Studien jüngeren Datums legen verschiedene Mechanismen nahe, die dieses Engagement möglicherweise erklären – beispielsweise die Genese von Normen zu angemessenen Unternehmensverhalten, branchenspezifische Anreize oder Druck durch NROs (Dashwood 2007; Hiß 2005; Rieth/Zimmer 2004a; Rieth/Zimmer 2004a; Spar/Mure 2003; Willetts 1998). Auch die von Börzel eingebrachten Überlegungen zur Rolle des *Schatten der Hierarchie* für das Engagement nicht-staatlicher Akteure in Regionen begrenzter Staatlichkeit, d.h. die Überlegungen zu einem so genannten Governance-Paradox und die Frage nach der „optimalen Länge" eines *Schatten der Hierarchie*, deuten relevante Erklärungsfaktoren an (Börzel 2007; Börzel 2008; Börzel 2009).

Da diese Studien sich jedoch nahezu ausschließlich auf transnationale Unternehmen des extraktiven Sektors beziehen und empirische Einzelfallstudien das Forschungsspektrum dominieren, ist letztlich bislang nicht geklärt, warum und unter welchen Bedingungen Unternehmen zu öffentlichen Gütern beitragen und welche Implikationen derartiges Engagement für die Effektivität und Legitimität von Global Governance hat. Dies gilt insbesondere für Unternehmensengagement in Konfliktregionen. Nichtsdestotrotz bietet sich das konzeptionelle Raster der Global Governance Forschung – insbesondere durch den spezifischen Zugriff auf unterschiedliche Akteurstypen und Interaktionskonstellationen – für eine politikwissenschaftlich angeleitete Beschreibung von privatwirtschaftlichem Engagement in Konfliktregionen geradezu an.

Ein politikwissenschaftlicher Zugriff auf dieses Themenfeld sollte sich jedoch nicht den konzeptionellen Überlegungen der Disziplin verschließen, deren originäres Untersuchungsobjekt Unternehmenshandeln ist. Unter dem Label *Corporate Social Responsibility* (CSR) widmen sich seit den 1950er Jahren betriebs-

39 http://eitransparency.org/ (29.03.10).

40 Ein Sonderfall privatwirtschaftlichen Engagements im Politikfeld Sicherheit stellen Private Sicherheits- und Militärdienstleister dar (Leander 2003; Binder 2005). Eine branchenspezifische Selbstregulierung ist in diesem Feld nur bedingt effektiv. Aus diesem Grund wird vielfach für nationalstaatliche Regulierung in diesem Problemfeld plädiert (Schneiker 2008). Ein weiterer Sonderfall sind so genannte *chartered companies*. Diese Unternehmen erhielten von ihren jeweiligen Heimatregierungen weit reichende Herrschaftsbefugnisse, um in den jeweiligen Kolonialländern beispielsweise Militär- und Polizeistrukturen zu errichten. Für eine umfassende systematische Studie hierzu siehe Wolf 2010.

wirtschaftliche Forschungsarbeiten – zunächst vornehmlich in den USA, später auch in Europa – dem Verhältnis der Unternehmen zu ihrem gesellschaftlichen Umfeld respektive zur Gesamtheit ihrer *Stakeholder*, d.h. ihren Kunden, Mitarbeitern, Aktionären usw.[41] Zur Beschreibung und Analyse dieser Relationen hat der wissenschaftliche Diskurs seit den 1970er Jahren neben CSR weitere Konzepte und Begriffe entwickelt, so zum Beispiel *Corporate Citizenship*, *Corporate Responsiveness* oder *Corporate Social Performance* (Buchholtz/Carroll 2008: 57ff; Blowfield/Murray 2008: 12). Obgleich keine Einigkeit über die begriffliche Festlegung von CSR besteht, ist die Definition von Caroll wegweisend:

> „The responsibility of business encompasses the economic, legal, ethical, and discretionary expectation that society has of organizations at a given point of time.“ (Carroll 1979: 500)[42]

Caroll weist diesen Erwartungen eine Rangfolge zu, welche er in *The Pyramid of Corporate Social Responsibility* abbildet. Demnach besteht die grundlegende Verantwortung eines Unternehmens in einer auf Gewinn ausgerichteten Geschäftstätigkeit. Zweiter wesentlicher Bestandteil ist die Einhaltung rechtlicher Vorgaben. Auf dritter und vierter Ebene folgen schließlich ethische Verantwortung (*Do No Harm*) und philanthropische Verantwortung (*Corporate Citizenship*) (Carroll 1991: 42). Im Gegensatz zu CSR wird *Corporate Citizenship* (CC) hier als freiwilliges und philanthropisches Engagement von Unternehmen definiert. Diese frühe Forschung zu CC begreift Unternehmen als in gesellschaftliche Dynamiken eingebundene Bürger, welche als *Corporate Citizen* vor dem Hintergrund eines funktionierenden Nationalstaates, der die grundlegenden politischen und ökonomischen Rahmenbedingungen bereitstellt, auf freiwilliger Basis zu gesellschaftlichen Belangen beitragen. Diese Beiträge sind in der Regel nicht mit dem Kerngeschäft verbunden, sondern decken soziale, kulturelle oder ökologische Bereiche ab. Zudem ist CC in dieser Form nicht strategisch in die

41 Die Diskussion über Unternehmensverantwortung war anfangs deutlich akteurszentriert, d.h. das Entscheidungsverhalten der Unternehmensleitung und die Auswirkungen auf die Gesellschaft standen im Mittelpunkt. In den 1950er Jahren wandelte sich dieses Verständnis von CSR und die Unternehmensperspektive rückte zu Ungunsten der Akteursperspektive in den Mittelpunkt (Blowfield/Murray 2008: 12). Nennenswerte Schritte zu einer Konzeption dieser Relation wurden jedoch erst in den 1970er Jahren getan. Zudem wurde ursprünglich von einem Verhältnis der Unternehmen zur Gesellschaft gesprochen. Diese Größe konnte jedoch nicht konzeptionell erfasst werden. Das *Stakeholder-Konzept* vermochte es schließlich diese Leerstelle sinnvoll auszufüllen (Freeman 1984).

42 Im Gegensatz dazu proklamieren zahlreiche Autoren in der Tradition Milton Friedmans und vor dem Hintergrund des *Shareholder Value-Ansatzes*, dass die zentrale gesellschaftliche Verantwortung von Unternehmen in einer auf Gewinn ausgerichteten Geschäftstätigkeit besteht (Friedman 1970). Jüngere Arbeiten versuchen jedoch zunehmend, CSR mit dem Diktum der Gewinnmaximierung zu versöhnen. In diesem Zusammenhang spielt der Aspekt des *business case* eine wichtige Rolle. Für eine Übersicht siehe Melé 2008.

Geschäftstätigkeit eingebettet.[43] Spätere Arbeiten von Carroll oder von Matten/Crane verschmelzen CC stärker mit CSR (Crane/Matten et al. 2008a: 21) und werten so das CC-Konzept in seiner inhaltlichen und seiner strategischen Ausrichtung auf. Der begriffliche Wandel von CC und der Wandel der Relation von CC zu CSR sind exemplarisch für die Dynamik des wissenschaftlichen Diskurses in diesem Feld. Hinzu kommt, dass neben diesem wissenschaftlichen Diskurs Unternehmensverantwortung als praxeologisches Konzept existiert, das in unterschiedlichster Weise von Unternehmen proklamiert und implementiert wird und somit empirisch beobachtbar ist (Blowfield/Murray 2008: 3; Blowfield/Frynas 2005: 503).[44] Nichtsdestotrotz bieten die konzeptionellen Überlegungen zu gesellschaftlicher Verantwortung von Unternehmen neben der Global Governance Forschung wichtige Anknüpfungspunkte für die vorliegende Arbeit.[45] Beide Felder befassen sich mit dem Verhältnis privatwirtschaftlicher Akteure zur Gesellschaft und suchen dieses Akteursverhalten entsprechend fassbar zu machen. Zudem thematisieren beide Konzepte Effektivitäts- sowie Legitimitätsfragen unternehmerischen Engagements (Scherer/Palazzo et al. 2006; Palazzo/Scherer 2006a).[46] Während die Debatte um den so genannten *business case* von CSR zeigt, dass das vorherrschende Akteursmodell in diesem Diskurs der rational kalkulierende Kosten-Nutzen maximierende Akteur ist, zeigt sich die Global

43 Die Ausprägung dieses Verständnisses von CC wird zumeist mit den politischen, wirtschaftlichen und gesellschaftlichen Strukturbedingungen in den USA erklärt, die durch starke staatliche Zurückhaltung geprägt waren. Die geringere staatliche Zurückhaltung gilt im Gegenzug oftmals der Erklärung der anders gearteten Ausprägung von Unternehmensverantwortung auf dem europäischen Festland (Crane/Matten et al. 2008b: 13f; Backhaus-Maul/Biedermann et al. 2008a: 15ff).

44 Besonders instruktiv ist in diesem Zusammenhang die Diskussion um *Triple Bottom Line*. Dieser Begriff wurde Mitte der 1990er Jahre von John Elkington geprägt und proklamiert, dass der Erfolg eines Unternehmen nicht nur von seiner finanziellen Performance, sondern auch von einem erfolgreichen Engagement in den Bereichen Umwelt und Soziales definiert wird (Buchholtz/Carroll 2008: 71f). Dieses Diktum impliziert jedoch die Notwendigkeit, Unternehmensengagement in den genannten Bereichen messbar zu machen. Für einen kritischen Beitrag hierzu siehe Norman/MacDonald 2003.

45 Jamali und Mirshak haben diese theoretischen Ansätze ebenfalls für ihre Konzeption von Unternehmensverhalten aufgegriffen (Jamali/Mirshak 2009).

46 Darüber hinaus befassen sich die jüngste Forschung mit dem Konzept der Unternehmensverantwortung aus kritischer Perspektive, indem sie den konzeptionellen Gehalt von CSR kritisch auf seine normativen Implikationen befragen und präskriptive Setzungen sucht transparent zu machen und zu reflektieren. Ältere Arbeiten beschränkten sich bei einer kritischen Perspektive oftmals auf eine Generalablehnung des Konzeptes (Blowfield/Murray 2008: 523; Blowfield/Frynas 2005: 10; Prieto-Carrón/Lund-Thomsen et al. 2006) Ebenfalls kritisch, allerdings aus einer Global Governance Perspektive, siehe Cutler 2008.

Governance Forschung hier jedoch offen (Buchholtz/Carroll 2008: 53, 68ff; Blowfield/Murray 2008: 130ff).[47]

2.1.3 Ein neuer Sektor und eine altbekannte Konfliktregion

Bislang standen nahezu ausschließlich transnationale Unternehmen des extraktiven Sektors im Zentrum der Forschung zu Unternehmen in Konfliktregionen. Aus diesem Grund liegt für diesen Sektor bereits theoretisches und empirisches Wissen vor. Im Gegensatz dazu kann Forschung zur Rolle von Unternehmen des Dienstleistungssektors in Konfliktregionen – bis auf einige Ausnahmen[48] – weder auf theoretisch noch auf empirisch gehaltvolle Vorarbeiten aufbauen. Ähnliches gilt auch für die Tourismusbranche.[49] Obgleich sich singuläre Verweise auf diesen Sektor finden (Nelson 2000: 22; Haufler 2001a: 669), existieren bislang keine theoretisch angeleiteten empirischen Fallstudien zur Rolle von Tourismus in Konfliktregionen.[50] Bestehendes Wissen speist sich aus zwei Quellen, aus politikwissenschaftlichen Forschungsarbeiten der Bereiche Entwicklungspolitik sowie Nord-Süd-Beziehungen und aus Arbeiten der Tourismuswissenschaft. Insgesamt wurde Tourismus[51] in den 1950er und Anfang der 1960er Jahre im Rah-

47 Dies unterscheidet die Global Governance Forschung nicht nur von CSR, sondern auch vom akteurszentrierten Institutionalismus, mit dem sie hiervon abgesehen, sehr viele Gemeinsamkeiten aufweist (Blumenthal 2005: 1173ff).

48 Einige Studien beschäftigen sich mit der Rolle des Banken- und Finanzwesens in Konfliktregionen (Bray 2005). Darunter untersuchen zahlreiche Arbeiten die Rolle des Sektors im Zusammenhang mit den *Equator Principles*, die Umwelt- und Sozialstandards bei der Finanzierung von Großprojekten definieren (Amalric 2005). Weitere Arbeiten beschäftigen sich mit Unternehmen des Informations- und Telekommunikationssektors (Besant 2006; Bray 2005; Wallbott 2010).

49 Die in dieser Arbeit verwandte Tourismusdefinition sowie die Bestimmung der Tourismusbranche sind in Kapitel 2.2 nachzulesen.

50 Jüngste Ausnahme ist ein Forschungspapier, das im Rahmen des Projektes *Business and Peace* bei Swisspeace entstanden ist (Joras/Alluri et al. 2009) sowie der Abschlussbericht des Gesamtprojektes (Alluri/Joras et al. 2009). Das Projekt konzentriert sich jedoch auf die lokale Tourismusbranche.

51 Historisch betrachtet, ist Reisen ein sehr altes Phänomen. Ursprünglich lagen einer Reise vor allem religiöse Motive zugrunde (Pilgerreise). Später wurde auch die Bildungsreise prominent. Allerdings war Reisen zunächst das Privileg einer kleinen und reichen Elite – von Mitgliedern aristokratischer Familien oder hochrangigen Beamten des öffentlichen Dienstes. Im 19. Jhd. gewann Reisen eine neue Qualität – Erholung als zentrales Motiv für eine Reise fand sukzessive Anerkennung. Im Zuge dessen verbreitete sich der Begriff *Tourismus*. Dominierte bis Ende des Zweiten Weltkrieges in Deutschland bezeichnenderweise der Begriff *Fremdenverkehr*, so wird seit den 1950er/60er Jahren auch in Deutschland von *Tourismus* gesprochen. In den wohlhabenden Gesellschaften des 21. Jhds. hat sich Reisen als ein Element der Freizeitgestaltung etabliert. So verzeichnete die Branche in den vergangenen Jahren beeindruckende Wachstumsschübe dadurch, dass

men wissenschaftlicher Untersuchungen sowie seitens der Bereisten als möglicher Devisenbringer und Katalysator für Modernisierungsprozesse im Wesentlichen positiv bewertet. In den 1970er und 1980er Jahren wandelte sich jedoch die Sichtweise der genannten Forschungsbereiche auf das Phänomen *Tourismus.* Zu diesem Zeitpunkt hatte sich der Massentourismus – und die damit einhergehenden negativen Auswirkungen etabliert.[52] Neben ökologischen Problemen wurden vermehrt kulturelle Friktionen zwischen Touristen und Bereisten deutlich. Aus Sicht der Forschung wie der Bereisten erwies sich jedoch als besonders gravierend, dass die Hoffnungen in die ökonomischen Entwicklung und Modernisierung enttäuscht wurden. Es zeigt sich, dass große Anteile der Devisen an im Ausland angesiedelte Hotel- und Reiseanbieter zurückfließen, während lokale Arbeitskräfte mit geringen Löhnen, Volatilität der saisonalen Nachfrage und durch den Tourismus gestiegenen Preise für Lebensmittel zu kämpfen hatten (Nuscheler 1996: 298-302). In dieser Phase kam es in verschiedenen Destinationen auch zu aktivem Widerstand seitens der Bereisten gegen Tourismus (Aderhold/Laßberg et al. 2000: 57) Darüber hinaus übten auch nicht-staatliche Akteure, NROs und Kirchen, Kritik an einem rücksichtslosen Massentourismus. Die Weltbank und die *United Nations Educational, Scientifc and Cultural Organization* (UNESCO), die im Rahmen ihrer Tätigkeiten bereits in Tourismusprojekte involviert waren, führten vor diesem Hintergrund ein Seminar durch, das dem Nexus zwischen Tourismus und lokaler Entwicklung systematisch an Fallbeispielen (Zypern, Tunesien, Senegal usw.) nachging (de Kadt 1979).[53] Die *World Tourism Organization* (UNWTO)[54] erstellte eine Checkliste zu positiven und negativen Auswirkungen von Tourismus (1981). Im Zuge dieser Diskussionen wurden der *Brundlandt-Bericht* zu nachhaltiger Entwicklung (1987) und die

russische Bürger und chinesische Bürger zunehmend touristische Leistungen nachfragten. Darüber hinaus ist Tourismus Bestandteil nahezu jeder Volkswirtschaft (siehe Freyer 2006: 7-17).

52 Diese Untergliederung in Phasen der Tourismuseuphorie und Ernüchterung ist weit verbreitet (Nuscheler 1996: 298, 301; Hein 2006: 124; de Kadt 1979: ix). Eine in weitere Unterphasen aufgegliederte Differenzierung findet sich bei Aderhold/Laßberg et al. 2000: 55-58.

53 In den 1980er stieß Butler mit seinem Modell zum *Tourism Areas Life Cycle* (TALC) eine Debatte über verschiedene Stufen der Entwicklung einer Destination an (Butler 1980). Dieses Modell wurde von zahlreichen Autoren kritisiert und modifiziert, legt jedoch die Grundlage für eine systematische Diskussion über positive und negative Auswirkungen von Tourismus auf eine Destination. Darüber hinaus wird es von der Tourismusbranche auch als Instrument zum Management einer Destination verwandt (Keyser 2002: 375-379).

54 Die *World Tourism Organization* (UNWTO) ist seit 2003 Sonderorganisation der Vereinten Nationen (Brözel 2004: 11). Die Organisation nimmt sich nach eigener Stellungnahme insbesondere der Entwicklung des Tourismus in den südlichen Ländern an, siehe http://www.unwto.org/aboutwto/index.php (31.08.09).

auf dem Gipfel in Rio beschlossene *Agenda 21* (1992) zentrale Referenzdokumente für die Tourismuswirtschaft.[55] Darüber hinaus entstanden seit den 1990er Jahren verschiedene sektorale wie multistakeholder Initiativen, die sich den ökologischen und sozialen Auswirkungen von Tourismus in den Destinationen widmen – besonders prominent sind die *Tour Operators' Initiative for Sustainable Tourism Development* (TOI) und *The Code of Conduct for the Protection of Children from Sexual Exploitation in Travel and Tourism* (The Code), ein sektoraler Verhaltensstandard zur Bekämpfung der sexuellen Ausbeutung von Kindern in touristischen Zielgebieten.

Vor dem Hintergrund dieser realweltlichen Veränderungen etablierte sich nicht nur in der Tourismuswirtschaft, sondern auch in der Tourismuswissenschaft ein Diskurs zu *nachhaltigem Tourismus* (Beyer/Häusler et al. 2007; Keyser 2002: Kapitel 12). In der vergangenen Dekade kam zudem das Thema des *touristischen Krisenmanagements* auf. Forschungsarbeiten hierzu stammen vorwiegend aus der Tourismuswissenschaft und bedienen sich eines weiten Krisenbegriffs. Dieser deckt strukturelle Veränderungszwänge auf Grund von Klimawandel und Umweltverschmutzung ebenso ab wie akutes Krisenmanagement auf Grund von Erdbeben oder Tsunamis, Terroranschlägen oder Entführungen in Urlaubsdestinationen (Aschauer 2008; Pechlaner/Glaeßer 2005; Mansfeld/Pizam 2006). Insgesamt wird Tourismus in der Entwicklungspolitikforschung und in der Tourismuswissenschaft mehr oder weniger systematisch insbesondere im Zusammenhang mit Themen wie Entwicklung und Frieden diskutiert.[56] Noch relativ jung ist das Thema *Krisenmanagement*, während konzeptionelle Arbeiten zur Erklärung von Unternehmensverhalten beispielsweise auf politikwissenschaftlicher Grundlage und unter Anwendung einer Governance Perspektive in der Tourismusbranche noch völlig fehlen (Hein 2006: 141).

Anders verhält es sich mit der Frage nach der Rolle von Unternehmen im Nahostkonflikt. Der Nahostkonflikt wurde wiederholt unter dem Gesichtspunkt des Verhältnisses von Ökonomie und Frieden – sowohl von praxisorientierter wie akademischer Forschung – thematisiert.[57] Anwendungsorientierte Arbeiten diskutieren in diesem Zusammenhang unter anderem die Notwendigkeit ökono-

55 Vor diesem Hintergrund wurden zunehmend auch Reisen unter den Begriffen *Ökotourismus* oder *fairer Tourismus* angeboten. Die Begriffsverwendung ist jedoch bislang diffus und insbesondere im zweiten Fall teilweise irreführend.

56 Für eine überaus instruktive Studie zum Thema Tourismus und Sicherheit am Beispiel Burma siehe Parnwell 1998.

57 Darüber hinaus beschäftigen sich zahlreiche Arbeiten mit der negativen bzw. der deformierenden Wirkung des Konfliktes auf die jeweiligen Nationalökonomien: In Arbeiten über die israelische Wirtschaftsentwicklung wird vielfach die hohe Verteidigungslast thematisiert. In Arbeiten über die palästinensische Ökonomie dominiert die Diskussion über die Abhängigkeit von der israelischen Ökonomie.

mischer Entwicklung in den palästinensischen Gebieten als Voraussetzung für einen nachhaltigen Friedensprozess (Ashkenazi/Greenapple 2009; Hashai 1999). Stärker theoretisch geleitete Arbeiten rekurrieren über weite Strecken auf liberale und liberal-funktionalistische Überlegungen und untersuchen auf dieser Grundlage die Rolle der ökonomischen Globalisierung, die Rolle der Strukturen nationaler Ökonomien sowie das Verhalten politischer und ökonomischer Akteure für das Entstehen eines Friedensprozesses:

> „[W]e will focus on the new role played by a partially autonomous business community and those political, professional, and civil service elites with whom it shared the vision of a liberalized economy tied into the global market place. The key to such development, the political elites and business leaders agreed, was an end to the Israeli-Palestinian conflict and with it, to the economic boycott and Israel's partial economic isolation. This vision was not only a domestic Israeli one, global allies shared and propagated it as part of their ambition to integrate the Middle East as a whole into the global economy." (Shafir/Peled 2000: 244f)

Damit wird deutlich, dass sowohl die Integration in die globale Weltwirtschaft wie die regionale wirtschaftliche Verflechtung von (ehemaligen) Konfliktparteien und hieraus erwachsende Interessenkoalitionen als relevante Faktoren zur Erklärung des einsetzenden Friedensprozesses betrachtet werden (in diesem Zusammenhang wird auch der Begriff der *Friedensdividende* prominent).[58] Darüber hinaus ist wird auch das (kollektive) Engagement privatwirtschaftlicher Akteure, d.h. von Unternehmen, Verbänden oder Gewerkschaften, für Frieden innerhalb eines Nationalstaates untersucht. Exemplarisch hierfür sind die Arbeiten von Ben-Porat, der unter anderem anhand einer vergleichenden Studie feststellt, dass die ökonomische Öffnung eines Landes zwar einen ersten Anreiz für privatwirtschaftliche Akteure darstellt, sich für eine friedliche Lösung eines Konfliktes einzusetzen, dass neben diesem Faktor jedoch auch die Fähigkeit der privatwirtschaftlichen Akteure, die öffentliche Meinung nachhaltig zu beeinflussen (*Hegemonie*), zentral für eine tatsächliche Wirkung unternehmerischen Engagements auf einen Friedensprozess ist (Ben-Porat 2005b; Ben-Porat 2006). Etwas anders gelagert ist das Argument von Nitzan und Bichler, die auf die Grenzen des Wirtschaftswachstums in einer protektionistisch angelegten militarisierten Ökonomie als Faktor für einen Politikwechsel hin auf einen Friedensprozess verweisen (Nitzan/Bichler 1996). Insgesamt betonen die Forschungsarbeiten zur Beschreibung und Erklärung des Zusammenhangs zwischen Ökonomie und Frieden somit äußerst unterschiedliche Kausalpfade. Während diese Arbeiten zur Rolle von Unternehmen im Nahostkonflikt einen stark theoretischen und empirisch-analytischen Charakter aufweisen, existieren auch anwendungorientierte, empiri-

58 Diese Überlegungen wurden darüber hinaus auch von einzelnen politischen Akteuren prominent vertreten. So trat Shimon Peres für einen *New Middle East* ein, dessen zentrale Grundlage die regionale wirtschaftliche Kooperation ist (Peres 1993: 93).

sche Einzelfallstudien zum individuellen und kollektiven Engagement privatwirtschaftlicher Akteure in Israel oder den Palästinensischen Gebieten (Dajani/ Dayan et al. 2006).

Zudem etabliert sich an den israelischen Universitäten in jüngerer Zeit auch Forschung zur Unternehmensverantwortung. Diese ist stark von der US-amerikanischen Forschung zu CSR/CC beeinflusst (Shamir 2004; Perez/ Amichai-Hamburger et al. 2009). Berührungspunkte zwischen diesem Diskurs und dem israelisch-palästinensischen Konflikt lassen sich bislang nicht identifizieren, obgleich in der Unternehmenspraxis durchaus ein Zusammenhang zwischen den CSR-Maßnahmen und dem Konflikt hergestelllt wird.[59] Insgesamt fokussieren diese Forschungsarbeiten stark auf die in der Konfliktregion beheimateten Wirtschaftsakteure und deren individuelles und kollektives Engagement, während die Analyse der Rolle transnationaler Unternehmen in dieser Konfliktregion empirisch wie konzeptionell relativ unerforscht ist.[60]

2.1.4 Forschungslücke

Insgesamt haben sich sowohl die Friedens- und Konfliktforschung sowie die Forschung zur politischen Ökonomie von Bürgerkriegen primär mit den negativen Auswirkungen ökonomischer Faktoren auf die Entstehung und Persistenz von Gewaltkonflikten befasst. Während sich die Forschung zu Bürgerkriegsökonomien jedoch nahezu ausschließlich auf Makroprozesse und Strukturdeterminanten konzentriert, konstatieren und berücksichtigen Forschungsarbeiten im Bereich Friedens- und Konfliktforschung auch den Einfluss von Unternehmen auf die Entstehung und Dauer von Konflikten. Sukzessive entstehen zudem Arbeiten, die nach pazifizierenden Unternehmensbeiträgen fragen. Allerdings ist diese Forschung – bis auf einige Ausnahmen – in den wenigsten Fällen theoretisch oder empirisch systematisch angelegt. Zudem dominieren Fallstudien zu transnationalen Unternehmen des extraktiven Sektors.

59 So haben die Strauss Group und die Bank Leumi während des Libanonkriegs im Sommer 2006 Hilfsmaßnahmen für den Norden Israels unterstützt. Nach dem Konflikt haben neben der Leumi Bank weitere Banken den Geschädigten dieses Krieges besondere Kreditkonditionen eingeräumt (Interview #15, Tel Aviv, 29.05.2008).

60 Auf die ambivalente, wenn nicht negative Rolle von transnationalen Unternehmen, machen Quellen aufmerksam, die eher aktivistischen Netzwerken zuzuordnen sind (Blogs, Boykottaufrufe). So wurde Caterpillar mehrfach bezichtigt, an Menschenrechtsverletzungen beteiligt zu sein. Hintergrund dieser Kampagnen ist, dass die israelischen Behörden für die Zerstörung von palästinensischen Häusern auf Bulldozer dieses Unternehmens zurückgreifen. Sowohl der Hausbau sowie die Zerstörung ist politisch belastet und äußerst kontrovers, siehe http://www.uwsa.edu/tfunds/cat1204a.htm (15.08.10).

Im Gegensatz dazu konzentriert sich die Global Governance Forschung und die Forschung zu Unternehmensverantwortung vor allem auf mögliche positive Beiträge von Unternehmen zu globalen Governance Prozessen. In dieser Erwartung an privatwirtschaftliche Akteure finden sich weite Teile der Global Governance Forschung und der Forschung zu Unternehmensverantwortung durch jüngste realweltliche Veränderungen bestärkt. Darüber hinaus erörtern zahlreiche Arbeiten neben konzeptionellen Aspekten der Erfassung und Erhebung von Unternehmensverhalten Effektivitäts- oder Legitimitätsfragen, d.h. diese Forschung zeichnet sich durch theoretisch angeleitete und empirisch systematische Arbeiten aus. Allerdings gelten die Politikfelder Frieden und Sicherheit als Domäne des Staates, weswegen die Global Governance Forschung und die CSR-Forschung nahezu ausschließlich nach Unternehmensengagement in Politikfeldern fragen, die Umweltfragen oder soziale Belange abdecken.

Damit besteht ein zentrales Forschungsdesideratum in theoretisch angeleiteter und empirisch systematisch vergleichender Forschung zu positiven Beiträgen zu Frieden in Konfliktregionen durch Unternehmen des produzierenden Sektors oder des Dienstleistungssektors. Daneben existieren auch sehr wenige Arbeiten zu verschiedenen Typen von Unternehmen, speziell zu lokalen Unternehmen oder kleinen und mittleren Unternehmen (KMUs). Zur Schließung dieser Lücke will die vorliegende Arbeit beitragen, indem sie unter Rückgriff auf konzeptionelle Überlegungen der Global Governance Forschung und der Forschung zu Unternehmensverantwortung untersucht, wie und unter welchen Bedingungen internationale, transnationale und lokale Unternehmen einer Dienstleistungsbranche, hier der Tourismusbranche, zu Frieden in Israel und den Palästinensischen Gebieten beitragen.

2.2 *Hypothesen zum Engagement der Tourismusbranche*

Bei der Tourismusbranchen handelt es sich um eine typische Dienstleistungsbranche auf Grund der Immaterialität der touristischen Dienstleistung (Kirstges 2005: 91). Wie im vorherigen Abschnitt erwähnt, thematisierten Forschungsarbeiten in dem Bereich Entwicklungspolitik und Nord-Süd-Beziehungen die Rolle der Branche in Entwicklungsländern und Konfliktregionen in den 1980er Jahren. Gleichzeitig wurde diese Diskussion nicht systematisch und zumeist unter negativen Vorzeichen diskutiert (Mundt 2004: 285-306; Nuscheler 1996: 298-304).[61]

61 Überdies können auch forschungspragmatische Gründe angegeben werden – wenngleich diese lediglich zusätzlich für die Tourismusbranche sprechen: Wie in Kapitel 4.3 beschrieben wird, müssen für die Erforschung dieser Fragestellung Daten in Form von Interviews erhoben werden. Die Tourismusbranche erscheint unter den erschwerten Bedin-

Dies bestätigt die oben eingeführte Annahme, dass von einer Studie zur Tourismusbranche relevante und neue Erkenntnisse für die Frage nach Unternehmensengagement für Frieden in Konfliktregionen erwartet werden können.

Die Branche, die oftmals unterschätzt wird, ist inzwischen Bestandteil jeder Volkswirtschaft (Freyer 2006: 15). Nach der Rohstoffbranche, der Chemiebranche und der Automobilbranche gilt die Tourismusbranche als die viertgrößte Industrie (Honey/Gilpin 2009: 2; UNWTO 2009: 6). Im Jahr 2007 gehörte die Tourismusbranche entsprechend dem UNWTO Barometer mit sechs Prozent Wachstum gegenüber dem Vorjahr zu den am stärksten wachsenden Branchen der Weltwirtschaft (UNWTO 2008: 1). Die Branche erreichte im Jahr 2007 die „magische" Größe von 900 Millionen Ankünften internationaler Touristen und konnte dies im Jahr 2008 auf 922 Millionen Ankünfte internationaler Touristen steigern (UNWTO 2008: 1; UNWTO 2009: 5). Die Einkünfte vom Tourismus, die eng mit der Zahl der internationalen touristischen Ankünfte korrelieren, lagen im Jahr 2008 bei 642 Milliarden Euro und damit über dem Wert von 2007 mit 625 Milliarden Euro (UNWTO 2009: 3, 5).[62] Aufgrund der Finanzkrise und der Verbreitung des H1N1 Virus kam es insbesondere während der zweiten Jahreshälfte 2008 und der ersten Jahreshälfte 2009 zu einem Rückgang (UNWTO 2009: 1). Für das Jahr 2009 konstatiert das UNWTO Barometer ein negatives Wachstum von vier Prozent für die gesamte Tourismusbranche auf „lediglich" 880 Millionen internationale touristische Ankünfte (UNWTO 2010: 1). Allerdings stiegen in Asien und der Pazifikregion sowie im Nahen Osten bereits in der zweiten Hälfte des Jahres 2009 die internationalen touristischen Ankünfte wieder (UNWTO 2010: 3). Vor diesem Hintergrund wird für das Jahr 2010 erneut ein Wachstum von drei bis vier Prozent der internationalen touristischen Ankünfte prognostiziert (UNWTO 2010: 1, 3f).[63]

In zahlreichen Arbeiten wurde darüber geschrieben, was als Tourismus bezeichnet werden soll und welche Akteure die Tourismusbranche konstituieren. Die meisten Definitionen von Tourismus beziehen sich auf das Reiseziel, die Absicht der Reise (privat/beruflich) und die Dauer einer Reise (Übernachtungen). Während eine enge Tourismusdefinition lediglich Freizeit- und Erholungs-

gungen, die in einer Konfliktregion vorliegen, am zugänglichsten für den Einsatz solcher Methoden zu sein, d.h. Routine der Branchenmitglieder im Kontakt mit Menschen aus anderen Ländern und Kulturen, Fremdsprachenkompetenz der Branchenmitglieder.

62 Für weitere Informationen zur Relation *internationale touristische Ankünfte* (*International Tourist Arrivals*) und *Einkünfte von internationalen touristischen Ankünften* (*International Tourism Receipts*) siehe UNWTO 2009: 5.

63 Aufgrund des Rückgangs während der zweiten Hälfte 2008 und der ersten Hälfte 2009 entwickelt sich das Wachstum nun von einem niedereren Ausgangswert aus. Dieser liegt auf dem Niveau von vor 2007, d.h. auf einem Niveau von unter 900 Millionen internationalen touristischen Ankünfte pro Jahr (UNWTO 2009: 5).

reisen abdeckt, umfassen breite Tourismusdefinitionen beispielsweise auch Kuraufenthalte (Freyer 2006: 2-4; Keyser 2002: 38-45). Beide Definitionen schließen Reisen aus, die im Rahmen von Migration oder ausschließlich aus beruflichen Gründen (Studium, Arbeitsaufenthalte im Ausland) unternommen werden. Im Folgenden wird mit der Tourismusdefinition der *United Nations World Travel Organization* (UNWTO) gearbeitet. Diese definiert Tourismus wie folgt:

> „Tourism comprises the activities of persons travelling to and staying in places outside their usual environment for not more than one consecutive year for leisure, business and other purposes." (United Nations/World Tourism Organization 1994: 6)

Die Tourismuswirtschaft wiederum gilt als schwer abzugrenzende Branche, da bei der Bereitstellung des Produkts, der Reise, zahlreiche unterschiedliche Akteure beteiligt sind. Vereinzelt wird sogar von Tourismusindustr*ien* gesprochen (Keyser 2002: 135).[64] Die beteiligten Akteure werden oftmals entlang ihrer Rolle in der Wertschöpfungskette unterschieden (Mundt 2006: 432). Direkt zur Wertschöpfung tragen die Reiseanbieter (*tour operator*), die Reisevermittlungen (*travel agencies*), die Transportunternehmen (*carrier*) sowie das Beherbergungswesen (*hospitality industry*) bei, z.B. Anbieter von Hotelkapazitäten, Gastronomie. Die Güter und Dienstleistungen, die zusätzlich zu diesen Angeboten nachgefragt werden, z.B. lokale Reiseführer, Souvenirhandwerk, Restaurants, tragen indirekt zur Wertschöpfung bei. Überdies wirkt die Nachfrage, die durch Tourismus entsteht, auf zahlreiche andere Branchen, z.B. den Bankensektor, die Baubranche, die Lebensmittelbrache etc. Die Tourismusbranche kann in einer Volkswirtschaft somit beachtliche Multiplikatoreneffekte entfalten (de Kadt 1979: 11; Mundt 2006: 432).[65] Obgleich die Branche sehr umfassend ist, gelten Reiseanbieter (*tour operator*) als die zentralen Branchenakteure (Freyer 2006: 203). Der Reiseanbieter zeichnet sich dadurch aus, dass er ein Produkt aus verschiedenen Leistungen, z.B. Flugkapazitäten, Hotelkapazitäten und Reiseführer, einkauft und zu

64 Während de Kadt der Meinung ist, dass man nicht von einer Tourismusindustrie sprechen kann, spricht Keyser sogar von Tourismusindustrien (de Kadt 1979: x; Keyser 2002: 135). Für Kirstges stellen sich diese Bezeichnungsprobleme jedoch nicht (Kirstges 1992: 13). Überdies bevorzugen manche Autoren den Begriff *Tourismuswirtschaft*, da der Begriff *Tourismusindustrie* den Dienstleistungscharakter der Branche nicht deutlich ausweist (Freyer 2006: 127).

65 Aufgrund dieser Multiplikatoreneffekt wird der Branche in Krisenregionen oftmals eine inhärent positive Wirkung zugeschrieben: „[T]he tourism industry can help promote peace and stability in developing countries by providing jobs, generating income (...)" (Honey/Gilpin 2009: 1). Dies macht die Branche vor dem Hintergrund der Fragestellung dieser Arbeit und der eingeführten Kategorie *just doing business* zusätzlich interessant. Jedoch müssen, wie bereits in Kapitel 3.3 dargelegt wird, die Multiplikatoreneffekte mit der Konfliktanalyse abgeglichen werden, d.h. wenn die Arbeitsplätze nicht der benachteiligten Konfliktpartei zukommen, wird die Voraussetzung für einen Friedensbeitrag nicht erfüllt.

einem Produkt, der angebotenen Reise, verschnürt (Freyer 2006: 203; Mundt 2006: 364).[66] Dies bedeutet, dass der Reiseanbieter bereits Investitionen tätigt, bevor ihm sein Produkt vom Konsumenten abgenommen wird. Über diese Vorinvestitionen geht der Reiseanbieter ein größeres Risiko ein als beispielsweise ein Reisevermittler (Kirstges 2005: 101). Dieser bietet dem Kunden die bereits geschnürten Angebote verschiedener Reiseanbieter an, ohne ein eigenes Produkt zu kreieren (Freyer 2006: 203). Insgesamt ist die Untersuchung von Reiseanbietern besonders geeignet, um der Rolle der Tourismusbranche in Konfliktregionen nachzugehen: Es handelt sich bei Reiseanbietern um den bedeutsamsten Akteur innerhalb der Branche. Zudem stellen die Reiseanbieter die Verbindung zwischen Quellmarkt und Destination – in dieser Arbeit die Konfliktregion – her.[67]

Im direkten Branchenumfeld befinden sich weitere Akteure, IOs oder Initiativen, die nicht an der Wertschöpfung beteiligt sind. Allerdings ist ihre Existenz ein erster Hinweise darauf, dass die Branche für die Forschungsfrage dieser Arbeit potenziell relevant ist. Zu diesen Initiativen gehört beispielsweise die bereits genannte UNWTO, die im November 2003 den Status einer Sonderorganisation der Vereinten Nationen erhielt. Die UNWTO hat sich zu den UN-Millenniumsentwicklungszielen verpflichtet und arbeitet im Wesentlichen an der Förderung von "responsible, sustainable and universally accessible tourism, paying particular attention to the interests of developing countries."[68] Vor diesem Hintergrund hat die Organisation zudem einen *Global Code of Ethics for Tourism* entwickelt.[69] In der UNWTO sind neben Staaten, die den Status originärer Mitglieder haben, auch zahlreiche Unternehmen, Verbände oder NROs der Tourismusbranche als angegliederte Mitglieder organisiert.[70] Darüber hinaus haben sich zahlrei-

66 Diese Produkte werden dann je nach Ausgestaltung als Pauschalreise, Bausteintourismus oder Individualreisen bezeichnet (Freyer 2006: 205ff; Kirstges 2005: 102, 466; Mundt 2006: 31).

67 Auf Ebene der Nationalstaaten spricht man in diesem Zusammenhang von *sending countries* und *receiving countries*. Zur Bezeichnung der Richtung der touristischen Ströme wird auch von *incoming tourism* und *outgoing tourism* gesprochen (Freyer 2006: 6).

68 Siehe http://www.unwto.org/aboutwto/index.php (02.12.08).

69 Siehe http://www.unwto.org/ethics/index.php (15.08.10).

70 Ähnliches gilt auch für die Initiative *End Child Prostitution, Pornography and Trafficking for Sexual Purposes* (ECPAT) mit Sitz in Bangkok (Thailand). Deutschland ist neben über 50 weiteren Ländern Mitglied in diesem Netzwerk. Innerhalb Deutschlands engagieren sich verschiedenste Institutionen und Gruppen im Rahmen von ECPAT. Überdies unterzeichneten der Deutsche Reiseverband e.V. im Jahr 2001 und der Bundesverband der deutschen Tourismuswirtschaft im Jahr 2005 den Verhaltensstandard *Code of Conduct for the Protection of Children from Sexual Exploitation in Travel and Tourism* (*The Code*). *The Code* war ursprünglich ein Projekt von ECPAT und ist inzwischen in eine eigenständige Organisation übergegangen. Über ihre Mitgliedschaft in den jeweiligen Verbänden haben sich auch die Reiseanbieter zur Einhaltung der in dem Standard festge-

che Reiseanbieter auch im Rahmen einer sektoralen Selbstregulierungsinitiative, der TOI, zusammengeschlossen.[71] Als Mitglieder der TOI bekennen sich die Reiseveranstalter zu nachhaltiger Entwicklung und verpflichten sich auf ein *Statement of Commitment to Sustainable Development*. Dieses enthält im Wesentlichen Aspekte wie das Management der Wertschöpfungskette, Destinationsmanagement und Berichterstattung über die entsprechenden Maßnahmen und Projekte. Folgender Auszug aus der Selbstverpflichtung spiegelt das Anliegen der Initiative besonders instruktiv wider:

> „We are committed to developing, operating and marketing tourism in a sustainable manner; that is, all forms of tourism which make a positive contribution to the natural and cultural environment, which generate benefits for the host communities, and which do not put at risk the future livelihood of local people."[72]

Reiseanbieter engagieren sich zudem zunehmend auch im Bereich der Standardisierung und Zertifizierung ihrer Management- und Umweltmanagementsysteme durch unabhängige Institutionen.[73] Anders als bei dem Engagement im Rahmen von Initiativen müssen die Reiseanbieter konkrete Maßnahmen nachweislich einführen und erfolgreich umsetzen. Die Prüfung und Zertifizierung werden zudem – abhängig vom jeweiligen Standard – in regelmäßigen Abständen wiederholt. Allerdings decken die genannten Managementsysteme nur einen spezifischen Ausschnitt der Prozesse ab, die im Rahmen der Herstellung des touristischen Produkts, einer Reise, relevant werden. So wird die Einhaltung von Umwelt- und Sozialstandards bei Kooperationspartnern in der Wertschöpfungskette, beispielsweise Hotels oder Transportunternehmen, zumeist nicht überprüft. Eine Alternative hierzu existiert mit der zertifizierenden Institution *TourCert*. Um *TourCert-Kriterien* zu erfüllen, muss die Nachhaltigkeitsberichtserstattung von Tourismusunternehmen ökologische und soziale Standards in der touristischen Wirtschöpfungskette berücksichtigen (Fuchs/Monshausen 2010: 20).[74] Touris-

legten Prinzipien verpflichtet. Siehe: http://www.thecode.org/index.php?page=1_1 (02.12.08).

71 Siehe http://www.toinitiative.org/ (02.12.08).

72 Tour Operators Initiative, Statement of Commitment to Sustainable Tourism Development (Article 1.3), http://www.toinitiative.org/index.php?id=11 (15.08.10).

73 So kann ein Unternehmen beispielsweise sein Qualitätsmanagement oder sein Umweltmanagement nach einem Standard der International Organization for Standardization (ISO) prüfen und zertifizieren lassen, siehe: http://www.iso.org/iso/about.htm (15.08.10). In der Tourismusbranche angewandte Standards sind die DIN EN ISO 9001 (Qualitätsmanagement) oder DIN EN ISO 14 001 (Umweltmanagement). Auch die Europäischen Union hat ein Instrument zur Standardisierung und Zertifizierung privatwirtschaftlicher Umweltmanagementsysteme entwickelt, das so genannte *Eco-Management and Audit Scheme* (EMAS), siehe: http://www.emas.de/ (28.05.10).

74 Die Berichterstattung folgt einem Leitfaden, der von der Kontaktstelle Umwelt und Entwicklung (KATE Stuttgart), dem Evangelischen Entwicklungsdienst (EED)/Tourism Watch und dem forum anders reisen e.V. entwickelt wurde. Entsprechend der Kriterien

musunternehmen, die ein CSR-Managementsystem eingeführt haben und deren Nachhaltigkeitsbericht diese TourCert-Kriterien erfüllt, können nach externer Prüfung dann das Zertifikat *CSR-Tourism-Certified* tragen.

Geht man nun der Frage nach der Rolle von Unternehmen in Konfliktregionen insbesondere mit Bezug auf die Tourismusbranche nach, so findet sich im Lichte der in Kapitel 2.1.1 und 2.1.3 beschriebenen Diskussion über die Rolle von Unternehmen in Konfliktregionen in verschiedenen Arbeiten der Friedens- und Konfliktforschung die Einschätzung, dass das Engagement der Akteure der Tourismusbranche (potenziell) pazifizierende Wirkung in Konfliktregionen entfaltet. Zu den Autoren, die diese (potenziell) pazifizierende Wirkung des Engagements der Tourismusbranche in Konfliktregionen benennen, gehören Gershon/Colletta oder Nelson (Gerson/Colletta 2002: 123; Nelson 2000: 58). Am deutlichsten formuliert schließlich Haufler die Erwartung an die Rolle der Tourismusbranche: „Surprisingly little attention has been paid to the travel and tourism sector. This is a truly global industry with an obvious interest in peace“ (Haufler 2001a: 669).

Vor diesem Hintergrund erwächst jedoch die Frage, ob und welche Faktoren ein solches Interesse begründen und damit ein Engagement erklären könnten. Geht man in diesem Zusammenhang erneut auf die eingangs angeführten tourismuswirtschaftlichen Überlegungen ein, so lassen sich zwei Hinweise identifizieren: Ausgehend von der Tourismusdefinition wird deutlich, dass das touristische Produkt, die Reise, ein für diese Arbeit interessantes Merkmal aufweist. So verweist die Definition darauf, dass sowohl die Produktion sowie die Konsumption des Produktes in der jeweiligen Destination erfolgen (Freyer 2006: 312). Daraus resultiert, dass der Reiseanbieter ein vitales Interesse daran hat, dass die jeweiligen Destinationen intakt sind. In diesem Sinne beschreibt auch Hein nicht nur die Abhängigkeit der Branche von sauberer und intakter Umwelt (Strand, Berge, Korallen usw.), sondern auch von sicheren und stabilen politischen Bedingungen. Besonders deutlich werden bei Hein die Implikationen der Globalisierung von Tourismus auf der Folie dieser Abhängigkeiten. Dadurch, dass Reisende immer fernere und exotischere Ziel nachfragen, sind Reiseanbieter zunehmend mit politischen und sozialen Herausforderungen wie Armut, Kinderarbeit, Gewaltkonflikte, politische Unterdrückung usw. konfrontiert (Hein 2006: 119, 124). Gleichzeitig können Reiseanbieter nur Reisen in Destinationen anbieten, die sich in einem „bereisbaren“ Zustand befinden. Hieraus erwächst der Anreiz für ein

des Leitfadens deckt ein CSR-Bericht acht Punkte ab, darunter Verantwortung für Kunden, Umwelt, Mitarbeiter oder die Gesellschaft. Zudem wurden für diese Punkte Indikatoren festgelegt. Dies macht es möglich, die Performance eines Unternehmens über Zeit oder die Performance zwischen verschiedenen Unternehmen zu vergleichen (KATE - Kontaktstelle für Umwelt und Entwicklung/Evangelischer Entwicklungsdienst - Arbeitsstelle Tourism Watch et al. 2008: 8-15). Für weitere Informationen zu TouCert siehe auch: http://www.tourcert.org/ (07.04.10).

Unternehmen, sich für Frieden in einer von ihm bereisten Destination zu engagieren.

Ein zweiter relevanter Faktor resultiert aus der Absicht, in der eine Reise unternommen wird. Im touristischen Kernbereich liegt die Reiseabsicht in der Erholung (Freyer 2006: 3). In diesem Zusammenhang wird oft von hohen Erwartungen der Reisenden an das Produkt und der Emotionalisierung der Reise gesprochen (Telephoninterview #1, 25.11.2008). Dieser Aspekt steht offensichtlich im Kontrast mit in Konfliktregionen vorliegenden Bedingungen wie politische Instabilität, Korruption, Umweltverschmutzung usw. Zahlreiche Autoren verweisen insbesondere darauf, dass der Ausbruch von Gewalt – sei es in Form von kriegerischen Auseinandersetzungen oder terroristischen Anschlägen usw. – zu einem direktem Einbruch der Touristenzahlen führt (Aschauer 2008: 82; Dreyer et al. 2004: 217). Das unlängst erschienene Working Paper und der Bericht des DSF-Projektes von Swisspeace und der Cologne Business School/Compass GmbH zur Rolle von lokalen Reiseanbietern in Konfliktregionen verweisen auf die gleichen Dynamiken (Alluri/Joras et al. 2009: 1, 13f; Joras/Alluri et al. 2009: 10). Aus der sensiblen Reaktion der Kundennachfrage auf Krisen und Konflikte entsteht wiederum für den Reiseanbieter, der mit der Zusammenstellung des Produktes in Vorleistung geht, erneut ein Anreiz, sich für Frieden in der Destination zu engagieren.

Vor diesem Hintergrund lassen sich zwei Hypothesen zu den Erklärungsfaktoren von privatwirtschaftlichem Engagement (der Reisebranche) in Konfliktregionen sowie die entsprechenden Kausalmechanismen formulieren:

H1: Wenn einer Destination Beeinträchtigung droht oder diese bereits beeinträchtigt wurde, dann engagieren sich Reiseanbieter, weil das Reiseangebot von der Intaktheit einer Destination abhängig ist.

H2: Wenn die Konsumenten auf Konflikte sensibel reagieren oder bereits reagiert haben, dann engagieren sich Reiseanbieter, weil der Reiseverkauf von der Konsumentennachfrage abhängig ist.

Insgesamt lässt sich das Engagement der Unternehmen durch die (potenzielle) Beeinträchtigung der Destination durch den Konflikt und die Sensibilität der Kunden auf einen Konflikt erklären. Die entsprechenden Kausalmechanismen lassen sich auf der Angebotsseite – Abhängigkeit von der Intaktheit der Destination für die Bereitstellung des Reiseangebots – und auf der Nachfrageseite – Abhängigkeit von der Konsumentennachfrage für den Verkauf der Reise – verorten.[75] Den theoretischen Hintergrund hierfür bilden – wie in Kapitel 3.1. skizziert wird – Überlegungen der ökonomischen Theorie. Sind diese Faktoren und/oder Mechanismen auch empirisch nachzuweisen, besteht schließlich die begründete Vermutung, dass sich Tourismusunternehmen in Konfliktregionen engagieren. Es wird vermutet, dass hieraus die entscheidenden Anreize für Gewinn maximierende, unter Bedingungen eingeschränkter Rationalität operierende Unternehmen erwachsen, sich in Konfliktregionen zu engagieren. Diese Überlegungen legen insgesamt nahe, dass es sich bei der Tourismusbranche um einen *most likely case* für die Untersuchung von Unternehmensengagement in Konfliktregionen handelt (George/Bennett 2005: 121). Überdies kann die Branche auf Grund ihrer Verortung als Dienstleistungsbranche auch als Kontrastfall zu den extraktiven Industrien gewertet werden.[76] Die Konzeption der in den Hypothesen formulierten abhängigen Variable *Unternehmensengagement für Frieden* erfolgt im folgenden Kapitel 3.

75 Die Hypothesen decken gleichsam zwei Seiten der gleichen Medaille ab, nämlich dass das Kerngeschäft, das aus dem Angebot und dem Verkauf von Reisen besteht, von einem Konflikt auf unterschiedlichem Wege negativ beeinträchtigt wird, und sich die Unternehmen deswegen engagieren. Um diese „unterschiedlichen Wege" zu differenzieren, wurden zwei Hypothesen formuliert.

76 Kontrastfälle weisen sehr unterschiedliche Werte hinsichtlich einer interessierenden Variablen auf. Siehe hierzu Brady/Collier 2004: 281.

3. Unternehmensengagement für Frieden in Konfliktregionen

Wie in Kapitel 2.1 beschrieben, wurde in der letzten Dekade privatwirtschaftliches Engagement in Konfliktregionen zwar zunehmend Gegenstand wissenschaftlicher Untersuchungen, allerdings liegt bislang keine Systematik vor, die es erlaubt, das Engagement von Unternehmen in Konfliktregionen nach theoretischen Überlegungen strukturiert zu erfassen und einem Vergleich sowie einer Erklärung zuzuführen. Diese soll in den folgenden Abschnitten unter Rekurs auf einige konzeptionelle Überlegungen des HSFK-Projektes erarbeitet werden.

3.1 Akteursperspektive und Handlungsmotivation

Nicht die makrostrukturellen Faktoren des Verhältnisses von Ökonomie und Frieden stehen im Zentrum dieser Arbeit – vielmehr wird dezidiert Akteurshandeln in den Blick genommen. Bei den interessierenden Akteuren handelt es sich um privatwirtschaftliche Akteure, d.h. Unternehmen. Diese haben keinen einheitlichen Charakter und so wird zumeist zwischen multinationalen Unternehmen (MNUs), transnationalen Unternehmen (TNUs) und kleinen und mittleren Unternehmen (KMUs) oder lokalen Unternehmen unterschieden. Die Merkmale, anhand derer die Unternehmenstypen definiert werden, sind dabei keineswegs einheitlich (Herkenrath 2003: 19). Während MNUs und TNUs beispielsweise anhand der operativen Sitze im Ausland im Verlauf des Produktionsprozesses oder dem Grad der Zentralisierung differenziert werden (Cutler/Haufler et al. 1999a: 23, FN 4; Hassel/Höpner et al. 2000: 504; Muchlinski 2007: 6), bestimmt die Zahl der Angestellten, ob ein Unternehmen als kleines oder mittleres Unternehmen (KMU) gilt. Der Begriff lokale Unternehmen rekurriert wiederum zumeist auf den Standort der Unternehmenszentrale und lässt die Größe des Unternehmens – in der Regel gemessen an der Zahl der Angestellten oder dem Jahresumsatz – weitgehend unbestimmt.

In dieser Arbeit werden KMUs sowie internationale und transnationale Unternehmen betrachtet.[77] Als internationale Unternehmen gelten privatwirtschaftliche Akteure, die zwar in einem bestimmten Staat beheimatet sind, deren wirtschaftliche Tätigkeit jedoch durch den Import und Export von Dienstleistungen oder Gütern über die Grenzen des jeweiligen Heimatlandes hinausgeht. Somit unter-

77 Um die Generalisierbarkeit der Ergebnisse zu steigern, werden nach methodischen Überlegungen möglichst unterschiedliche Unternehmenstypen untersucht.

scheiden sich diese internationalen Unternehmen von TNUs im Wesentlichen dadurch, dass sie keine Direktinvestitionen – beispielsweise in Büros, Grundstücke, Produktions- oder Fertigungsanlagen – außerhalb ihres Heimatlandes tätigen (Bornschier 1976: 332; Sell 2003: 195).[78] TNUs werden der Definition von *United Nations Conference on Trade and Development* (UNCTAD) folgend unter anderem durch Direktinvestitionen im Ausland und die Kontrollfunktion der Unternehmenszentrale bestimmt:

> „Transnational corporations (TNCs) are incorporated or unincorporated enterprises comprising parent enterprises and their foreign affiliates. A parent enterprise is defined as an enterprise that controls assets of other entities in countries other than its home country." (UNCTAD 2008: 249)[79]

Kleine und mittlere Unternehmen wiederum zeichnen sich entsprechend der Definition der Europäischen Kommission, die am 01.01.2005 in Kraft getreten ist, dadurch aus, dass sie bis zu 250 Mitarbeiter beschäftigen und einen Jahresumsatz von höchstens 50 Millionen Euro aufweisen.[80] Darüber hinaus lassen sich die Unternehmen danach unterscheiden, ob deren Unternehmenszentrale in einer Konfliktregion – respektive der hier interessierenden Konfliktregion – ansässig ist oder nicht, d.h. es kann zwischen lokalen und nicht lokal ansässigen Unternehmen differenziert werden. Jegliche Begriffe sind zudem hinsichtlich der Eigentümerstruktur offen, d.h. auch Unternehmen in staatlicher Eignerschaft werden erfasst. Von dieser Untersuchung ausgeschlossen sind allein Unternehmen, deren Kerngeschäft den Sicherheits- und Safetybereich abdeckt.[81] Im Zentrum

78 Diese Unterscheidung dient nicht nur dazu, um die jeweiligen Unternehmenstypen angemessen zu bezeichnen, sondern öffnet im analytischen Teil den Blick für die Rolle von Direktinvestitionen in einer Konfliktregion als potenzielle erklärende Variable für Unternehmensengagement. Sie hierzu Kapitel 7.1.1 (Marktflexibilität) und Kapitel 9.1.1 (Marktflexibilität).

79 Für eine ähnliche Definition siehe Bornschier/Chase-Dunn 1985: xii. Eine Unterscheidung zwischen TNUs und MNUs wird in dieser Arbeit nicht eingeführt. Eine solche Differenzierung würde keinen analytischen Mehrwert generieren, da im empirischen Teil dieser Arbeit keine Unternehmen erfasst werden, die dieses Spektrum abdecken. Insgesamt ist die Praxis recht weit verbreitet, diese Begriffe synonym zu verwenden (Muchlinski 2007: 6) – gerade quantitativ angelegte Studien können zudem nur bedingt auf entsprechend differenzierendes empirisches Material zurückgreifen (Herkenrath 2003: 20).

80 Siehe http://ec.europa.eu/enterprise/enterprise_policy/sme_definition/index_de.htm (03. 11.09). Das Institut für Mittelstandforschung, das darauf fokussiert die wirtschaftliche Situation des Mittelstandes zu analysieren um auf dieser Grundlage Politikempfehlungen zu formulieren, setzt etwas andere Schwellenwerte. Ein KMU zeichnet sich demnach durch maximal 499 Mitarbeiter und einem Jahresumsatz von bis zu (unter) 50 Millionen Euro aus, http://www.ifm-bonn.org/index.php?id=89 (03.11.09).

81 Diese Unternehmen haben über weite Strecken staatliche Auftraggeber. Außerdem liegt deren *business case* im Konfliktgeschehen. Es besteht die Vermutung, dass das Unternehmensengagement dieser Unternehmen anderen Einflussfaktoren unterliegt, als den

stehen außerdem legale Aktivitäten von Unternehmen, d.h. unter Kriminalität fallendes Unternehmenshandeln bleibt ausgeschlossen.[82] Zahlreichen Arbeiten zu Akteurshandeln folgend, wird hier in Anlehnung an Überlegungen der (neuen) ökonomischen Theorie eine *a priori* Bestimmung der Handlungsmotivation des Unternehmenshandelns vorgenommen und Gewinn maximierendes Handeln – abgeleitet aus der Nutzenmaximierung – und eine eingeschränkte Rationalität zu Grunde gelegt (Homann/Suchanek 2005: 304; Kirchgässner 2008: 15; Scharpf 2000: 107).[83] Damit orientiere ich mich letztlich an der recht prägnanten Feststellung von Suchanek, dass „Unternehmen, die keinen Gewinn machen, [...] über kurz oder lang gezwungen sein [werden, SF], aus dem Markt auszuscheiden" (Homann/Suchanek 2005: 304f). Diese Akteursbestimmung ist zwar relativ einfach strukturiert,[84] jedoch genügt diese, um den Status der Faktoren zu präzisieren, nach denen hier gesucht wird: Es handelt sich um Anreize, die das Verhalten von Unternehmen in Konfliktregionen maßgeblich beeinflussen.[85] Zudem schärft diese Festlegung den Blick für abweichende Handlungsmotivationen, indem sie eine Folie für die Bewertung der vorliegenden empirischen Befunde bietet. Darüber hinausgehend werden an dieser Stelle keine weiteren theoretisierenden Überlegungen zu privatwirtschaftlichen Akteuren vorgenommen. Insbesondere methodische Aspekte kommen hier zum Tragen – eine möglichst „schlanke" Konzeption erscheint bei dem Niveau vorhandenen Wissens zu privatwirtschaft-

herkömmlichen Marktakteuren. Daher sollen diese für diese Studie ausgeschlossen werden. Für eine Fallstudie, die das Verhalten von *Privaten Sicherheits- und Militärdienstleistern* als Unternehmensbeiträge zu Frieden- und Sicherheit konzipiert, siehe Deitelhoff 2010.

82 Als Referenz dafür, ob Unternehmensaktivitäten als kriminelle Aktivitäten eingestuft werden, gelten die jeweiligen Rechtskanoni des Heimat- sowie des Gaststaates. Da die Vorgaben darüber, welche Aktivitäten als rechtswidrig einzustufen sind, zwischen Heimat- und Gaststaat differieren können, müssen die Aktivitäten international bzw. transnational operierender Unternehmen vor dem Hintergrund beider Rechtskontexte betrachtet werden.

83 Zur Übertragung eines Akteurmodells auf Unternehmen siehe Scharpf 2000: 107-114. Das Modell ist dem methodologischen Individualismus verpflichtet und geht von einem idealen individuellen Akteur aus. Unternehmen fallen in die Gruppe *korporative Akteure* (Scharpf 2000: 105).

84 Zu den verschiedenen Akteursmodellen auf Grundlage ökonomischer Theorie siehe Homann/Suchanek 2005: 365-368.

85 Obgleich an dieser Stelle die Handlungsmotivation präskriptiv bestimmt wird, ist die sich anschließende empirische Analyse offen für empirische Irritation und eine daraus resultierende Korrektur dieser Bestimmung. Die Akteursbestimmung im Rahmen des Projektes *Unternehmen in Konfliktzonen* erfolgt vergleichbar (Wolf/Deitelhoff et al. 2007: 299; Deitelhoff/Wolf 2010a: 9).

lichen Akteuren aus dem Bereich der Wirtschaftswissenschaften zielführender (King/Keohane et al. 1994: 20).[86]

3.2 *Formen unternehmerischen Engagements*

Wie in Kapitel 2 erwähnt, rekurrieren einige Forschungsarbeiten zur Rolle von Unternehmen in Konfliktregionen auf konzeptionelle Überlegungen zu Krisenprävention oder *Peacebuilding* (Lederach 2008; Rieth/Zimmer 2004b; Wenger/Möckli 2003). Während diese Überlegungen normativ substanzielle und wirkungsanalytische Implikationen mit sich führen (Feil/Fischer et al. 2008b: 7; Fischer 2009: 5), soll in dieser Arbeit das Engagement von Unternehmen (für Frieden) zunächst entlang eines strukturellen Merkmals, nämlich dem Grad, in dem unternehmerisches Engagement in das Kerngeschäft strukturell integriert bzw. an dieses „angedockt" ist, unterschieden werden. Aus dieser Differenzierung ergibt sich ein Kontinuum möglicher Formen unternehmerischen Engagements in Konfliktregionen.

Dieser Überlegung folgend bezeichnet die erste Form unternehmerischen Engagements (für Frieden) das unternehmerische Kerngeschäft, d.h. das bloße wirtschaftliche Engagement eines Unternehmens in einer Konfliktregion. Die theoretische Grundlage für die Annahme, dass der Beitrag zu ökonomischer Prosperität in Konfliktregionen Frieden förderndes Potenzial entfaltet, findet sich in Teilen der Friedens- und Konfliktforschung zur Rolle von Unternehmen in Konfliktregionen (Gerson/Colletta 2002: 122; Haufler 2001a: 663; Wenger/Möckli 2003: 8) und der Forschungsliteratur zum Verhältnis von Ökonomie und Frieden (Reuveny 2000; Russett/Oneal 2001; Wennmann 2009). Wie eingangs angeführt, sind illegale Aktivitäten von der Untersuchung ausgeschlossen. Dies bedeutet, dass ausschließlich die wirtschaftlichen Aktivitäten in Betracht kommen, die im Einklang mit dem Rechtsrahmen des Heimat- oder Gaststaats stehen. Exemplarisch für *just doing business* in Konfliktregionen ist das Engagement des israelischen Unternehmens Agrexco. Agrexco kooperierte über einen längeren Zeitraum mit landwirtschaftlichen Genossenschaften im Gaza-Streifen. Diese Kooperation sicherte palästinensischen Bauern den Export, eine (teilweise) Modernisierung der Anbaumethoden und ein eigenes palästinensisches Exportlabel

86 Für eine theoretisch verortete Akteursbestimmung siehe Scharpf 2000: 101-107. Um die Akteursbestimmung möglichst schlank zu halten, wird zudem ohne weitere Erörterung akzeptiert, dass es sich bei Unternehmen um Akteursaggregate handelt, wodurch sich genau betrachtet Schwierigkeiten bei der Zuschreibung von Handlungen – Verhalten mit subjektiven Sinn nach Max Weber (Weber 1984: 19-43) – ergeben könnten. Für eine ausführliche Diskussion siehe Scharpf 2000: 98f.

(Carmel). Die israelische Firma wiederum profitierte von den niedrigen Produktionskosten (Dajani/Dayan et al. 2006: 369-374; Interview#9, Tel Mond, 11.11.2007).

Bei der zweiten Form unternehmerischen Engagements handelt es sich um über das Kerngeschäft hinausgehende, jedoch unsystematisch durchgeführte Maßnahmen, welche im Folgenden als *freie Aktivitäten*[87] bezeichnet werden sollen. Diese Form unternehmerischen Engagements ist weder mit dem unternehmerischen Kerngeschäft verbunden noch erfolgt das Engagement, das unterschiedliche Belange sozialer, ökologischer oder ökonomischen Natur abdecken kann, systematisch. Es handelt sich weitgehend um freiwillige Zusatzmaßnahmen zum unternehmerischen Kerngeschäft. Exemplarisch hierfür ist das Engagement eines palästinensischen Telekommunikationsanbieters: Paltel sponsert kulturelle Veranstaltungen wie Festivals oder Buchausstellungen, fördert Frauenverbände durch die Finanzierung notwendiger Infrastruktur (Möbel- und Computerkauf), vergibt Stipendien für Studierende oder unterstützt die Verbesserung des Informationsaustauschs öffentlicher Krankenhäuser durch elektronische Vernetzung. Dieses Engagement hat nur in Einzelfällen eine thematische Anbindung an das Kerngeschäft des Unternehmens und erfolgt vorwiegend in Form von Projekten – damit handelt es sich bei diesem Engagement um so genannte *freie Aktivitäten.*[88]

Die dritte Form unternehmerischen Engagements besteht in unternehmerischen *Governance-Beiträgen* und deckt damit auf dem hier vorgestellten Kontinuum das am weitest gehende Engagement ab (Deitelhoff/Wolf 2010a: 11f; Feil/Fischer et al. 2008a; Wolf/Deitelhoff et al. 2007: 302f).[89] Als *Governance-Beitrag* soll unternehmerisches Engagement qualifiziert werden, das sich durch folgende Merkmale auszeichnet: Erstens muss das Unternehmensengagement intentional erfolgen.[90] Damit unterscheidet sich diese Form des Unternehmensengagements von dem bloßen wirtschaftlichen Engagement eines Unternehmens, es teilt diese Eigenschaft jedoch mit *freien Aktivitäten* Unternehmensengagement. Darüber hinaus muss das Engagement die Genese und/oder Implementierung kollektiv verbindlicher Normen und Regeln zum Inhalt haben, eine Eigen-

87 Damit wird, zumindest im weiten Sinne, an die frühen Überlegungen von Carroll zu *philanthropischem Engagement* angeschlossen (Kapitel 2.2; Carroll 1991: 42). Auch in der Arbeitswelt von Unternehmensmitarbeitern werden diese Maßnahmen oftmals als philantropisches Engagement bezeichnet. Eine altruistische Motivation des Unternehmens wird in diesen Kontexten durch diese Bezeichnung jedoch nicht behauptet.

88 Weitere Informationen zum Engagement von Paltel auf der Unternehmensseite: http://www.paltel.ps/index.php?lang=en&page=F1136677128.F1137894269 (15.08.10).

89 Die Konzeption dieser Unternehmensbeiträge entstammt dem HSFK-Forschungsprojekt *Die Rolle von Unternehmen in Konfliktzonen*.

90 Diese lässt sich beispielsweise durch offizielle Erklärungen des Unternehmens feststellen.

schaft, die Unternehmensgovernance sowohl von bloßem wirtschaftlichem Engagement –*just doing business* – sowie von *freien Aktivitäten* unterscheidet. Rosenau/Czempiel führen diese beiden Aspekte wie folgt zusammen: „it might even be said that governance is order plus intentionality" (Rosenau/Czempiel 1992: 5). Ein weiteres distinktes Merkmal besteht in der Bereitstellung – oder dem Beitrag zur Bereitstellung – eines öffentlichen Gutes, in dieser Arbeit des öffentlichen Gutes Frieden.[91] Damit fallen Maßnahmen, die ausschließlich unternehmensinterne Prozesse betreffen und keine Außenwirkung haben, nicht unter diese Form des Engagements. Insgesamt zeichnet sich diese Form unternehmerischen Engagements gegenüber den anderen Formen somit durch seine dezidiert politische Qualität aus (Deitelhoff/Wolf 2010a: 11; Mayntz 2005: 12f).

Darüber hinaus soll dieses Unternehmensengagement in zwei Dimensionen gegliedert werden, nämlich seine Unternehmenspolitik und die beobachtbare Unternehmensaktivität. Diese Unterteilung ermöglicht nicht nur das Engagement eines Unternehmens auf mögliche Differenzen (oder auch Wechselwirkungen) zwischen Unternehmensrhetorik und Unternehmenshandlung zu untersuchen, sondern verweist auf einen möglichen qualitativen Unterschied zwischen beiden Aspekten.[92] Gleichwohl gehen Absichtserklärungen nicht notwendigerweise beobachtbaren Aktivitäten voraus, wie auf Absichtserklärungen nicht zwangsweise Aktivitäten folgen. Diese Unterscheidung ist idealtypisch und folgt einem analytischen Interesse, empirisch fließen diese Momente oftmals ineinander.[93] Dabei

91 Zwei zentrale definitorische Merkmale öffentlicher Güter sind der nicht-rivalisierende Konsum sowie die Nicht-Ausschließbarkeit. Auf Grundlage dieser Merkmale lässt sich eine Vierfelder-Matrix erstellen, die von zahlreichen AutorInnen zur weiteren Begriffsarbeit herangezogen wird. So spricht Renate Mayntz von *common goods* und bezeichnet damit Güter in zwei Feldern dieser Matrix: Güter, die nicht-rivalisierend und nicht ausschließbar im Konsum sind (öffentliche Güter), sowie Güter, die rivalisierend im Konsum sind, deren Konsum jedoch auf Nicht-Ausschließbarkeit beruht (Allmendegüter) (Mayntz 2002: 19f). Franke wiederum spricht von einer Dreiteilung der öffentlichen Güter (bestehend aus: spezifische öffentliche Güter, Allmendegüter, Mautgüter). Der SFB 700 operiert ebenfalls mit dieser Trias (bestehend aus: öffentliche Güter, Allmendegüter, Clubgüter), bezeichnet diese jedoch als Kollektivgüter (Sonderforschungsbereich 700 2007: 11). Frieden wird in dieser Arbeit – und ist damit begrifflich an die aufgeführten Unterscheidungen anschlussfähig – in der Kategorie öffentliches Gut (nicht-rivalisierend/keine Ausschließbarkeit im Konsum) verortet.

92 Diese Dimensionen hat das Forschungsprojekt an der HSFK in Anlehnung an regimetheoretische Überlegungen zur Effektivitätsmessung auch als *Output* (Unternehmenspolitik) und *Outcome* (Unternehmensaktivitäten) bezeichnet (Deitelhoff/Wolf 2010b: 14; Easton 1965; Feil/Fischer et al. 2008b: 9-11; Huckel/Rieth et al. 2007: 120; Young/Underdal 2004: 12). Diesen Überlegungen folgend stellen die Unternehmensaktivitäten die „reichhaltigere" Kategorie dar, als die Unternehmenspolitiken.

93 Darüber hinaus können sowohl die Absichtserklärungen als auch die Unternehmensaktivitäten individuellen oder kollektiven Charakter und eine unterschiedliche Reichweite (international, national, regional usw.) haben. So ist beispielsweise die Selbstverpflich-

bedarf das Engagement einer gewissen Nachhaltigkeit – selektives oder zufälliges Engagement wird nicht als *Governance-Beitrag* qualifiziert. *Governance-Beiträge* bezeichnen somit nicht das Kerngeschäft plus weiteres Engagement, sondern – optimalerweise – die strukturelle Ausrichtung des Kerngeschäfts an die Unternehmenspolitik und die systematisch-prozesshafte Umsetzung in die Unternehmensaktivitäten.

Das Engagement der Daimler AG lässt sich entsprechend dieser Kriterien als *Governance-Beitrag* bezeichnen: Die Daimler AG hat sich unter anderen zu den Prinzipen des Global Compact[94], in deren Zentrum Menschenrechte, Arbeitsnormen, Umweltschutz und Korruptionsbekämpfung stehen, verpflichtet. In Übereinstimmung mit der Logik dieser Prinzipien betreibt das Unternehmen unter anderem eine KFZ-Ausbildungsstätte in Beit Sahour (Palästinensische Gebiete) und unterstützt an der Hebräischen Universität (Jerusalem) ein IT-Ausbildungsprogramm, in dem Israelis und Palästinenser gemeinsam ausgebildet werden (Interview#10, Herzliya, 25.05.2008).[95]

Insgesamt enthält die Konzeption dieser dritten Form unternehmerischen Engagements sowohl steuerungstheoretische Überlegungen als auch Überlegungen der analytisch orientierten Governance-Forschung. So ist die starke Akteursfokussierung steuerungstheoretischen Überlegungen geschuldet, während die Konzentration auf nicht-hierarchische Steuerungsmodi an zentrale Überlegungen der Governance-Forschung anschließt (Mayntz 2005: 12; Mayntz 2008: 45). Die von der Steuerungstheorie entliehene Akteursperspektive ermöglicht letztlich die systematische Erschließung eines neuen Akteurs für die Governance-Forschung und die Frage nach den Möglichkeiten und Grenzen individuellem privatwirtschaftlichem Engagements in Governance-Prozessen jenseits des Staates (Wolf 2005: 53). Überdies erlaubt die Kombination dieser Überlegungen eine präzisere Erfassung der politischen Qualität privatwirtschaftlichen Engagements, als es die be-

tung eines Unternehmens auf einen unternehmensspezifischen *Code of Conduct* ein individueller *Governance-Beitrag*, während das Engagement in einer öffentlich-privaten Initiative wie dem Global Compact als kollektives Engagement gilt. Darüber hinaus spielt sich das Engagement im Global Compact auf internationaler Ebene ab, während die Unterstützung eines Projektes lediglich für eine Kommune oder Region bedeutsam ist (Feil/Fischer et al. 2008b: 12). Diese Unterscheidungen sind für diese Arbeit jedoch nicht zentral.

94 http://www.unglobalcompact.org/participant/2735-Daimler-AG (26.08.11).

95 The Daimler Automotive Academy Network, http://nachhaltigkeit2008.daimler.com/cgi-bin/show.ssp?companyName=daimler&language=English&report_id=nb-2008&id=702020 (05.11.09), Middle East Education trough Technology (MEET), http://meet.mit.edu/programs/ (26.08.11). Regionalexperten weisen jedoch kritisch auf die finanzielle Ausstattung hin und bewerten das Engagement des Unternehmens angesichts der Möglichkeiten des Unternehmens als symbolisch (Interview #28, Jerusalem, 22.11.2007).

triebswirtschaftlich dominierte CSR und CC-Forschung vermag, die mit dem CC-Begriff mit bereits stark determiniertem Terminus operiert.[96]

Für die beiden zuletzt eingeführten Formen privatwirtschaftlichen Engagements gilt das Kriterium der Freiwilligkeit. Dies bedeutet, dass rechtlich mandatiertes Unternehmensengagement, dessen Umsetzung durch staatliche Kontrolle und Sanktionen gewährleistet ist, nicht als *freie Aktivität* oder *Governance-Beitrag*, sondern als Rechtsbefolgung (*compliance*) gewertet wird. Das Engagement muss somit deutlich und freiwillig über rechtliche Vorgaben hinausgehen. Eine Ausnahme, die besonders in Konfliktregionen virulent wird, stellen Kontexte dar, in denen zwar rechtliche Vorgaben bestehen, der Staat aber weder über kontrollierende noch sanktionierende Macht verfügen kann oder verfügen will (CsecR Research Group 2010: 215; Kanagaretnam/Brown 2005: 12). Unter diesen Bedingungen kann die Umsetzung bestehender rechtlicher Vorgaben durch ein Unternehmen als *Governance-Beitrag* gewertet werden. Der Referenzrahmen für diese Bewertung ist der Rechtskontext im jeweiligen Gaststaat bzw. bei lokalen Unternehmen der Rechtskontext des Heimatstaates.[97]

Der Begriff Unternehmensengagement deckt in dieser Arbeit drei Formen privatwirtschaftlichen Engagements ab, nämlich das unternehmerische Kerngeschäft (*just doing business*), einzelne über das Kerngeschäft hinausgehende *freie Aktivitäten* und schließlich *Governance-Beiträge*, welche letztlich die politische Qualität unternehmerischen Engagements erfassen und damit die anspruchsvollste Form privatwirtschaftlichen Engagements darstellen. Diese Systematisierung unternehmerischen Engagements (abhängige Variable) erfolgt zunächst unbenommen der Wirkung, die dieses Engagement zu entfalten vermag. Ziel ist eine systematische Erfassung, um auf dieser Grundlage das Engagement einem systematischen Vergleich und einer Erklärung zuführen zu können.

3.3 Unternehmensengagement für Frieden

Wie erwähnt, liegt der Interessensfokus dieser Arbeit insbesondere auf privatwirtschaftlichem Engagement, das die Voraussetzung erfüllt, eine pazifizieren-

96 Bei der empirischen Forschung erweisen sich die Termini CSR und CC hingegen als äußerst hilfreiche Marker zur ersten oberflächlichen Identifikation möglichen Unternehmensengagements.

97 Der Gefahr, dass *Governance-Beiträge* den (eurozentrischen) Vorstellungen folgen, die in westlichen Demokratien zu Menschenrechtsschutz usw. vorherrschen, kann dabei nur durch eine sorgfältige fallweise Analyse begegnet werden.

de[98] Wirkung in der jeweiligen Konfliktregion zu entfalten. Dieses Interesse impliziert indes nicht, dass eine tatsächliche Wirkung privatwirtschaftlichen Engagements auf den Grad an Friedlichkeit oder Unfriedlichkeit nachgewiesen werden soll. Vielmehr soll das empirisch aufgefundene Unternehmensengagement auf seinen möglichen Beitrag zu *Friedensursachen*[99] systematisiert werden. Der Herleitung einer solchen Systematik geht jedoch die Entscheidung darüber, wie Frieden definiert werden soll, voraus. Damit rekurriert diese Arbeit auf eine Debatte, die in der politik- und friedenswissenschaftlichen Literatur in den vergangenen Jahrzehnten *in extensio* geführt wurde.[100] Dabei lautete der Vorwurf der Vertreter eines positiven – oder auch weiten – Friedensbegriffs, dass eine Definition, die ausschließlich die Abwesenheit von Gewalt beinhalte, für kritisierbare gesellschaftliche Verhältnisse jenseits direkter Gewalt blind sei und somit bestehende Unrechtsverhältnisse legitimiere. Demgegenüber betonen die Befürworter eines negativen, oder engen, Friedensbegriffs unter anderem, dass die Integration von Gerechtigkeit in den Friedensbegriff dem Moment der Gewaltfreiheit zuwider laufen könne, da für die Durchsetzung von Gerechtigkeit Gewaltmittel in Anschlag gebracht werden können (Müller 2003: 212). Darüber hinaus ermöglicht auch der Gerechtigkeitsbegriff unterschiedlichste definitorische Ausrichtung – eine Tatsache, die erneut zu Lasten eines präzisen Friedensbegriffs und damit auch der Friedensforschung gehe (Brock 1990: 78; Czempiel 1998: 32; Müller 2003: 211). Anschließend an diese Argumente, die unter anderem von Brock und Müller vorgebracht wurden, operiert diese Arbeit mit einem engen Friedensbegriff und trennt diesen – zumindest definitorisch – von den Ursachen (Müller 2003: 213). Damit ist auch das Problem, dass Definiendum (Frieden) und Definiens (Friedensursachen) auf denselben Elementen basieren, umgangen (Brock 2002: 101; Müller 2003: 214). Der hier verwandte Friedensbegriff ist definiert durch die gelungene gewaltfreie Interaktion von sozialen und politischen Kollektiven (Müller 2003: 216). Damit impliziert der Friedensbegriff drei zentrale Faktoren: Erstens schließt er nicht nur internationale Staatenbeziehungen ein, sondern erlaubt es, die Dynamik zunehmender innerstaatlicher Konflikte zu erfassen. Zweitens kann die konkrete Ausprägung der Interaktion – manifestes Gewalthandeln oder Ankündigung von Gewalthandeln – als Indikator für den

98 Vor dem Hintergrund der Erfahrung mit der britischen Appeasement-Politik gegenüber Deutschland in den 1930er Jahren verweist Boulding zurecht darauf, dass „[p]acification can easily be an synonym for ruthless military oppression“ (Boulding 1978: 4).

99 Prominent wird dieser Begriff insbesondere von Zielinski (Zielinski 1995) verwandt – allerdings mit einer anderen Ausrichtung als in dieser Arbeit.

100 Stellvertretend für diese überaus umfassende Debatte: Brock 1990; Brock 2002; Calließ/Weller 2003; Czempiel 1972; Czempiel 2001; Daase 1996; Galtung 1969; Müller 2003; Senghaas/Senghaas 1996; Schwerdtfeger 2001. Für einen Überblick siehe: Bonacker/Imbusch 2005; Meyers 1994.

Friedensprozess sowie den Zustand des Friedens gelten. Drittens ist Friede „teilbar“, d.h. friedliche und unfriedliche Beziehungen können in unterschiedlichen Kollektivkonstellationen nebeneinander bestehen – Frieden muss nicht Weltfrieden sein. Gleichwohl ist Friede ein öffentliches Gut. Hieran schließt insbesondere das privatwirtschaftliche Engagement an, das hier als *Governance-Beitrag* zu Frieden als öffentlichem Gut konzipiert wurde.[101] Insgesamt operiert diese Arbeit mit einer engen Definition von Frieden und trennt diesen damit von Aspekten der Gerechtigkeit – gleichzeitig gilt es jedoch, Frieden nicht von seinem Kontext zu isolieren.

Zudem ist es für die Systematisierung privatwirtschaftlichen Engagements notwendig, mögliche Friedensursachen zu identifizieren. Während die Friedens- und Konfliktforschung eine recht ausgeprägte Tradition der Kriegsursachenforschung aufweist,[102] wurde insbesondere Anfang der 1990er Jahre ein Mangel an Forschung zu möglichen Friedensursachen konstatiert (Brock 2002: 110; Matthies 1994: 1; Senghaas/Senghaas 1996: 267).[103] Unter anderem vor diesem Hintergrund entstanden zahlreiche Forschungsarbeiten, die sich nicht nur mit dem Friedensbegriff – dieser wurde allgemein als Ausgangspunkt für weitergehende Überlegungen gesehen –, sondern auch mit möglichen Friedensursachen befassten. Für die Identifikation von Friedensursachen werden jeweils unterschiedliche Ausgangspunkte gewählt: Zum einen verweisen zahlreiche Arbeiten auf theoretische Überlegungen der IB, beispielsweise auf das Paradigma des Demokratischen Friedens oder Überlegungen der Regimetheorie (Meyers 1994: 117-147). Zudem finden sich systematisch typologisierende Überlegungen (Müller 2003: 224ff) sowie theoretisch angeleitete induktive Studien, exemplarisch hierfür das so genannte zivilisatorische Hexagon von Senghaas (Senghaas 1995). Schließlich existieren im Kontext dieser Debatte zahlreiche stärker praxeologisch orientierte induktiv-empirische Überlegungen zur Transformation von Konflikten. Hierzu gehören beispielsweise die Arbeiten von Matthies (Matthies 1997; Matthies 1995) oder Barash (Barash/Webel 2002: Kapitel III, IV). Darüber hinaus ist auch die Literatur, die im Kontext der Debatte um *Peacebuilding* entstanden ist, über weite Strecken induktiv-empirisch sowie praxeologisch angelegt.[104]

101 Zur Einordnung von Frieden in die Kategorie *öffentliches Gut* siehe unter anderem Kaul/Mendoza 2003: 83, 85.

102 Beiträge zur Übersicht und dem Stand der Debatte: Schlichte 2002; Bussmann/Hasenclever et al. 2009.

103 Darüber hinaus wurde wiederholt betont, dass der Friede und die *Friedensursachen* nicht in einer bloßen Inversion von Krieg und Kriegsursachen bestehen könnten (Brock 2002: 109; Müller 2003: 224).

104 Diese Debatte wurde 1992 seitens des UN-Generalsekretärs Boutros-Ghali mit der *Agenda for Peace, Preventive Diplomacy and Peace-Keeping* angestoßen. Der Begriff des

Von Interesse für diese Arbeit sind insbesondere *Toolboxes*, die im Rahmen dieser Arbeiten generiert werden sowie systematisierende synergetische Überlegungen (Barash/Webel 2002: Kapitel III, IV; Barnett/Kim et al. 2007: 45; Lund 1996: 203-205; Lund 2001; Matthies 1995: 3-27; Matthies 1997: 32; Matthies 2000: 544-549; Smith 2004: 28). Diesen Überlegungen folgend, können verschiedene Dimensionen benannt werden, die es erlauben, eine Systematisierung des privatwirtschaftlichen Engagements mit Blick auf dessen mögliche pazifizierende Wirkung vorzunehmen.[105] Analog der Unterscheidung bei Barnett (Barnett/Kim et al. 2007), Matthies (Matthies 1997: 32; Matthies 1995: 23-27) und Smith (Smith 2004: 28) werden in dieser Arbeit die Dimension von Sicherheit (1), die politische Dimension (2), die sozio-ökonomische Dimension (3) und schließlich die sozio-kulturelle Dimension (4) unterschieden.[106] Diese Dimensionen decken die Aufgabenfelder oder auch konkrete Maßnahmen ab, denen im Rahmen der skizzierten Debatten pazifizierende Wirkung zugeschrieben wird.

So umfasst – exemplarisch – die Dimension Sicherheit (1) die Vorbereitung und Umsetzung von Friedensverhandlungen und Prozesse internationaler Diplomatie mit dem Ziel der Beilegung des jeweiligen Konfliktes. Denkt man an die bereits beschriebenen unterschiedlichen Formen von Unternehmenengagement, können Unternehmen in dieser Dimension beispielsweise durch *Lobbying/Voice* (just doing business) die Durchführung von Friedensverhandlungen beeinflussen (Ben-Porat 2005b: 329). Darüber hinaus besteht die Möglichkeit, direkt oder indirekt, durch Shuttlediplomatie oder die Bereitstellung entsprechender Ressourcen (freie Aktivitäten), Friedensverhandlungen zu befördern (Fort/Schipani 2004: 30f; Gerson/Colletta 2002: 32). Wesentlich in einer Konfliktregion ist dar-

Peacebuilding wurde von Boutros-Ghali zunächst ausschließlich auf die Nachkriegssituation in einer Konfliktregion angewendet (Boutros-Ghali 1992: 6). Die Einschränkung auf eine spezifische Konfliktphase wurde im so genannten *Brahimi Report* fallen gelassen (Brahimi 2000: 1 (f), 3 (13).

105 Eine funktionale Gliederung privatwirtschaftlichen Engagement würde zwar reichhaltigere analytische Erkenntnisse generieren (siehe Müller 2003: 224), allerdings erfordert eine Zuordnung eine tiefer gehende Analyse – ein Arbeitsschritt, der für das Ziel einer ersten Systematisierung privatwirtschaftlichen Engagements an dieser Stelle nicht angemessen ist. Darüber hinaus decken systematische Überlegungen zu *Peacebuilding* in seinem erweiterten Verständnis alle Phasen eines Konfliktes bzw. eines Friedensprozesses ab, weswegen das privatwirtschaftliche Engagement nicht zusätzlich vor dem Hintergrund verschiedener Konflikt bzw. Konflikttransformationsphasen diskutiert werden kann.

106 Vergleichbare Unterscheidungen finden sich auch in einführender Literatur zu dieser Thematik: Bonacker/Imbusch 1999: 111-113. Bei Parnwell 1998 (Seite 125f) findet sich eine ähnliche Untergliederung unter Rekurs auf den Sicherheitsbegriff. Darüber hinaus operierte auch das Forschungsprojekt zur *Rolle von Unternehmen in Konfliktzonen* an der HSFK mit einer solchen Viererstruktur – allerdings stellt das Forschungsprojekt exklusiv auf *Governance-Beiträge zu Frieden und Sicherheit* ab (Deitelhoff/Wolf 2010a: 3; Feil/Fischer et al. 2008b; Feil/Fischer et al. 2008a).

über hinaus die Neuordnung des Sicherheitssektors, eine Sicherheitssektorreform (SSR-Maßnahmen).[107] In zahlreichen Konfliktregionen besteht die Notwendigkeit, nicht nur das Gewaltmonopol wieder an staatliche Strukturen zu binden, sondern unterschiedlichste und konkurrierende Sicherheits- und Militäreinheiten zu integrieren, polizeiliche von militärischen Einheiten zu trennen und transparente Befehls- und Verantwortungsstrukturen wieder herzustellen (Bryden/Hänggi 2005; Law 2006). Indem Unternehmen die entsprechenden Kooperationspartner des öffentlichen Sektors sowie private Sicherheitsdienstleister auf Einhaltung grundlegender Standards (Einhaltung der Menschenrechte) prüfen und gegebenenfalls von der Kooperation zurücktreten, können sie positiv auf derartige Prozesse einwirken (Governance-Beitrag) (Zimmer 2010: 64-67). Nach Ende eines Konfliktes gilt es zudem, die in der Regel stark angewachsene Anzahl von Kombattanten zu entwaffnen, zu demobilisieren und in die zivilgesellschaftlichen Strukturen zu reintegrieren (DDR-Maßnahmen) (Ginifer/Greene 2004). Insbesondere die Unterstützung letztgenannter Prozesse können Unternehmen positiv beeinflussen, wenn sie Bildungs- oder Ausbildungskapazitäten sowie Arbeitsplätze auch für ehemalige Kombattanten (Governance-Beitrag) öffnen (Nelson 2000: 69).

Ebenfalls exemplarisch sollen die Aufgabenfelder und Beispiele für die unterschiedlichen Formen von Unternehmensengagement in der politischen Dimension (2) dargestellt werden.[108] In zahlreichen Konfliktregionen ist es mit der Beendigung des Konfliktes, respektive mit dem Abschluss eines Friedensabkommens, notwendig, die politische Ordnung neu, oder in Teilen neu, zu etablieren. Dies impliziert die Einigung der vormaligen Konfliktparteien über den Modus der Verteilung von Macht – das heißt über das politische System – sowie die (Neu)Formierung demokratischer politischer Institutionen (Parlament, Parteien, öffentliche Verwaltung usw.). Mit der Errichtung rechtstaatlicher Strukturen oder der Neuausrichtung der Strukturen und Prozesse des Rechtssystems gehen

107 Die Schwierigkeiten und paradoxen Effekte, die mit derartigen Maßnahmen einhergehen, sollen an dieser Stelle nicht erörtert werden.

108 Dieses Feld erfasst Maßnahmen, die insbesondere von der Forschung zu Demokratieförderung – hier im weitesten Sinne verstanden – untersucht werden. Da jedoch eine möglichst pragmatische Systematisierung privatwirtschaftlichen Engagements erarbeitet werden soll, gehen die umfassenden konzeptionellen Überlegungen und empirische Befunde dieser Disziplin nicht weiter in meine Systematisierung ein. Für eine Übersicht über dieses Forschungsfeld siehe: Berg-Schlosser 2007; Burnell 2000; Carothers 1999. Der ursprünglich von der Weltbank geprägte, stark anwendungsorientierte Diskurs zu *Good Governance* benennt ebenfalls Maßnahmen wie Verbesserung rechtlicher Rahmenbedingungen, Transparenz usw., wird jedoch aus den gleichen Gründen an dieser Stelle nicht weiter eingeführt. Für eine einführende Lektüre siehe Hill 2008. Für einen Beitrag, der Überlegungen zu Demokratieförderung und *Peacebuilding* zusammenführt, siehe Jarstadt/Sisk 2008.

auf operativer Ebene beispielsweise die Ausbildung von Richtern und von Rechtspflegern, der Aufbau von Labors für kriminalistische Untersuchungen oder auch die Einrichtung von Haftanstalten einher. Unternehmen können hier durch finanzielle oder logistische Unterstützung (freie Aktivitäten) zur Umsetzung derartiger Prozesse beitragen (Gerson/Colletta 2002: 122; Zandvliet 2005: 11). Politische Institutionen und Rechtsinstitutionen in Konfliktregionen sind oftmals von Korruption geprägt – bei der Neujustierung gilt es daher, deren Effektivität und Legitimität sicher zu stellen, indem Korruption abgebaut wird. Unternehmen können diese Prozesse unter anderem dadurch bestärken, dass sie Mitarbeiter schulen und somit deren Bewusstsein für derartige Praktiken schärfen oder gegenüber Geschäftspartnern pro-aktiv auf „sauberes" Wirtschaften dringen (Governance-Beitrag) (Lunde/Taylor 2005: 281f). Die Partizipation der Bürger an politischen Prozessen in Form von Wahlen, aber auch die Herausbildung einer pluralistischen Zivilgesellschaft (Medien, Gewerkschaften usw.) – und die Möglichkeit der politischen Einflussnahme durch diese – sind ebenfalls wesentliche Elemente im Rahmen friedensschaffender Maßnahmen. Indem sich privatwirtschaftliche Akteure finanziell einbringen oder logistische Unterstützung bereitstellen (freie Aktivitäten), können sie insbesondere in den zuletzt genannten Feldern positiv Einfluss nehmen. Gerade in Konfliktregionen kommt es darüber hinaus oftmals zur Verletzung von Menschenrechten, sei es in Form von Diskriminierung, Folter, unfairen Gerichtsverfahren usw. Unternehmen können hier durch ein dezidiertes Bekenntnis zu Menschenrechten, beispielsweise durch Beitritt zu einer Initiative wie dem Global Compact, sowie einer konsequenten Umsetzung dieses Bekenntnisses im eigenen Unternehmen und im geschäftlichen Kontakt mit Geschäftspartnern (Governance-Beitrag) den Schutz von Menschenrechten in einer Konfliktregion vorantreiben und unterstützen (Sullivan 2003: 21-112).

Die dritte Dimension, die sozio-ökonomische Dimension (3), deckt die Wiederherstellung der Rahmenbedingungen für die Wiederaufnahme der Produktion von Dienstleistungen und Gütern und die Rehabilitation von Handelsbeziehungen ab.[109] Hierzu gehört der Aufbau von Infrastruktur (Straßen, Telekommunikation, Stromversorgung) sowie von Produktionsanlagen. Zudem müssen oftmals Kernprozesse, beispielsweise der Austausch auf Märkten, wiederbelebt werden. Auch hier sind unterschiedliche Formen von Unternehmensengagement denkbar.

109 Damit soll keineswegs behauptet werden, dass in Konfliktregionen nicht unterschiedlichste Akteure wirtschaftlich aktiv sind. Jedoch zeichnen sich deren Ökonomien oftmals durch eine hohe Informalität und durch Kriminalisierung aus, während es im Rahmen dieser Systematisierung ausschließlich um die Wiederherstellung des „offiziellen" Wirtschaftssektors geht. Zu Schattenökonomien siehe unter anderem Lock 2005: 62-65; Duffield 2001: 144-159.

Insbesondere transnational operierende Unternehmen können hier im Rahmen allgemeiner Wiederaufbauprozesse sowie über die Phase des akuten Wiederaufbaus hinaus, lokale wirtschaftliche Entwicklung positiv beeinflussen, indem sie beispielsweise Technologien bereit stellen oder Wissenstransfer in Kooperation mit lokal angesiedelten Partnern (just doing business) fördern (Wenger/Möckli 2003: 140-142, 153-157; Huber 2003a: 7). Eng hiermit verbunden ist die Wiederherstellung eines Bildungs- und Ausbildungssystems. Dieses ist in Konfliktregionen nicht nur von der Zerstörung der Infrastruktur (Schulen, Lehrmaterial), sondern oftmals auch von der Mobilisierung von Lehrkräften (und Schülern) betroffen. Gleichzeitig sind Bildung und Ausbildung zentral für die Transformation einer auf einen Konflikt ausgerichteten Gesellschaft. Unternehmen, die Bildungsprojekte unterstützen oder initiieren (freie Aktivitäten) sowie bei der Ausbildung innerhalb des eigenen Unternehmens vom Konflikt Betroffene (Flüchtlinge, Soldaten) berücksichtigen (Governance-Beitrag) (Guáqueta 2006: 291-291; Yusuf 2006: 492), unterstützen diesen Transformationsprozess. Darüber hinaus ist oftmals der allgemeine Zugang zu grundlegender Gesundheitsfürsorge (Prävention und Behandlung) nicht gewährleistet. Dies ist nicht nur für die Rehabilitation von Kriegsversehrten oder die Prävention von Krankheiten (insbesondere in Flüchtlingslagen), sondern auch für eine grundlegende Gesundheitsversorgung der Bevölkerung zentral (Lim/Cameron 2003). Unternehmensengagement in diesem Bereich kann unter anderem in der systematischen Unterstützung von Mitarbeitern oder Kooperationspartnern bei der Finanzierung von Krankenversicherungen bestehen (Governance-Beitrag) (Feil 2010: 38). Schließlich kommt in zahlreichen Konfliktregionen der Art und Weise der Ausbeutung und der Nutzung von Umweltressourcen eine zentrale Rolle zu. Dabei geht es nicht nur um die Ausbeutung von Rohstoffen wie Öl, Diamanten oder Coltan, sondern auch um den Zugang zu (sauberem) Wasser, Brennholz, Ackerland oder Fischbeständen (Fort/Schipani 2004: 192-196; Huber 2003a: 7). Privatwirtschaftliches Engagement reicht von der Förderung lokalen Bewusstseins für den Gebrauch von Ressourcen (freie Aktivitäten), über Maßnahmen zum unternehmensinternen nachhaltigen Umgang mit Ressourcen bis zu grundlegenden Anpassungen des Kerngeschäfts an die durch Initiativen entwickelten Standards und Zertifizierungsmechanismen (Governance-Beitrag). Exemplarisch hierfür ist auch der Kimberley Process (Bone 2004; Huckel/Rieth et al. 2007: 124-129). Schließlich leben in Konfliktregionen oftmals weite Anteile der Bevölkerung in Armut. Neben der Bekämpfung struktureller Ursachen können sich Unternehmen durch Projektförderung oder Sachspenden an der Direkthilfe (Nahrungsmittel, Medikamente) (freie Aktivitäten) beteiligen.

Die sozio-kulturelle Dimension (4) erfasst unter anderem die sozialen Begleiterscheinungen und Folgen von Gewalterfahrungen (Vertreibung, Vergewaltigung, Bombardement) in einer Konfliktregion. Hierunter fällt auch der Verlust der Fähigkeit, Konflikte ohne Rückgriff auf Gewalt zu lösen, sowie gesteigertes Misstrauen in sozialen Beziehungen. Von diesen Auswirkungen, die ein gemeinschaftliches Zusammenleben erschweren, sind nicht nur Kombattanten betroffen, sondern auch Zivilisten, insbesondere Kinder und Jugendliche. Folgende Formen von Unternehmensengagement sind denkbar: Mit der Unterstützung von Schulungseinrichtungen zur gewaltlosen Konfliktaustragung oder von Einrichtungen, die sich mit der Traumabewältigung befassen (freie Aktivitäten), können auch Unternehmen zur Bewältigung derartiger Folgen beitragen. Ebenfalls stark verbreitet ist die einseitige, polarisierende Berichterstattung und die damit einhergehende (Re)Produktion von Feindbildern – ein Prozess, der Empathie mit potenziellen Gegnern ausschließt (Gardener 2001). Damit kommt Schulungen in neutraler Berichterstattung oder so genanntem Friedensjournalismus eine bedeutsame Rolle zu. Derartige Dynamiken werden im Verlauf von Konflikten jedoch nicht nur durch die Medienberichterstattung, sondern auch durch Äußerungen von politischen Eliten befördert. Dies bedeutet, dass gerade auch Eliten den Abbau von Feindbildern fördern können. Indem die Führungskräfte eines Unternehmens offen für Dialog werben oder das Unternehmen bei der Einstellung von neuen Mitarbeitern Segregationsprozessen durch neutrale Anstellung begegnet (Governance-Beitrag), können privatwirtschaftliche Akteure der Persistenz von Feindbildern und Stereotypen entgegenwirken. Darüber hinaus spielt auch die Etablierung von Dialogforen auf *Grassroot-Ebene*, beispielsweise in vom Konflikt betroffenen Kommunen, eine wesentliche Rolle (Banfield/Gündüz et al. 2006: Kapitel 3). Durchaus umstritten ist die Etablierung von Wahrheits- oder Versöhnungskommissionen (Kriesberg 1998; Brahm 2007). Abhängig von der Form des Konfliktes und der jeweiligen Regionen kann jedoch die Aufarbeitung gewaltsamer Auseinandersetzungen Verarbeitungs- und Aussöhnungsprozesse in Gang setzen.

Tabelle 1: Privatwirtschaftliches Engagement für Frieden

		Sicherheitsdimension (1)	Politische Dimension (2)	Sozioökonomische Dimension (3)	Soziokulturelle Dimension (4)
		Friedensverhandlungen, SSR/DDR-Maßnahmen, Kleinwaffenkontrolle, Minenräumung	Demokratische Institutionen, Rechtstaatlichkeit, Zivilgesellschaft, Menschenrechtsschutz, Korruptionsbekämpfung	Wirtschaftsentwicklung, Armutsbekämpfung, Bildung/Ausbildung, Gesundheitsfürsorge, Umwelt/Ressourcenschutz	Medienausbildung, Friedenspädagogik, Versöhnungsprozesse, Traumabewältigung
Governance	Unternehmenspolitik				
Governance	Unternehmensaktivitäten				
Freie Aktivitäten					
Just Doing Business					

Es ist ersichtlich, dass es sich bei den unterschiedlichen Maßnahmen der vier Dimensionen um durchaus voraussetzungsvolle Aktivitäten handelt, die sich zumindest partiell gegenseitig bedingen oder ergänzen, so der Aufbau der Infrastruktur und das Räumen von Minen oder die Demobilisierung von Kombattanten und die Bereitstellung von Ausbildungsplätzen. Aus empirischer Perspektive sind diese Dimensionen nicht eindeutig trennbar. Überdies lassen sich auch einzelne Maßnahmen verschiedenen Dimensionen zuordnen. Dies verweist darauf, dass diese Dimensionierung zwar auf empirisch-induktiven Studien basiert, an dieser Stelle jedoch in systematisierender Absicht erfolgt und damit typisierenden Charakter hat. Es ist auch deutlich, dass die Dimensionen inklusiv angelegt sind, da sie der Systematisierung des empirischen privatwirtschaftlichen Engagements in allen identifizierbaren Ausprägungen und seines potenziellen Beitrag zu Frieden dienen. Um das Engagement eines Unternehmens in der jeweiligen Konfliktregion einschätzen zu können, bedarf es zusätzlich der Bewertung des Unternehmensengagements im Lichte der Ursachen und Konsequenzen des jeweiligen Konfliktes (Deitelhoff/Wolf 2010a: 14; Feil/Fischer et al. 2008a: 7).

Damit dieser Abgleich möglichst präzise erfolgen kann, ist es sinnvoll, den betreffenden Konflikt unter Rekurs auf eben diese vier Dimensionen zu beschreiben und zu analysieren (siehe hierzu Kapitel 5). Das Engagement eines Unternehmens kann (erst) dann als Beitrag zu Frieden in der jeweiligen Region gewertet werden, wenn der Bereich, in dem sich das Unternehmen engagiert, zu den für den Konflikt virulenten Bereichen gehört. So trägt beispielsweise ein Unternehmen, das sich der gemeinsamen Ausbildung von Jugendlichen auf verschiedenen Konfliktparteien widmet, dazu bei, dass Feindbilder abgetragen und Versöhnungsprozesse möglich werden. Kein Beitrag zum Frieden ist beispielsweise das Engagement im Rahmen von *just doing business*, wenn die wirtschaftlichen Vorteile nur der bereits ökonomisch bevorzugten Konfliktpartei zu Gute kommen. Die Relation des Unternehmensengagements zu den Konfliktfaktoren ist somit essentiell, um einen (potenziellen) Beitrag zu Frieden zu identifizieren, und muss für alle Formen des Unternehmensengagements überprüft werden, d.h. jede der drei Formen von Unternehmensengagement ist immer nur in Relation zu dem jeweiligen Konflikt (k)ein potenzieller Beitrag zu Frieden.

Insgesamt dient diese Systematik als Heuristik für den Nexus zwischen dem empirisch feststellbaren Unternehmensengagement und dessen möglichen positiven Auswirkungen auf das Friedensniveau. Dies bedeutet, dass keine Wirkungsanalyse privatwirtschaftlichen Engagements vorgenommen werden soll, sondern eine pazifizierende Wirkung des privatwirtschaftlichen Engagements mit Hilfe der Heuristik systematisch plausibilisiert wird.[110] Das Forschungsdesign und die konkrete Fallauswahl sowie die Methoden, die für die Untersuchung des Unternehmensengagements in Betracht kommen, beschreibe und begründe ich im folgenden Kapitel.

110 Vor diesem Hintergrund genügt diese Systematik auch dem Zweck dieser Arbeit, obgleich es sich um eine auf additiver Zusammenfassung beruhende Struktur handelt, der ein Kausalzusammenhänge erfassender theoretischer Rahmen vorzuziehen wäre.

4. Unternehmensengagement erheben, vergleichen und erklären

Die in Kapitel 2.2 entwickelten Hypothesen dazu, wie und warum sich Unternehmen (der Tourismusbranche) in Konfliktregionen engagieren, sollen im Rahmen von Fallstudien untersucht werden. Diese Entscheidung wird anhand grundlegender Überlegungen zur Fallstudienmethode begründet (4.1). Daran anschließend gilt es die Schritte, die für die Bearbeitung der vorliegenden Forschungsfrage im Rahmen der Fallstudienmethode unternommen werden, zu explizieren (4.2). Auf Basis dieser Überlegungen werden dann das Forschungsdesign und die Fallauswahl entwickelt (4.3). Abschließend gilt es – in Vorbereitung auf die empirische Arbeit – die Operationalisierung der abhängigen Variablen vorzunehmen und auf die Datenerhebungsmethoden einzugehen (4.4).

4.1 Die Rolle von Fallstudien

Während bei quantitativer Forschung von variablenzentrierter Forschung die Rede ist, gilt das Arbeiten mit Fallstudien als fallzentriert (Blatter/Janning et al. 2007: 123).[111] Seit Anfang der 1990er Jahre werden im Kontext qualitativer Forschung Sinn und Zweck von sowie Voraussetzungen für Fallstudien im breiten Umfang diskutiert (Blatter/Janning et al. 2007: 123). Diese Arbeit schließt sich im Wesentlichen den Überlegungen von George und Bennett zu Fallstudien an.[112] Die qualitativen Fallstudien in dieser Arbeit sollen die (Un-)Tiefe ihres Gegenstandes ausloten – der Fall steht im Mittelpunkt der Untersuchung (George/Bennett 2005: 17) – und sie zielen darauf ab, einen Fall zu erklären. Drei Be-

111 Die Frage nach quantitativen versus qualitativen Forschungsmethoden wird in den Sozialwissenschaften stark von der positivistisch orientieren Diskussion zu large-n Studien versus small-n Studien dominiert (George/Bennett 2005: 18f). Insgesamt besteht die Grundentscheidung darin, ob man der Ansicht ist, dass (a) quantitative und qualitative Forschungsmethoden auf der gleichen Epistemologie beruhen und die unterschiedlichen Ausprägungen lediglich stilistischer Natur sind (King/Keohane et al. 1994: 4), (b) ob die beiden Forschungsmethoden die gleiche Epistemologie teilen, jedoch grundsätzliche andere Erkenntnisstärken und Schwächen aufweisen (Brady/Collier et al. 2004: 7), oder ob (c) qualitative und quantitative Forschung grundlegende Unterschiede bereits hinsichtlich Epistemologie aufweisen (George/Bennett 2005: 11; McKeown 1999: 162; Peters 2007: 66-72)

112 Damit nimmt diese Arbeit mit Blick auf Fallstudien bestimmte trade-offs in Kauf (Collier/Brady et al. 2004: 224-227; George/Bennett 2005: 22-34; King/Keohane et al. 1994: 71, 113, 152).

griffe der Fallstudienmethode gilt es vor der Durchführung einer Fallstudie konzeptionell zu klären, nämlich die interessierende Untersuchungseinheit (*unit*), den Fall (*case*) sowie die relevanten Beobachtungen (*observation*). In Anlehnung an George und Bennett begreife ich:

> „[A] case is an instance of a class of events. The term 'class of events' refers here to a phenomenon of scientific interest, such as revolutions, types of governmental regimes, kinds of economic systems, or personality types that the investigator chooses to study with the aim of developing theory (or 'generic knowledge') regarding the causes of similarities or differences among instances (cases) of that class of events. As case study is thus a well-defined aspect of a historical episode that the investigator selects for analysis, rather than a historical event itself." (George/Bennett 2005: 18)

Eine Untersuchungseinheit (*unit)* bezeichnet somit eine Klasse von Ereignissen (*class of events*). Ein Fall (*case*) entspricht einem beispielhaften Vorgang (*instance*) innerhalb dieser Einheit. Ein Fall deckt nach George und Bennett nicht lediglich eine Beobachtung ab.[113] Insgesamt handelt es sich bei einem Fall um einen *terminus technicus* und nicht eine empirische Entität (Eckstein 1975: 85; Lijphard 1975: 160).

George und Bennett schreiben Fallstudien vier Stärken zu (George/Bennett 2005: 19-22). Diese begründen im Folgenden auch die Wahl dieser Methode für Bearbeitung dieses Forschungsthemas: Erstens zeichnen sich Fallstudien durch hohe Konzeptvalidität und interne Validität aus. Dies bedeutet, dass Fallstudien komplexe Konzepte wie politische Kultur, Demokratie – oder eben auch die abhängige Variable Unternehmensengagement für Frieden – präziser zu erfassen mögen als variablenbasierte quantitative Studien. Darüber hinaus sind die Befunde einer Fallstudie in Bezug auf den Fall selbst in höchstem Grade valide (interne Validität).[114] Zweitens können Fallstudien ein immenses Innovationspoten-

113 Es muss berücksichtigt werden, dass in der Diskussion um large-n und small-n Studien *n* unterschiedliche Zuweisungen erhält: So weisen King/Keohane/Verba *n* der Anzahl der Beobachtungen und nicht der Anzahl der Fälle zu (King/Keohane et al. 1994: 53). Dies entspringt der (kritischen) Diskussion der Definition von Eckstein: „a case can be defined technically as a phenomenon for which we report and interpret only a single measure on any pertinent variable" (Eckstein 1975: 85). Diese Zuordnung wird von George/Bennett und KingKeohane/Verba unterschiedlich gedeutet (George/Bennett 2005: 17, FN 29; King/Keohane et al. 1994: 52). Letztlich weisen George/Bennett und Eckstein *n* der Anzahl der Fälle und nicht der Beobachtungen zu.

114 Allerdings impliziert dies eine Schwäche von Fallstudien bei der externen Validität, d.h. die Aussage, die auf Grundlage der ausgewählten Fälle getroffen wird, ist nur in begrenztem Maße generalisierbar. Das Problem der Überdeterminierung, das Fallstudien oftmals zugeschrieben wird, kann durch eine Prozessanalyse kompensiert werden (George/Bennett 2005: 29; 156). Nach George und Bennett zeichnen jedoch die Annahmen, die mit diesem Begriff verbunden sind, ein falsches Bild von der Anzahl der Beobachtungen und dem Aggregatsniveau der Variablen bei Fallstudien. Nach Meinung der Autoren wird dadurch das Problem der Überdeterminierung falsch eingeschätzt (George/Bennett 2005: 29f). Der Begriff entstammt der quantitativ-statistischen For-

zial entfalten. Dies gilt insbesondere dann, wenn – wie bei dem Themenfeld Unternehmensengagement in Konfliktregionen – neue Themenfelder erschlossen und weitere Hypothesen oder Theorien entwickelt werden.[115] Gleichzeitig eignen sich Fallstudien auch für testendes oder plausibilisierendes Vorgehen.[116] Mit der Formulierung der Hypothesen zum Engagement der Reiseanbieter in Konfliktregionen in Kapitel 2.2 folgt diese Arbeit diesem Weg. Eckstein sowie George und Bennett empfehlen hierfür insbesondere Fälle, die für die jeweilige Theorie als *crucial case* oder als *most-likely case* sowie *least-likely case* gelten (Eckstein 1975: 118f; George/Bennett 2005: 75). Die Tourismusbranche kann als *most-likely case* für Unternehmensengagement in Konfliktregionen gelten, d.h. ein Plausibilitätstest im Rahmen von Fallstudien erscheint sinnvoll. Drittens sind Fallstudien in besonderem Maße geeignet, Kausalmechanismen herauszuarbeiten. Für die Identifikation von Kausalmechanismen wird gleichsam die *black box* – in dieser Arbeit das jeweilige Unternehmen – geöffnet und der Kausalpfad zwischen der unabhängigen und der abhängigen Variable empirisch bestimmbar.[117] Allerdings sind sich (auch) die Vertreter der Fallstudienmethode bislang nicht über den Charakter und den genauen Status von Kausalmechanismen einig. Swedberg und Hedström verstehen Kausalmechanismen als „unobserved analytical construct that provide hypothetical links between oberservable events" (George/Bennett 2005: 135; Hedström/Swedberg 1998: 13) und unterscheiden diese damit nicht von Theorien. Im Gegensatz differenzieren George/Bennett Kausalmechanismen und Theorien indem sie Kausalmechanismen auf ontologischer Ebene ansiedeln (George/Bennett 2005: 135, 136 FN 22): „In this view, theories and explanations are hypothesized models of how underlying mecha-

schung. Im Rahmen qualitativer Forschung bezeichnet er das Phänomen, dass bei einer Fallstudie in der Regel eine Vielzahl von Erklärungsvariablen einer geringen Anzahl von Fällen gegenübersteht. Dementsprechend ist die Erklärung mit Schwierigkeiten verbunden (Lijphard 1975: 172). Im Englischen wird auch vom *Degrees of Freedom Problem* oder von *Underdetermination* gesprochen.

115 Diese Stärke kommt jedoch nur zum Tragen, wenn Fallstudien gleichzeitig an bestehende Theorien oder Fragestellungen anschließen – ansonst können in überproportionalem Ausmaß isolierte „Theorie-Inseln" (Blatter/Janning et al. 2007: 129) entstehen.

116 Ein Plausibilitätstest impliziert nach Eckstein: „Plausibility here means something more than a belief in potential validity plain and simple, for hypotheses are unlikely ever to be formulated unless considered potentially valid; it also means something less than actual validity, for which rigorous testing is required. In essence, plausibility probes involve attempts to determine whether potential validity may reasonably be considered great enough to warrant the pains and costs of testing (…)" (Eckstein 1975: 108).

117 An dieser Stelle unterscheiden sich nach George und Bennett die erkenntnistheoretischen Annahmen der Fallstudienmethode deutlich von den quantitativen Methoden, die ausschließlich an Korrelationen interessiert sind. King/Keohane und Verba gehen jedoch davon aus, dass qualitative Methoden auf der gleichen kausalen Logik basieren wie quantitative Methoden (King/Keohane et al. 1994: 3).

nisms work.“ (George/Bennett 2005: 136).[118] Viertens können im Rahmen von Fallstudien Phänomene komplexer Kausalität, beispielsweise *Equifinalität*[119] oder Pfadabhängigkeiten, gut aufgearbeitet werden (George/Bennett 2005: 22). Der stärker holistische Anspruch einer Fallstudie ermöglicht eine präzisere Bestimmung des Einflusses einzelner Variablen und der Wechselwirkung von Variablen.[120]

Damit ist die Fallstudienmethode für die Bearbeitung dieses Themas als die Methoder der Wahl anzusehen: Vorliegende Arbeit operiert mit einer konzeptionell komplexen abhängigen Variable – hier kommt die Konzeptvalidität von Fallstudien zum Tragen. Zudem ist das Themenfeld zu Unternehmen in Konfliktregionen relativ wenig empirisch systematisch erschlossen – damit greift das Innovationspotenzial bei der Eröffnung neuer Forschungsfelder. Außerdem kann die Tourismusbranche als *most-likely case* für die forschungsleitenden Hypothesen gelten und bietet sich daher für einen Plausibilitätstest im Rahmen von Fallstudien an. Schließlich interessiert sich diese Arbeit dafür, wie die jeweiligen Kausalpfade zu dem erhobenen Unternehmensengagement führen, d.h. der Fokus liegt auf komplexen Wechselwirkungsverhältnissen verschiedener Variablen und auf Kausalmechanismen.

4.2 Strukturierter fokussierter Vergleich, Kongruenzmethode und Prozessanalyse

An die Entscheidung für die Fallstudienmethode schließt sich die Frage nach der konkreten Anlage der Fallstudie an. Entsprechend der bereits skizzierten An-

118 Geht man vor dem Hintergrund dieser Überlegungen davon aus, dass Kausalmechanismen im Rahmen von Fallstudien eine zentrale Rolle spielen, dann wird auch der Einwand, dass Fallstudien, die über die abhängige Variable ausgewählt werden und keine Varianz aufweisen, *biased* sind (King/Keohane et al. 1994: 129f), zumindest entkräftet. Denn wenn im Rahmen der Fallstudie das Ziel in der Identifikation von Kausalmechanismen besteht, dann ist Varianz, und damit die Identifikation von Erklärungsfaktoren über Kovarianz, nicht mehr allein ausschlaggebend (Blatter/Janning et al. 2007: 136).

119 *Equifinalität* bezeichnet die Tatsache, dass die gleiche Ausprägung der abhängigen Variablen zweier Fälle auf unterschiedlichen Erklärungsvariablen beruhen kann (George/ Bennett 2005: 161f).

120 Bestehen bleibt jedoch, dass sich der Erklärungsgehalt von Fallstudien darauf konzentriert, welche Faktoren in welcher Weise die abhängige Variable beeinflussen, das heißt, dass Fallstudien den identifizierten Kausalzusammenhang nicht probabilistisch bestimmen. Blatter verweist darauf, dass dies im Umkehrschluss jedoch nicht heißt, dass Fallstudien ausschließlich deterministische Zusammenhänge kennen. Vielmehr hat sich die Diskussion über Erklärungszusammenhänge auf verschiedene Bedingungsformationen – bspw. notwendige und hinreichenden Bedingungen – erweitert (Blatter/Janning et al. 2007: 131).

nahmen über die Eigenschaften der Fallstudienmethode beziehe ich mich im Wesentlichen auf die Methode des strukturierten fokussierten Vergleichs, die Kongruenzmethode und die Prozessanalyse (*process-tracing*) (George/Bennett 2005).

Die Methode des strukturierten fokussierten Vergleichs zeichnet sich durch ein kombinatorisches Vorgehen aus: Einzelfallstudien, die fokussiert angelegt und entlang der gleichen Fragen strukturiert durchgeführt wurden, haben das Potenzial, über einen systematischen Vergleich in einem weiteren Schritt zusätzliche Erkenntnisse zu generieren.

> „[W]e define case study methods to include both within-case analysis of single cases and comparisons of a small number of cases, since there is growing consensus that the strongest means of drawing inferences from case studies is the use of a combination of within case analysis and cross-case comparisons within a single study or research program [...]." (George/Bennett 2005: 18)

Die Einzelfallstudie zeichnet sich hierbei durch zwei zentrale Prinzipien aus: Erstens müssen die Fragen, die an die Fälle herangetragen werden, klar gegliedert und standardisiert (*structured*) sein, um vergleichbares und damit für weitere Fälle anschlussfähiges Datenmaterial zu generieren. Zweitens gilt es, den Aspekt eines Falles zu definieren, der erklärt werden soll. Dies bedeutet, dass auf Grundlage bestehenden Wissens und der existierenden Forschungslücken ein klares Forschungsziel identifiziert werden muss, auf das die Fallstudie dann ausgerichtet wird (*focused*) (George/Bennett 2005: 67). Insgesamt gilt es hierbei zu berücksichtigen, dass die Umsetzung der beiden Prinzipien nur dann erfolgreich ist, wenn die Fragen, die an die Fälle herangetragen werden, dem Erkenntnisinteresse der Fallstudie angemessen sind. Neben weiteren Kriterien – z.B. die Auswahl von Variablen entsprechend ihrer theoretischen Relevanz, eine systematische Fallauswahl[121], die Definition des Falluniversums (George/Bennett 2005: 69) – betonen die Autoren besonders die skizzierten Prinzipien des strukturierten und fokussierten Vorgehens, da diese für die theoretische und empirische Anschlussfähigkeit einer Fallstudie an bestehende Forschungsergebnisse essentiell sind (George/Bennett 2005: 69f). Der strukturierte fokussierte Vergleich ist – im Gegensatz zum kontrollierten Fallvergleich – nicht davon abhängig, dass durch die Fallauswahl und Kontrolle von Variablen Kovarianzen identifiziert werden können. Der Fokus liegt auf der Identifkation der fallinternen Kausalzusammenhän-

121 Während die Fallauswahl bei der Methode des kontrollierten Fallvergleichs zentral ist, um kausale Schlussfolgerungen zu ermöglichen, dient sie der Methode des strukturierten fokussierten Vergleichs lediglich zur Steigerung der Generalisierbarkeit (Peters 2010: 64). In Anlehnung an Lijphardt und Eckstein identifizieren George und Bennett sechs Typen von Fallstudien, die – in Verbindung mit der Kongruenzanalyse – den Erkenntnisgewinn optimieren.

ge. Neben der strukturierten fokussierten Vorgehensweise spielen hierfür die Kongruenzmethode und die Prozessanalyse eine zentrale Rolle.

Die Kongruenzmethode kann „either in a single case study or for each case in a comparative study“ angewandt werden (George/Bennett 2005: 179). Das zentrale Merkmal besteht in der Untersuchung der Ausprägung der abhängigen Variable auf Kongruenz (*congruity*) mit der prognostizierten Ausprägung der abhängigen Variable (George/Bennett 2005: 183). Damit ist ein wesentliches Merkmal der Methode genannt. Grundlegend für den Einsatz der Methode ist eine Theorie, die Aussagen über den Zusammenhang des interessierenden Phänomens und Erklärungsvariablen macht. Zum Einsatz von nicht etablierten Theorien ergänzen George und Bennett, dass:

> „The priority is not to test such theories, but to refine them if possible so that they can be tested. The congruence method may contribute to such refinement and development. An investigator may be able to clarify and refine a theory through its use in case studies, making it more nearly testable.“ (George/Bennett 2005: 182)

Insgesamt handelt es sich bei der Kongruenzmethode somit um ein Instrument, das zwar für einen „strengen Theorietest” verwendet werden kann, das jedoch seine Stärken – die Schlankheit des Verfahrens – bei Plausibilitätstests wenig etablierter Theorien und der anschließenden Reformulierung sowie bei der Entwicklung neuer Hypothesen ausspielen kann:

> „The congruence method offers considerable flexibility and adaptability. It can contribute to theory development in several ways; it can be employed in a disciplined-configurative type of case study, a plausibility probe, or in a crucial case (or tough test) of an existing theory. [...] The theory employed in the congruence method may be well established and highly regarded, or it may be formulated or postulated by the investigator or the first time on the basis of a hunch that it may turn out to be important.“ (George/Bennett 2005: 182)

Vor diesem Hintergrund erscheint es möglich, die Kongruenzmethode auch auf Grundlage einer Hypothese – im Rahmen eines Plausibilitätstests – anzuwenden (George/Bennett 2005: 182). Während die zu prüfende Theorie nicht etabliert sein muss, ist es jedoch zentral, dass die Hypothesen die unabhängige und die abhängige Variable hinreichend präzise benennen, um bei der letztlich entscheidenden empirischen Untersuchung wirklich feststellen zu können, ob Kongruenz besteht oder nicht (George/Bennett 2005: 182). Wie in Kapitel 2.2 deutlich wurde, operiert vorliegende Arbeit mit eben einer solchen (theoretisch unterfütterten) Vermutung in Form zweier Hypothesen zum Engagement von Reiseanbietern in Konfliktregionen. Die Kongruenzanalyse besteht insgesamt aus drei Schritten: In einem ersten Schritt gilt es die theoretischen Annahmen und die Aussagen über den zu Grunde liegenden Zusammenhang zu explizieren. In einem zweiten Schritt wird untersucht, welchen Wert die unabhängigen Variablen annehmen. Dann wird angegeben, welche Befunde auf der abhängigen Variablen auf Grund der jeweiligen unabhängigen Variablen zu erwarten sind. In einem dritten Schritt wird schließlich die abhängige Variable erhoben und auf Kongruenz zu dem im zweiten Schritt prognostizierten „Wert“ untersucht (Blatter/Janning et al. 2007: 151; van Evera 1997: 58-63; George/Bennett 2005: 179, 181). Der große Vorteil der Methode besteht unter anderem darin, dass es sich mit Blick auf die Voraussetzungen (geringe Etablierheit der Theorie, weniger strenge Fallauswahl bei Plausibilitätsprobe) sowie auf die Umsetzung (Überprüfung auf inhaltliche Kongruenz) um ein relativ schlankes Instrument handelt. Die Methode kann auch bei lediglich befriedigender empirischer Datenlage angewendet werden und arbeitet durch das Prognose- und Kongruenzverfahren letztlich mit einfachen Korrelationen. Kann in dem Kongruenzverfahren jedoch lediglich mit einem Beobachtungspunkt gearbeitet werden, muss – wie erwähnt – die Formulierung der theoretischen Aussagen möglichst eindeutig gefasst werden, um ein aussagekräftiges Ergebnis zu ermöglichen (Peters 2007: 73).[122] Letztlich genügt der Nachweis von Kongruenz jedoch nicht als Nachweis für einen Kausalzusammenhang aus.[123] Aus diesem Grund empfiehlt es sich, die Kongruenzanalyse mit einer Prozessanalyse zu kombinieren.

Die Diskussion über die Prozessanalyse gestaltet sich ähnlich der im vorgehenden Abschnitt skizzierten Diskussion über Kausalmechanismen: Die Durchführung von Prozessanalysen wird zunehmend populär, ohne dass Einigkeit über den Status oder den Inhalt der Vorgehensweise besteht.[124] Vorliegende Arbeit arbeitet in Anlehnung an George und Bennett mit folgendem Verständnis von Prozessanalyse:[125]

122 Ein instruktives Beispiel für die Formulierung von Erwartungen im Rahmen der Kongruenzanalyse bei Fallstudien mit einem Beobachtungspunkt findet sich bei Peters. So ermöglicht folgende Annahme keine Rückschlüsse: „[T]he more democratic a state's system of rule, the less violence it will apply in its security policy.“Im Gegensatz dazu erlaubt folgende Vermutung eine Schlussfolgerung durch die Kongruenzanalyse anhand eines Beobachtungszeitpunktes: „[T]wo democracies will not wage war against each other.“ (Peters 2007: 73)

123 Die verschiedenen Formen kausaler Verbindungen zwischen unabhängigen und abhängigen Variablen, die im Rahmen einer Kongruenzanalyse nicht identifiziert werden können – „spuriousness, causal priority, and causal depth“ – , werden bei George und Bennett ausführlich beschrieben (George/Bennett 2005: 184ff).

124 So gehen einige Autoren davon aus, dass es sich bei einer Prozessanalyse um eine eigenständige Methode handelt (George/Bennett 2005: 208), während andere Autoren darauf verweisen, dass es sich lediglich um eine Erklärungsstrategie handelt (Gerring 2007: 185; Schimmelfennig 2006: 263).

125 Im Gegensatz dazu begreifen King/Keohane/Verba die Prozessanalyse als eine Möglichkeit, die Anzahl der Beobachtungen zu erhöhen (King/Keohane et al. 1994: 227). George/Bennett betonen jedoch, dass die Beobachtungspunkte nicht unabhängig sind – weswegen die tatsächliche Stärke der Prozessanalyse auch nicht allein in der Erhöhung der Anzahl von Beobachtungen besteht, sondern in der Rekonstruktion des kausalen Prozesses zwischen unabhängiger und abhängiger Variable (George/Bennett 2005: 207f).

„The process-tracing method attempts to identify the intervening causal process – the causal chain and causal mechanism – between independent variable (or variables) and the outcome of the dependent variable." (George/Bennett 2005: 206)

An dieser Definition wird auch der Unterschied zur Kongruenzmethode deutlich: Die Prozessanalyse identifiziert die Kausalmechanismen auf Grundlage der Rekonstruktion eines (zeitlich-)kausalen Ablaufs, während die Kongruenzmethode die (inhaltliche) Übereinstimmung zwischen theoretischer Vermutung und empirischem Material (Ausprägung der abhängigen Variable) untersucht. Indem die Prozessanalyse also die *black box* zwischen unabhängiger und abhängiger Variablen öffnet und „durch die Erhebung und Auswertung von Prozessdaten auf den kausalen Mechanismus schließ[t]" (Schimmelfennig 2006: 265), eignet sie sich als Komplement zu Vergleichsdesigns und der Kongruenzanalyse. So können auf diesem Wege beispielsweise *omitted variables* oder die *Equifinalität* von Ergebnissen identifiziert werden.[126] Darüber ist es durch eine Prozessanalyse möglich, den Status von Variablen und deren Zusammenwirken im Rahmen komplexer Kausalitätsprozesse zu präzisieren (Blatter/Janning et al. 2007: 162; George/Bennett 2005: 207, 214f, 221). Die Kausalketten, die in der Prozessanalyse identifiziert werden, werden in Form eines Narrativs dargestellt. Die Struktur des Narrativs hängt stark davon ab, ob die Prozessanalyse in partikularisierender oder generalisierender Absicht durchgeführt wird (George/Bennett 2005: 210ff). Um Vorwürfen des *storytelling* und dem Problem des infiniten Regresses entgegenzuwirken, ist es sinnvoll, saliente Wendepunkte oder inhaltliche Argumente zu identifizieren, an welchen sich die Ausgestaltung des Narrativs orientiert (Gerring 2007: 181; Schimmelfennig 2006: 267).[127] Prozessanalysen können Theorie testend und Theorie bildend eingesetzt werden. Im ersten Fall wird eine theoretische Vermutung durch die Rekonstruktion der kausalen Kette zwischen unabhängiger und abhängiger Variable geprüft. Im zweiten Fall würden neben dem Narrativ zusätzlich Hypothesen über spezifische Zusammenhänge aufgestellt werden, bzw. das Narrativ selbst würde in erklärender generalisierender Form gefasst werden (George/Bennett 2005: 210f).

Im Folgenden werden die theoretischen Überlegungen zu Fallstudien, Kongruenzanalyse und Prozessanalyse in ein konkretes Forschungsdesign zur Bearbeitung der in dieser Arbeit interessierenden Fragestellung übersetzt.

126 Ausführlich zur Rolle von *omitted variables* äußern sich King/Keohane et al. 1994: Kapitel 6.

127 Damit kann zudem der Prozess der Erhebung, Analyse und Darstellung der Kausalprozesse auf wichtige Momente verdichtet werden – wodurch der von Schimmelfennig skizzierte hohe Forschungsaufwand bei gleichwertigem Ergebnis effizienter gestaltbar ist. Für eine ausführliche Diskussion der konkreten Schritte einer Prozessanalyse siehe Müller 2007.

4.3 *Forschungsdesign und Fallauswahl*

Das grundlegende Anliegen dieser Arbeit ist die Beschreibung und Erklärung privatwirtschaftlichen Engagements, das die Voraussetzung erfüllt, in Konfliktregionen pazifizierend zu wirken. Die Untersuchungseinheit (*unit*) besteht somit aus privatwirtschaftlichen Akteuren, die in Konfliktregionen tätig sind. Um die Fallauswahl zu treffen, gehe ich in *drei Schritten* vor:

Im *ersten Schritt* setzt die Arbeit bei den in Kapitel 2.2 formulierten und in Kapitel 3.1 durch Überlegungen zur Handlungslogik von Unternehmen theoretisch unterfütterten Hypothesen zum Engagement von Tourismusunternehmen an. Die Hypothesen zur Tourismusbranche, welche vor dem Hintergrund verschiedener (Branchen-)Merkmale als *most-likely case* identifiziert wurde, werden in einem ersten Schritt einem Plausibilitätstest unterzogen (Kapitel 6).[128] Diese Überprüfung erfolgt im Rahmen von sechs strukturierten und fokussierten Fallstudien. Da die Hypothesen Ähnlichkeiten im Engagement der Unternehmen der Tourismusbranche nahe legen, folgt die Auswahl der sechs Unternehmensfälle (*cases*) dem Prinzip maximal möglicher Differenz, um die Generalisierbarkeit der Befunde zu steigern[129] – aus diesem Grund wurden jeweils zwei transnational (TUI, REWE Touristik) bzw. ein international (Studiosus) und drei lokal operierende Unternehmen (NET, Laila Tours, ATG) gewählt, wobei sich sowohl die transnationalen bzw. internationalen als auch die lokalen Unternehmen erneut möglichst stark unterscheiden, d.h. unterschiedliche Größe, Eigentümerstruktur oder unterschiedliche geographische Lage der Unternehmenszentralen.[130] In diese Logik fügt sich auch die ausgewählte Konfliktregion, da Israel

128 Da die Hypothesen nicht von einer etablierten Theorie abgeleitet werden, sondern von Überlegungen zur Handlungslogik von Unternehmen theoretisch unterfüttert sind, könnte man an dieser Stelle mit Eckstein auch von Kandidatenhypothesen sprechen (Eckstein 1992b: 147; Eckstein 1975: 91). Zu Plausibilitätsprobe siehe George/Bennett 2005: 75 und Eckstein 1992b: 147.

129 Die Auswahl von sechs Unternehmensfällen ergab sich daraus, dass zur Steigerung der Differenz transnational bzw. international operierende wie lokal operierende Unternehmen ausgewählt werden sollten. Um eine möglichst große Vielfalt abzudecken, sollten sich die transnational bzw. international und lokal operierenden Unternehmen ebenfalls unterscheiden. Die Fallauswahl musste also mindestens vier Unternehmen abdecken. Zwei zusätzliche Unternehmen – zu diesen vier Unternehmen – wurden ausgewählt, um eventuelle Ausfälle kompensieren zu können. Letztlich war es jedoch möglich, das Material aller sechs Unternehmen zu autorisieren und zu verwenden.

130 Mit dem Ziel, möglichst deutliche Ausprägungen auf Seiten der abhängigen Variablen bei den Unternehmensfällen zu erhalten, wurde bei der Auswahl der Unternehmen darauf geachtet, dass diese in Jerusalem und/oder Bethlehem aktiv sind, da diese Orte für die Branche sowie für den Konflikt gleichermaßen zentral sind. Überdies wurden ausschließlich lokale palästinensische Unternehmen ausgewählt, da aufgrund der stärkeren Betroffenheit von größeren Anreizen für Engagement ausgegangen wurde.

und die Palästinensischen Gebiete unterschiedlichste Formen von Tourismus abdecken, d.h. All-Inklusive-Strand-Tourismus (Totes Meer oder Tel Aviv) sowie Bildungsreisen oder religiös inspirierter Tourismus (Kirstges 2005: 302-305).[131] Entsprechend der Vorgaben einer strukturierten und fokussierten Fallstudie werden an die Fälle systematisch strukturierte Fragen herangetragen, um anschlussfähige Erkenntnisse – insbesondere bei der Kongruenzanalyse – zu gewinnen. Diese strukturierenden Fragen werden primär aus der Konzeption des Unternehmensengagements in Kapitel 3 abgeleitet. Um die oben bestimmte maximale Differenz der Unternehmen sicher zu stellen, frage ich außerdem systematisch ein Unternehmensportrait ab.[132] Damit lauten die strukturierenden Fragen:

(a) Wie ist das Unternehmensportrait beschaffen?
Wie groß ist das Unternehmen? Wie ist die Unternehmensstruktur beschaffen? In welchem Segment ist das Unternehmen aktiv? Wo in der Konfliktregion operiert das Unternehmen?

(b) Wie ist das Engagement des Unternehmens strukturiert?
Wozu verpflichtet sich das Unternehmen? Wie werden Verpflichtungen umgesetzt? Welche *freien Aktivitäten* hat ein Unternehmen? Wie erfolgt *just doing business*?

(c) Wie ist das Engagement des Unternehmens entsprechend der konzeptionellen Überlegungen der abhängigen Variable einzuordnen?
Welche Form von Engagement dominiert? In welchem Bereich engagiert sich das Unternehmen? Wie verhält sich das Engagement zum Nahostkonflikt?

Neben der Strukturierung über die drei Leitfragen fokussieren alle Fallstudien auf privatwirtschaftliches Engagement in der ausgewählten Konfliktregion. In der Umsetzung bedeutet dies, dass das Unternehmensengagement zunächst um-

131 Da es sich bei den in Betracht kommenden Regionen um Konfliktregionen handelt und ich aufgrund der mangelnden Datenlage auf möglichst guten Zugang zu Interviewpartner angewiesen war, war es zudem aus forschungspragmatischen Gründen nicht unwesentlich, eine Region auszuwählen, in der ich bereits Arbeitserfahrung hatte. Überdies ist die Tourismusbranche offener für empirische Forschung in der Region als bspw. Landwirtschaft oder der Bausektor, da die Branchenmitglieder über eine gewisse Fremdsprachenkompetenz verfügen und den Austausch mit Akteuren aus anderen Region qua Beruf gewohnt sind, d.h. interkulturelle Unterschiede beeinträchtigen die Interviewsituation kaum.

132 In diesem ersten Schritt dient das Unternehmensportrait dazu, die Generalisierbarkeit der Ergebnisse durch maximale Differenz zwischen den Unternehmen zu sichern. Letztlich können sich in der empirischen Analyse auch erklärende Variablen ergeben, die hiermit in Verbindung stehen.

fassend erhoben, dann aber nach Konfliktrelevanz gefiltert wird, so dass letztlich ausschließlich das Unternehmensengagement abgebildet wird, das (potenziell) zu Frieden in Israel und den Palästinensischen Gebieten beiträgt (Kapitel 6). Insgesamt decken die Fallstudien damit, wie im Rahmen des strukturierten-fokussierten Vergleichs gefordert, ein nach dem Forschungsinteresse eingegrenztes Phänomen ab.

Diese strukturiert fokussierten Fallstudien werden dann einer Kongruenzanalyse unterzogen. Dies bedeutet unter anderem, dass das erhobene und beschriebene Unternehmensengagement mit der eingangs aufgestellten Vermutung inhaltlich abgeglichen wird.[133] Auf diesem Weg wird die theoretische Vermutung auf Plausibilität untersucht, d.h. es wird bei jedem der sechs Fälle untersucht, ob das Unternehmensengagement zwischen Juni 2007 und Juni 2009 (*observation*) mit den Hypothesen übereinstimmt (*congruity*), d.h. ob sich Reiseanbieter bei vorliegender Beeinträchtigung der Destination und identifizierbarer Kundensensibilität für Frieden in der Region engagieren. Das Zeitfenster ist dabei so gewählt, dass beispielsweise bei den Unternehmen, die Unternehmensberichte veröffentlichen, zwei Berichtszeiträume abgedeckt werden. Damit kann unter anderem vermieden werden, dass ein abweichender Unternehmens(jahres)bericht die Beschreibungen des Unternehmensengagements verfälscht. Es handelt sich damit um strukturierte fokussierte Fallstudien zur Validierung und/oder Spezifizierung der Hypothesen, dass Reiseanbieter unter bestimmten Bedingungen und im Rahmen der ihnen zu Grunde liegenden Handlungslogik sich für Frieden in Konfliktregionen engagieren. Die Frage nach den fallübergreifenden Ähnlichkeiten oder Varianzen wird anschließend in einem fallübergreifenden Vergleich für das für 2007 bis 2009 erhobene Unternehmensengagement durchgeführt. Wie unter den allgemeinen Ausführungen bemerkt, erlaubt dieser methodische Zugang keine Aussagen über kausale Zusammenhänge (George/Bennett 2005: 183). Diesen soll jedoch auf Grundlage der Befunde des Plausibilitätstests im angekündigten *zweiten Forschungsschritt* nachgegangen werden.

Empirische Analysen zu dem ersten Untersuchungsschritt weisen auf zwei Phänomene hin: Erstens wird deutlich, dass Ähnlichkeiten im Unternehmensengagement vorliegen. Allerdings ist auffällig, dass sich die Ausprägung des Engagements bei der Mehrheit der Unternehmen (TUI, REWE Touristik, NET, Laila Tours) gegenläufig zu den in den Hypothesen formulierten Vermutungen verhält. Diese Unternehmen engagieren sich nämlich – obwohl die vermuteten Bedingungen erfüllt sind – nur geringfügig für Frieden in der Konfliktregion. Der zweite empirische Befund bezieht sich auf die deutliche Abweichung einer Minderheit von Unternehmen – Studiosus und ATG – von der Art und Weise des

133 Die von der Methode geforderte Beschreibung und Erhebung der erklärenden Variablen und die Ausformulierung der theoretischen Vermutung wurde in Kapitel 2.2 geleistet.

Engagements der Mehrheit. Diese Abweichung äußert sich dahingehend, dass die Ausprägung der abhängigen Variablen von Studiosus und ATG qualifiziertes Engagement für Frieden in der Konfliktregion nahe legt.

Mit diesen im doppelten Sinne gegenläufigen empirischen Befunden wird in dem angekündigten *zweiten Untersuchungsschritt* folgendermaßen umgegangen (Kapitel 7 und 8): Die Tatsache, dass es sich bei dem ersten empirischen Befund – der Enttäuschung der theoretischen Vermutung – um eine negative Ausprägung handelt, erschwert die Suche nach den Erklärungsfaktoren. So erscheint es nicht sinnvoll, im Rahmen einer Prozessanalyse nach Mechanismen zu fahnden, die den empirischen Befund erklären, da keine signifikante Entwicklung über Zeit vermutet wird. Daher wird ein alternatives Vorgehen gewählt (Kapitel 7): Zum einen greife ich auf Überlegungen der Tourismusforschung zurück. Zum anderen werden Branchenexperten, die sich mit vergleichbaren Aspekten privatwirtschaftlichen Engagements befassen, auf diese empirischen Befunde hin befragt und gebeten, Anhaltspunkte zur Erklärung des Phänomens aufzuzeigen.[134] Um diese Forschungs- und Expertenhinweise möglichst effektiv zu verdichten, gehe ich zunächst von den Erklärungsfaktoren aus, die von den in Kapitel 2.2 formulierten Hypothesen genannt werden, d.h. von der Kundensensibilität und der Beschädigung der Destination. Dies bedeutet, dass die eingangs als relevant vermuteten Faktoren nicht vollständig auf Grund der Kongruenzanalyse verworfen werden. Diese Vorgehensweise basiert auf der Annahme, dass es sinnvoll ist, in einem ersten Versuch die theoretischen Vermutungen um bislang nicht erwogene Implikationen zu ergänzen oder zu präzisieren.[135]

Dem zweiten empirischen Befund, d.h. den Fällen, die zuvor durch qualifiziertes Engagement in der Konfliktregion auffallen, soll im Rahmen von Einzelfallstudien im Längsschnitt nachgegangen werden (Kapitel 8).[136] Dieses Vorgehen bietet sich an, da die Ausprägung der abhängigen Variable auf einen Wandel über Zeit hindeutet. Dies ermöglicht voraussichtlich theoretisch ergiebige Längsschnittstudien hinsichtlich der Frage nach den Bedingungen von Unterneh-

134 Dieser Form kausalen Schließens hat Ähnlichkeiten zum *abduktiven Vorgehen* (Sturm 2006: 29; Walther 1991: 115-117, 123): Vor dem Hintergrund des empirischen Ergebnisses gibt der Experte auf Grund seiner Erfahrungen und seines Kontextwissens einen Hinweis bzw. eine plausible Vermutung zur Erklärung des Phänomens an. Diesem folge ich im Forschungsgang und untersuche, ob sich der Hinweis unter Rückgriff auf weitere Daten verdichtet.

135 Dies darf keineswegs bedeuten, dass die Analyse unerwartete und innovative Erklärungshinweise der Experten ausschließt. Um die Verdichtung möglichst systematisch und effizient durchzuführen, erscheint es jedoch unerlässlich, eine Reihung auf Grundlage von Kriterien, die in der Arbeit offen gelegt sind, vorzunehmen. Sollten sich diese Hinweise als nicht stichhaltig erweisen, werden die unerwarteten Hinweise hinzugezogen.

136 Die in den Hypothesen benannten Faktoren werden nicht herangezogen, um die diachrone Analyse der Unternehmensfälle anzuleiten.

mensengagement. Überdies weichen diese Fälle in der Ausprägung der abhängigen Variable positiv von der Mehrheit der Fälle ab, d.h. diese Fälle repräsentieren Vorreiterunternehmen vor dem Hintergrund eines normativ angeleiteten Forschungsinteresses an pazifizierendem Unternehmensengagement. Das Ziel dieser Längsschnittstudien (Kapitel 8.1) besteht darin, über einen diachronen Vergleich und Prozessanalyse die Variablen zu beschreiben, die das Engagement der Unternehmen in der Konfliktregion entgegen dem Branchentrend beeinflussen. Hierfür wird das Unternehmensengagement über einen längeren Zeitraum betrachtet.[137] Der Vergleich des Unternehmensengagements über Zeit ermöglicht die Identifikation von analytisch gehaltvollen Wendepunkten, d.h. Zeitpunkten, an denen sich das Unternehmensengagement – die Ausprägung der abhängigen Variablen – stark verändert. Entlang dieser Wendepunkte sollen über eine Prozessanalyse, die in Form eines Narrativs dargestellt wird, die erklärenden Variablen nachvollzogen werden. Es wird vermutet, dass an solchen Wendepunkten Bestimmungsfaktoren für Unternehmensverhalten besonders deutlich hervortreten (Müller 2007: 5f). Während George und Bennett auf die vollständige Rekonstruktion einer Kausalkette zwischen der abhängigen und der unabhängigen Variable dringen, konzentriere ich mich auf eine möglichst erschöpfende Rekonstruktion an den ausgewählten Wendepunkten. Die Prozessanalyse gilt dann als erschöpfend durchgeführt, wenn die identifizierten Faktoren zusammen mit den Faktoren der Hypothesen ein (relativ) systematisches Gesamtbild mit Blick auf das zu erklärende Unternehmensengagement ergeben. Da die Längsschnittstudien in generalisierender Absicht durchgeführt werden, werden die Ergebnisse im anschließenden Kapitel expliziert und in hypothetischer Formulierung zum Unternehmensengagement zusammengeführt (Kapitel 8.2).

In dem angekündigten *dritten Schritt* (Kapitel 9) werden die Befunde des zweiten Schrittes (Kapitel 7 und 8) zusammengeführt. Dies bedeutet, dass die jeweils andere Gruppe von Unternehmensfällen auf die (Nicht-)Existenz der identifizierten Faktoren untersucht wird. Neben diesem empirischen Vergleich über die Fälle hinweg, sollen die Befunde zu den Anreizfaktoren diskutiert und in bestehende theoretische Debatten zu vergleichbaren Teilgebieten eingespeist werden.

Insgesamt operiert dieses Forschungsprojekt mit sechs Unternehmensfallstudien. Diese werden auf der ersten Stufe im Rahmen eines strukturierten und fokussierten Fallvergleichs untersucht. Zusätzlich wird eine Kongruenzanalyse durchgeführt, um abzugleichen, ob das in den Hypothesen (Kapitel 2.2) vermute-

137 Die Längsschnittstudien decken den Zeitraum von der Gründung der jeweiligen Unternehmen bis zum Jahr 2009 ab. Damit sind der Endpunkt der Längsschnittstudien und der Endpunkt der strukturierten fokussierten Fallstudien, die das Unternehmensengagement zwischen 2007 bis 2009 betrachten, deckungsgleich.

te Engagement empirisch beobachtbar ist, d.h. ob die Hypothesen zutreffen (Kapitel 6). Die (negativen) empirischen Befunde dieses ersten Schrittes führen zu zwei unterschiedlichen Ansätzen im zweiten Schritt: Die Unternehmen, die sich geringfügig in der Konfliktregion engagieren, werden mit Hilfe von Experteninterviews und Erkenntnissen der Tourismusforschung untersucht (Kapitel 7). Die Unternehmen, die von diesen Fällen abweichen, werden im Rahmen von zwei Längsschnittstudien und Prozessanalyse analysiert (Kapitel 8). Die jeweiligen Befunde werden in einem dritten Schritt zunächst empirisch zusammengeführt und anschließend in bestehende theoretische Überlegungen eingefügt. Dies erlaubt überdies einige generalisierende Überlegungen zur Erklärung von Unternehmensengagement für Frieden in Konfliktregionen anzustellen und diese in einem Modell abzubilden (Kapitel 9).

4.4 Unternehmensengagement operationalisieren und erheben

Die Erhebung privatwirtschaftlichen Engagements zu Frieden orientiert sich an den bereits beschriebenen drei Formen von Unternehmensengagement, *just doing business*, *freie Aktivitäten* und *Governance-Beiträge*. Wie im konzeptionellen Kapitel beschrieben, unterscheiden sich diese Formen privatwirtschaftlichen Engagements in ihrer strukturellen Institutionalisierung im Unternehmen. Vor diesem Hintergrund werden die genannten Formen privatwirtschaftlichen Engagements wie folgt erhoben:

Just doing business zeichnet sich dadurch aus, dass das Unternehmen operativ in einer Konfliktregion tätig ist, jedoch keine Leitlinien oder Aktivitäten eingerichtet hat, die mit dem Konflikt direkt oder indirekt verbundene Faktoren berücksichtigen. Damit kann *just doing business* eines Unternehmens daran abgelesen werden, ob das Unternehmen operativ in der Region aktiv ist, d.h. ob es Reisende in die Region entsendet und vor diesem Hintergrund bei Anbietern in der Konfliktregion Leistungen einkauft (z.B. Hotelkapazitäten), oder ob es eventuell diese Kapazitäten in der Region selbst besitzt und einsetzt (z.B. unternehmenseigene Hotels, Mitarbeiter in Zielgebietsagenturen). Wie bereits skizziert, handelt es sich bei *freien Aktivitäten* um Maßnahmen, die unregelmäßig und selektiv umgesetzt werden. Dies bedeutet, dass diese Maßnahmen nicht auf einer grundlegenden Entscheidung des Unternehmens für Engagement basieren, sondern oftmals *ad hoc* initiiert und nicht langfristig angelegt sind. Überdies sind diese nicht systematisch mit dem Kerngeschäft oder dem Unternehmensprofil verbunden. Exemplarisch hierfür sind Sach- oder Geldspenden an gemeinwohlorientierte Institutionen, z.B. Stiftungen. Die dritte Form privatwirtschaftlichen Engagements, die so genannten *Governance-Beiträge*, ist in zwei Dimensionen unterteilt, nämlich in *Unternehmenspolitiken* und/oder *Unternehmensaktivitäten*.

Dementsprechend können Governance-Beiträge auch empirisch entlang dieser Ebenen erhoben werden. Unternehmenspolitiken sind als Unternehmensleitbilder oder Unternehmensvisionen sowie im Rahmen von Selbstverpflichtungen zu einem unternehmenseigenen Verhaltensstandard oder Prinzipien einer Institution (z.B. Prinzipien des Global Compact) erfassbar. Als Unternehmensaktivitäten gilt Unternehmenshandeln, das mittel- bis langfristig angelegt und auf die Geschäftstätigkeit des Unternehmens – relativ – abgestimmt und integriert sind, z.B. Schulungen, Projekte usw.[138] Als Marker für die Identifikation von *freien Aktivitäten* und von *Governance-Beiträgen* eignet sich das im Forschungsstand vorgestellte CSR-Konzept. CSR interessiert in diesem Moment nicht als wissenschaftliches Konzept, sondern dessen Verwendung in der Unternehmenswelt. Dadurch, dass Unternehmen ihr Engagement oftmals mit dem Terminus CSR versehen, kann dieser Begriff als Hinweis auf empirisches Unternehmensengagement dienen.[139]

Im Zentrum der Arbeit stehen die Beschreibung und Erklärung von privatwirtschaftlichem Engagement von Reiseanbietern in der Konfliktregion Israel und die Palästinensischen Gebiete. Ein Teil des Datenmaterials, das zur Beantwortung der Forschungsfrage relevant ist, liegt in Form von regelmäßig erscheinenden Geschäftsberichten, Nachhaltigkeits- oder Umweltberichten der Unternehmen sowie offiziellen Stellungnahmen oder öffentlichen Äußerungen durch die Unternehmensleitung vor.[140] Allerdings ist dies nicht ausreichend, um den Forschungsgegenstand erschöpfend zu erfassen oder Erklärungsansätze zur formulieren. Vereinzelt kann zudem auf Branchenstudien von Institutionen wie der Weltbank oder entsprechenden Branchenverbänden oder -organisationen für die Erklärung des Unternehmensengagements zurückgegriffen werden. Da dies nicht ausreichend ist, werden in dieser Arbeit zusätzliche Daten erhoben. Hierbei kommen verschiedene qualitative Forschungsmethoden zum Einsatz. Diese Vorgehensweise wird nach Denzing als Triangulation zwischen verschiedenen Methoden bezeichnet (Denzing 1970: 308). Der Grundgedanke der Triangulation besteht darin, das Forschungsobjekt von verschiedenen Perspektiven – durchaus kritisch – zu betrachten (Flick 2004: 11, 16).[141] Folgende Methoden werden in

138 Wie bereits im konzeptionellen Kapitel erwähnt, resultieren aus der Existenz einer Unternehmenspolitik nicht notwendigerweise Unternehmensaktivitäten – und vice versa.

139 Analog der wissenschaftlichen Begriffsdiskussion wird auch in der Unternehmenswelt neben CSR von *Corporate Citizenship* oder *Corporate Responsibility* usw. gesprochen.

140 Aus den Dokumenten wurden die Angaben gefiltert, die die Leitfragen (a-c) im Rahmen der strukturierten fokussierten Fallstudien abdecken.

141 Triangulation wird zumeist im Zusammenhang mit der Qualität qualitativer Forschung, aber auch vor dem Hintergrund der Verknüpfung qualitativer und quantitativer Forschung diskutiert. Im Wesentlichen geht der Begriff auf Denzing (Denzing 1970) zurück. Flick weist darauf hin, dass bereits in der Vergangenheit ein Großteil qualitativer Forschung mit Triangulation arbeitete, dieses jedoch nicht explizit benennt (Flick 2004: 7). Triangu-

diesem Zusammenhang herangezogen: leitfadengestützte Experteninterviews und teilnehmende offene Beobachtung im Rahmen von Feldforschung.

Die Tatsache, dass das hier interessierende Forschungsfeld empirisch relativ jung ist und dass die Fallstudien das komplexe Zusammenspiel verschiedener Erklärungsfaktoren bei der Erklärung von Unternehmensengagement untersuchen, spricht gegen den Einsatz standardisierter Forschungsfragen, d.h. gegen eine geschlossene Interviewform. Da jedoch einzelne Annahmen über die Relevanzstrukturen des Themenfeldes vorliegen und spezifische Erwartungen in Form zweier Hypothesen formuliert wurden, scheidet auch eine vollständig offene Interviewform, ein narratives Interview, aus. Angesichts dessen erscheint eine Interviewform geeignet, die eine Zwischenform zwischen den genannten Interviewformen darstellt. Damit bietet sich das leitfadengestützte Experteninterview an, das Merkmale der offenen wie der geschlossenen Interviewform aufweist.[142] Auf Grundlage der Forschungsfrage und der theoretischen Vorüberlegungen wurden zunächst Leitfragen entwickelt.[143] Diese wurden wiederum von spezifischeren Unterfragen ergänzt.[144] Soweit es notwendig und möglich erschien, wurden theoretische Vorüberlegungen und Konzepte in den Wissensvorrat der Interviewpartner übersetzt (Kvale 2007: 58).[145] Zudem galt es als selbstverständlich, die Leit- und Unterfragen danach zu formulieren, welche Expertengruppe untersucht wurde, d.h. ob ein Vertreter der ausgewählten Unternehmen oder ein Branchen- oder Regionalexperte zu dem Unternehmensengagement befragt wur-

lation kann der kritischen Prüfung von Daten sowie der Wissenserweiterung dienen. Es sind verschiedene Formen von Triangulation möglich, z.B. Triangulation innerhalb einer Methode, Triangulation zwischen verschiedenen qualitativen Methoden, Triangulation zwischen quantitativen und qualitativen Methoden. Siehe hierzu Denzing 1970: 297-313; Flick 2004.

142 Nach Blatter handelt es sich hierbei um eine Mischform aus einem episodischen und einem problemzentrierten Interview (Blatter/Janning et al. 2007: 62). Gläser hebt die Kompatibilität von Experteninterviews mit einer fallbasierten Erklärungsstrategie im Gesamtprojekt hervor (Gläser/Laudel 2009: 37). Für eine Übersicht über verschiedene Interviewformen siehe Lamnek 1995: 91.

143 „Sie [Leitfragen, SF] sind vielmehr auf das Untersuchungsfeld gerichtet und versuchen, die Informationen zu benennen, die erhoben werden müssen. Leitfragen charakterisieren das Wissen, das beschafft werden muss, um die Forschungsfragen zu beantworten." (Gläser/Laudel 2009: 90)

144 Nach Gläser ist es nicht notwendig, leitfadenstrukturierte Experteninterviews einem Pretest zu unterziehen. Erweisen sich einzelne Forschungsfragen als ungeeignet, sollen diese für die weitere Verwendung überarbeitet werden (Gläser/Laudel 2009: 107).

145 In diesem Zusammenhang bin ich partiell dem Vorschlag von Kvale gefolgt und habe eine zweite Ebene in den Fragebogen eingefügt, d.h. neben den Interviewfragen waren – zum Teil handschriftlich in Klammern – die Variablen oder wissenschaftlichen Konzepte benannt, die abgefragt werden sollten (Kvale 2007: 59).

den.[146] Nach der Eröffnung des Gesprächs wurde die Reihenfolge der Fragen zumeist dem Gesprächsfluss angepasst (Gläser/Laudel 2009: 42).[147] Insgesamt folgten die Gespräch einem Dreischritt: Einleitung, Interview, Abschluss.[148] Die Interviewpartner wurden entsprechend dem Forschungsanliegen ausgewählt. Dies bedeutet, dass die Unternehmensmitarbeiter angesprochen wurden, die im jeweiligen Unternehmen mit Fragen von Unternehmensengagement befasst sind. Je nach Unternehmen sind diese der Abteilung für Öffentlichkeitsarbeit und Kommunikation, der Umweltabteilung oder einer Abteilung für Unternehmensverantwortung zugeordnet. Zudem wurden einschlägige Branchen- und Regionalexperten zur Rolle von Unternehmen in Israel und den Palästinensischen Gebieten befragt. Diese haben sich für Nichtregierungsorganisationen, Durchführungsorganisationen der deutschen Entwicklungszusammenarbeit (KfW, GTZ), politische Stiftungen, Verbände und Kammern usw. mit der Thematik befasst. Die Durchführung des Interviews erfolgte bis auf wenige Ausnahmen an dem Arbeitsplatz des jeweiligen Interviewpartners.[149] Die Interviews dauerten zwischen 20 bis 90 Minuten.[150] Zahlreiche Unternehmensvertreter baten darum, auf das Interviewgerät zu verzichten und signalisierten Sorge über die (wissenschaftliche) Veröffentlichung der Interviewinhalte.[151] Diese Skepsis konnte oftmals auch durch das Angebot der Anonymisierung nicht gemildert werden. Zudem war es nur zum Teil möglich, die Alltagskommunikation – konkreter, kurz ge-

146 Als Beispiel: „Welche Unternehmensverpflichtungen ist ihr Unternehmen eingegangen?“ (Unternehmensvertreter). Oder: „Welche Unternehmensverpflichtungen gehen Reiseanbieter aus ihrer Erfahrung ein?“ (Branchenexperte). Oder: „In welcher Form engagieren sich Unternehmen aus ihrer Erfahrung für Frieden in der Region?“ (Regionalexperte).

147 Fragen, die sich als unergiebig oder nicht beantwortbar erwiesen, wurden übersprungen.

148 Die Einleitung umfasste die Begrüßung und das Fixieren der Interviewbedingungen (Dauer, Aufnahmegenehmigung) und eine kurze Beschreibung des Forschungsprojektes. Das Interview gliederte sich in die Erhebung des Unternehmensengagements, das Erheben potenzieller Erklärungsfaktoren und sonstige Aspekte. Der Abschluss ermunterte zu Rückfragen und fixierte die weitere Vorgehensweise. Für weitere Informationen zu den verschiedenen Interviewphasen siehe Gläser/Laudel 2009: 170f, 191; Kvale 2007: 55f.

149 Die Kontaktaufnahme erfolgte in der Regel über drei Stufen. Der Erstkontakt wurde durch eine schriftliche Anfrage mit Begleitschreiben auf dem Postweg aufgenommen. Hierauf erfolgte eine zweite Kontaktaufnahme via e-Mail mit den gleichen Informationsmaterialien. In einem dritten Schritt wurden die Interviewpartner schließlich telephonisch kontaktiert. Gläser empfiehlt unter anderem den postalischen Erstkontakt, um dem Interviewpartner zu vermitteln, dass das Anliegen seriös ist (Gläser/Laudel 2009: 161). Interessanterweise wurde auf diese Kontaktaufnahme zumeist nicht reagiert – allerdings wurde ich bei der telephonischen Anfrage, d.h. bei der dritten Kontaktaufnahme, zumeist auf die bereits vorliegende schriftliche Anfrage angesprochen.

150 Für forschungspraktische Informationen bei der Datenerhebung siehe Lamnek 1995: 95-101.

151 Eine Ausnahme stellten Interviewpartner in den Bereichen des Krisen- und Sicherheitsmanagements dar.

fasster Frage-Antwort Dialog – der Unternehmensmitarbeiter zu unterbrechen und in narrative Phasen einzutreten (Trinczek 2005: 219).[152] Im Gegensatz dazu ermöglichten Branchen- und Regionalexperten zumeist den Einsatz von Interviewgeräten. Allerdings testeten die Branchen- und Regionalexperten zu Interviewbeginn häufig Fachwissen bzw. Insiderkenntnisse aus.[153] Im Gegensatz dazu konnten Gender- oder kulturspezifische Differenzen bei keinem Interview registriert werden (Abels/Behrens 2005).

Die Interviews der Experten werden – abhängig von der jeweiligen Funktion für diese Arbeit – unterschiedlich ausgewertet: Die Branchen- und Regionalexperteninterviews, die dazu dienen, die Erklärungsfaktoren für die Enttäuschung der theoretischen Vermutung zu identifizierten, werden entlang der theoretischen Vermutungen analysiert, die in Kapitel 2.2 eingeführt wurde. Es handelt sich somit um eine konzeptbasierte qualitative Inhaltsanalyse (Blatter/Janning et al. 2007: 74f; Gläser/Laudel 2009: 47).[154] Von der theoretischen Vermutung ausgehend, werden die Interviews mehrfach auf analytisch reichhaltige Hinweise abgehört. Diese Hinweise werden dann manuell transkribiert und im Fließtext der Arbeit wiedergegeben.[155] Hingegen werden die Interviews mit den Vertretern der Unternehmen, die einer Längsschnittanalyse unterzogen werden (Studiosus München GmbH, ATG), vollständig transkribiert. Aus diesen Volltranskripten werden dann die Faktoren gefiltert, die auf Einflussfaktoren für das Verhalten des jeweiligen Unternehmens zu dem ausgewählten Zeitpunkt verweisen. Diese Vorgehensweisen spiegeln – zumindest in Ansätzen – die zwei grundlegenden Möglichkeiten qualitativer Datenanalyse wider: Die Analyse eines ausgewählten Textkorpus versus der Analyse des gesamten Textkorpus sowie die Analyse auf Grundlage von vorab entwickelten Konzepten versus der Genese von Konzepten aus dem Material (Blatter/Janning et al. 2007: 75; Gläser/Laudel 2009: 44f, 197-204).

Neben den Experteninterviews kommt als weitere qualitative Erhebungsmethode die offene teilnehmende Beobachtung im Rahmen von Feldforschung zum

152 Möglicherweise kommen hier Statusfaktoren zum Tragen. Trencziek spricht hier vom dem Phänomen des *unpromovierten Youngsters* (Trinczek 2005: 219).

153 In diesem Zusammenhang wurden folgende Fragen besonders häufig gestellt: „Mit wem haben sie denn schon alles gesprochen?“ Oder: „Mit wem wollen sie denn noch sprechen?“

154 Diese Analyse wendet nicht die qualitative Inhaltsanalyse nach Mayring an (Mayring 2008). Es werden lediglich an einzelnen Forschungsschritten praktische Anleihen genommen.

155 Zudem wird aufgrund des hohen Zeitaufwandes für die Interviewtranskription auf Volltranskripte bei diesen Experten verzichtet. Zwanzig Minuten Interviewzeit entsprechend ungefähr sechs Seiten Text (Times New Roman, 12pt, 1.5-zeilig). Ähnlich hierzu siehe Gläser/Laudel 2009: 202, FN 36.

Einsatz.[156] Diese diente der allgemeinen und umfassenden Informationsgewinnung für die spätere Kontextualisierung der Interviews sowie der vorliegenden Literatur zur Konfliktregionen.[157] Neben dem Aufenthalt in der Konfliktregion, führte ich offene teilnehmende Beobachtungen auf verschiedenen Konferenzen durch.[158] Diese Erkenntnisse gehen wesentlich in die Beschreibung und Analyse der konfliktrelevanten Faktoren in Kapitel 5 ein und tragen zur Gewichtung und Erklärung der empirischen Befunde in Kapitel 7, 8 und 9 bei.

Insgesamt operiert diese Arbeit mit Daten aus drei verschiedenen Quellen: Existierende Dokumente von Unternehmen (Nachhaltigkeitsberichte, Geschäftsberichte etc.) sowie Reports von Internationalen Organisationen, Nichtregierungsorganisationen und wissenschaftliche Texte. Außerdem wurden 35 Experteninterviews mit Unternehmensvertretern sowie Branchen- und Regionalexperten durchgeführt. Diese werden durch Kontextwissen ergänzt, das durch offene teilnehmende Beobachtung im Rahmen von Feldforschung erhoben wurde, d.h. durch zweimaligen mehrwöchigen Besuch der Konfliktregion (4- und 6 wöchig) und durch Teilnahme an einer zentralen Regionalkonferenz und drei Branchenkonferenzen.[159]

156 Für eine genauere Bestimmung der offenen Beobachtung: „Bei der offenen Beobachtung tritt der Beobachter ausdrücklich als Forscher auf“ (Lamnek 1995: 251). Lamnek unterscheidet zudem zwischen offener teilnehmender und offener nicht-teilnehmender Beobachtung: „Der Unterschied zwischen teilnehmender und nicht teilnehmender Beobachtung besteht darin, dass bei *der teilnehmenden Beobachtung der Beobachter selbst Element des zu beobachtenden sozialen Feldes wird* (Hervorhebung des Autors), wohingegen bei der nicht-teilnehmenden Beobachtung der Beobachter gleichsam von außen her das ihn interessierende Verhalten beobachtet“ (Lamnek 1995: 251). Diese Unterscheidung ist vor allem analytisch begründet. Bei der praktischen Feldforschung ist diese Unterscheidung oftmals schwer zuzuordnen, bspw. Konferenzbesuch als Teilnehmer versus Konferenzbesuch als Referent.

157 Überdies wurden die Feldforschungsaufenthalte in der Konfliktregion und eine der Branchenkonferenzen (Internationale Tourismusbörse 2009) dazu genutzt, um Daten in Form von leitfadengestützten Interviews zu erheben. Interviewpartner waren Regionalexperten, Vertreter von lokalen Unternehmen sowie Kooperationspartner (Hotelerie) und Projektpartner einzelner transnationaler und internationaler Unternehmen.

158 Der Besuch der Regionalkonferenz diente der Identifikation der teilnehmenden Branchen und der jeweiligen (aktiv) teilnehmenden Unternehmen. Der Besuch der Branchenkonferenzen diente ebenfalls dazu, (aktiv) teilnehmende Unternehmen zu identifizieren. Zudem galt es den bracheninternen Diskussionsverlauf zu Unternehmensverantwortung nachzuvollziehen. Auf diese Weise konnte beispielsweise die Entwicklung der CSR-Norm als potenzielle Einflussvariable für Unternehmensengagement beobachtet werden.

159 Bei der Regionalkonferenz handelt es sich um die Palestine Investment Conference (PIC) 2008 in Bethlehem. Bei den Branchenkonferenzen handelt es sich um die Internationale Tourismusbörse Berlin (ITB) in den Jahren 2009 und 2010 sowie um eine Konferenz von GATE e.V. (*Nachhaltigkeit auf ganzer Linie? CSR in touristischen Lieferketten*) 2009 in Hamburg. Die Beobachtungen konzentrierten sich systematisch auf zwei Aspekte: (1) Welche Vertreter welcher Unternehmen (welcher Abteilungen) waren anwesend? (2) In

In folgendem Kapitel 5 beschreitet diese Arbeit den empirischen Weg. Wie in Kapitel 3.3 beschrieben, gilt es im Rahmen einer kondensierten Beschreibung die Ursachen und Konsequenzen des israelisch-palästinensischen Konfliktes zu eruieren. Diese Erkenntnisse bilden die Folie für die Enscheidung darüber, ob das Unternehmensengagement, das anschließend empirisch erhoben wird, als (potenzieller) Beitrag zu Frieden gelten kann, oder nicht.

welcher Form nahmen die Vertreter an den Veranstaltungen teil (auf dem Podium, aktiv im Plenum, passiv im Plenum)?

5. Die Konfliktregion – Israel und die Palästinensischen Gebiete

Ursprünglich war der Konflikt zwischen Israel und den Palästinensern in den Konflikt zwischen Israel und seinen arabischen Nachbarn eingebettet, der sich in zahlreichen Kriegen niederschlug.[160] Im Jahr 1947 scheiterte die Implementierung der UN-Resolution 181, die auf dem Territorium, das zu diesem Zeitpunkt unter britischem Mandat stand, einen israelischen sowie einen palästinensischen Staat vorgesehen hatte. In Reaktion darauf war das Verhältnis zwischen Israelis und Palästinensern zunehmend von Gewalt geprägt. Schließlich erklärte Israel seine Unabhängigkeit und die Palästinenser erlitten die Vertreibung aus Teilen ihrer arabischen Dörfer – diesem Ereignis wird in der palästinensischen Geschichte heute als *Nakba* (Vertreibung) gedacht. Die erste Intifada (1987-93) und die zweite Intifada (2000-2005) markieren lediglich zwei der zahlreichen Höhepunkte der gewaltsamen Auseinandersetzungen zwischen Israelis und Palästinensern. Laut B'tselem forderte die zweite Intifada insgesamt an die 6.300 Opfer auf israelischer wie palästinensischer Seite.[161]

5.1 Ein Konflikt um Territorium und Sicherheit

Gegenstand des israelisch-palästinensischen Konfliktes ist das Territorium, das sich bis Ende der 1940er Jahre die beiden Bevölkerungen teilten.[162] Inoffizielle Verhandlungen zwischen Israel und den Palästinensern ermöglichten 1993 die Unterzeichnung der *Declaration of Principles on Interim Self-Government Ar-*

160 Da die Kriege zwischen Israel und seinen Nachbarn abhängig von der politischen Perspektive mit unterschiedlichen Begriffen bezeichnet werden, benenne ich die verschiedenen Kriege lediglich anhand ihres Zeitpunktes: 1948/49-Krieg, Krieg von 1967, 1973, 1982 und 2006.

161 Für eine genaue Übersicht über die Opferzahlen, die von B'Tselem angegeben werden, siehe: http://www.btselem.org/english/statistics/Casualties.asp (10.03.08).

162 Zur Kategorisierung des Konfliktgegenstandes und des Konflikttyps siehe: Universität Uppsala, Konfliktdatenbank, Israelisch-Palästinensischer Konflikt, Konfliktgegenstand (*type of incompatibility*): Territorium; Kommentar zu dem Konfliktgegenstand: Der Konflikt betrifft des Territorium *Palästina* siehe: http://www.pcr.uu.se/database/conflictInformation.php?years=2007&bcID=227&variables%5B%5D=1&button=+Search (10.03.08), Heidelberger Institut für Internationale Konfliktforschung, Conflict Barometer 2009, 18th Annual Conflict Analysis, http://hiik.de/de/konfliktbarometer/pdf/ConflictBarometer_2009.pdf (11.04.10).

rangements (DoP) – diese werden auch als Oslo I Prinzipien bezeichnet.[163] Der Durchbruch dieses Abkommens bestand darin, dass Jassir Arafat, der für die Palästinensische Befreiungsorganisation (PLO) als ihr Vorsitzender verhandelte, die Existenz des Staates Israels anerkannte, und im Gegenzug Jitzhak Rabin, damaliger Premierminister Israels, die PLO als die Vertretung des palästinensischen Volkes anerkannte.[164] Für die weiteren Verhandlungen hatten sich die Konfliktparteien auf ein gradualistisches Vorgehen geeinigt. Dies bedeutete, dass die Verhandlung der umstrittensten Punkte auf die letzte Phase der Verhandlungen, die Verhandlungen über den Endstatus der Beziehungen, verschoben wurde. Bei diesen umstrittenen Punkten handelte es sich um den Status von Jerusalem, den Aspekt der Siedlungen, der Flüchtlinge, Grenzziehungs- und Sicherheitsfragen. Die für den Prozess übergreifende Formel war *Land für Frieden* (Asseburg/Perthes 2008: 62). Dies bedeutet, dass man davon ausging, dass die sukzessive Übergabe von Land an die Palästinenser ein mehr an Sicherheitsgarantien für die Israelis – und letztlich einen Friedensschluss – ermöglichen sollte (Grinberg 2010: 207).

Da die „heißen Eisen“ auf die Endstatusverhandlungen verschoben waren, konzentrierte man sich zunächst auf die Umsetzung der Oslo I Prinzipien. Hierbei handelte es sich um das *Gaza-Jericho Abkommen* (1994), das insbesondere den Transfer von Autonomie an die Palästinenser über die Städte Gaza und Jericho beinhaltete und verschiedene Rechts- und Sicherheitsfragen regelte.[165] 1995 unterzeichneten die Konfliktparteien zudem die Oslo II Vereinbarungen, die die Schaffung unterschiedlicher Autonomiezonen (Zone A, B oder C abhängig vom Grad der Autonomie) auch in der Westbank vorsahen und vor diesem Hintergrund die Durchführung freier Wahlen und die Struktur entsprechender politischer Institutionen, beispielsweise eines palästinensischen Rates, regelten. Zudem spezifizierte das Abkommen Fragen der Rechtsprechung und der Sicherheit, beispielsweise die Kooperation bei Verlagerung israelischer Truppen und die Verantwortung der palästinensischen Polizei.[166] Jedoch erfüllten beide Parteien die Vereinbarungen nicht, die sie eingegangen waren – das führte zu beidseitiger Frustration und Enttäuschung.

Mit der Ermordung des israelischen Premierministers Rabin war die Wende im Prozess *Land gegen Frieden* eingeläutet: Der nachfolgende Premierminister, Benjamin Netanyahu, versäumte es, das Wye I Memorandum von 1998, das die

163 Siehe hierzu: http://www.mfa.gov.il/mfa/peace%20process/guide%20to%20the%20peace%20process/ (14.08.08), Johannsen 2009, Rothstein/Ma'oz et al. 2002.

164 Im Zuge dieser wechselseitigen Anerkennung strich die PLO aus ihrer Charta den Paragraphen, der zur Vernichtung Israels aufrief.

165 Das *Gaza-Jericho Abkommen* wird auch als *Kairo Abkommen* bezeichnet.

166 Die Oslo II Vereinbarungen tragen auch den Titel *Israeli-Palestinian Interim Agreement on the West Bank and the Gaza Strip* oder *Vereinbarungen von Taba*.

Umsetzung der Oslo II Vereinbarungen vorantreiben sollte, zu implementieren. Ehud Barak, Premierminister seit 1999, scheiterte wiederum daran den Friedensprozess zu beleben, obwohl er das Wye II Memorandum unterzeichnete[167] und an den Camp David Verhandlungen im Jahr 2000 teilnahm.[168] Dies führte letztlich zum Kollaps des Friedensprozesses und zum Beginn der zweiten Intifada.[169] Die Politik Ariel Scharons, der seit 2001 israelischer Ministerpräsident war, zielte auf die völlige politische Isolation Jassir Arafats. Überdies initiierte Scharon den Bau der *Mauer*[170] und verfolgte die Politik der *gezielten Tötungen*.[171] Nach dem Tod von Jassir Arafat beendeten Mahmoud Abbas und Ariel Scharon Anfang 2005 das Ende der zweiten Intifada mit einem Waffenstillstand. Der Rückzug der israelischen Armee aus dem Gaza-Streifen im Herbst 2005 erwies sich als die letzte politische Entscheidung Ariel Scharons.[172]

Der Sieg der Hamas bei den palästinensischen Wahlen im Frühling 2006 gab dem Konflikt eine völlig neue Wendung.[173] Die israelische Regierung mit Ehud Olmert als Premierminister erkannte die neue palästinensische Regierung unter

167 Das Wye II Memorandum wird auch als *Sharm el Sheik Memorandum* bezeichnet. Die Konfliktparteien bekannten sich in diesem erneut zu den Oslo II Prinzipien und bekräftigten den Willen zur Umsetzung dieser Prinzipien. Daher beinhaltet dieses Memorandum weitgehend die in Oslo II und Wye I genannten Vereinbarungen.

168 Die Sicht auf das Scheitern der Verhandlungen von Camp David und die Zuschreibung der Verantwortung für den Misserfolg variiert stark zwischen den Konfliktparteien. Letztlich bestand bei diesen Verhandlungen zumindest erstmals theoretisch die Möglichkeit über alle Themen zu sprechen, d.h. auch die ursprünglich ausgeklammerten Themen wie Jerusalem, Flüchtlinge, Siedlungen etc. Überdies setzte Ehud Barak im Jahr 2000 den israelischen Rückzug aus dem Südlibanon durch.

169 Die Ursachen und Auslöser der zweiten Intifada sind ebenfalls umstritten: So handelte es sich bei dem Besuch Ariel Scharons auf dem Tempelberg um eine gezielte Provokation der palästinensischen Seite. Gleichzeitig deutet die palästinensische Reaktion auf diesen Besuch darauf hin, dass eine derartige Eskalation bereits in Planung gewesen war und es „lediglich“ eines Anlasses bedurfte.

170 Die so genannte Mauer ist ebenfalls sehr umstritten: Befürworter israelischer Politik sprechen oftmals vom *Sicherheitszaun*. Die israelische Seite begründet den Bau der Mauer mit dem Schutz der Bevölkerung vor palästinensischen Terroristen. Heftige Kritiker bezeichnen diese Mauer auch als *Separation Wall* oder *Apartheid Wall*. Insbesondere der Verlauf der Mauer – nämlich der Bau auf Territorium jenseits der Waffenstillstandslinie von 1949 – wird kritisiert. Für eine ausführliche Diskussion siehe unter anderem Bothe 2004.

171 Im Rahmen dieser Aktionen wurden zahlreiche Mitglieder der palästinensischen Führung getötet. Zu den prominentesten zählen Scheich Ahmed Jassin (Hamas Gründer) und Abdel Aziz al-Rantisi (Sprecher der Hamas im Gaza-Steifen).

172 Kurz nach dem Ausscheiden Scharons aus dem Amt verstarb auch Jassir Arafat. Ehud Olmert folgte Ariel Scharon und Mahmoud Abbas war der Amtsnachfolger Arafats.

173 Nur wenige Monate nach der Wahl der Hamas überfiel ein Kommando der Hizbullah eine israelische Patrouille an der israelisch-libanesischen Grenze und tötete und entführte mehrere israelischen Soldaten. Dies löste im Juni 2006 den so genannten Sommerkrieg Israels gegen die Hizbullah aus.

der Führung von Ismael Haniyeh von der Hamas nicht als Gesprächspartner an. Der politische und ökonomische Boykott, an dem sich auch die USA und die EU beteiligten, steigerte die innerpalästinensischen Spannungen. Nachdem auch die *Regierung der nationalen Einheit*, die im Frühjahr 2007 durch den saudischen König Abdallah vermittelt worden war, keine Fortschritte erreichte, eskalierten die Spannungen zwischen den rivalisierenden palästinensischen Gruppierungen zu offener Gewalt und kumulierten in der gewaltsamen Machtübernahme im Gaza-Streifen durch die Hamas im Sommer 2007 (Asseburg 2007). Hierauf reagierte die israelische Regierung mit der verstärkten Unterstützung der palästinensischen Interimsvertretung in der Westbank, die unter der Leitung von Salam Fayyad mehrheitlich aus Mitgliedern der Fatah bestand.[174] Die Konferenz von Annapolis im Herbst 2007, die von dem amerikanischen Präsidenten George W. Bush initiiert wurde, war ein weiterer Versuch den Friedensprozess zwischen Israelis und Palästinensern wieder zu beleben und die Bildung eines unabhängigen palästinensischen Staates zu erreichen. Erneut galt die so genannte *Roadmap* als Grundlage für die Gespräche zwischen den Parteien.[175] Die Tatsache, dass die Hamas nach wie vor die Herrschaft über den Gazastreifen innehat, erschwert nicht nur die innerpalästinensischen Beziehungen, sondern blockiert auch die Friedensgespräche. Innenpolitisch führt die Spaltung wiederholt zu gewaltsamen Auseinandersetzungen und gegenüber Israel und externen Vermittlern ist die palästinensische Regierung in der Westbank geschwächt, da sie nicht mit einer Stimme sprechen kann und nicht die gesamten (besetzen) Gebiete unter ihrer Verantwortung steht. Die Formel *Land gegen Frieden* funktioniert gerade unter diesen Bedingungen nicht mehr, da die palästinensische Regierung die Rückgabe von Territorium – oder Autonomie über Territorium – nicht mit Sicherheitsgarantien hinsichtlich des gesamten Territoriums beantworten kann.[176] Die wesentlichen Bestimmungsfaktoren des Konfliktes bleiben somit nach dem Scheitern

174 Die Unterstützung bestand in einem erneuten Austausch von Gefangenen, der Ankündigung einer Reduktion von Checkpoints und Straßensperren sowie dem vorläufigen Einfrieren von Siedlungsaktivitäten.

175 Vor dem Hintergrund der zweiten Intifada und dem kollabierenden Friedensprozess formierten sich die USA, Russland, die EU und die Vereinten Nation zum so genannten *Nahostquartett*. Die Mitglieder des Quartetts hatten zum Ziel den Friedensprozess wieder zu beleben und formulierten in diesem Zusammenhang die so genannte *Roadmap*. Dieses Dokument enthält mehr oder weniger konkrete Vorschläge dafür, wie eine Zweistaatenlösung und ein Friedensabkommen im Nahen Osten erreicht werden soll. Das Dokument wurde 2003 den Konfliktparteien übergeben. Diese wiederum stimmten den meisten der in dem Dokument enthaltenden Vorschläge zu und der UN-Sicherheitsrat akzeptierte das Dokument über die Annahme der Sicherheitsratsresolution 1515. Siehe hierzu auch Asseburg 2003.

176 Die israelische Offensive gegenüber der Hamas im Frühjahr 2009 wurde zwar von Solidaritätsbekundungen der palästinensischen Führung in der Westbank begleitet – letztlich blieb die Spaltung jedoch bestehen bzw. stabilisierte sich.

des Friedensprozesses bestehen:[177] Während die palästinensische Seite um territoriale Autonomie kämpft, verweist die israelische Seite auf ihre Sicherheitsbedürfnisse. Dies erschwert auch die Lösungssuche in den folgenden Problemfeldern.

5.2 *Versuche eine politische Ordnung zu etablieren*

Der Aufbau der politischen Institutionen, die als Voraussetzung für einen funktionierenden palästinensischen Staat gelten können, wurde durch die im politischen System angelegten unklaren Verantwortlichkeiten der Palätinensischen Autonomiebehörde (PNA) und der PLO stark erschwert:

> „While the PNA was the official governing body, much of the actual authority rested with the PLO. (...) Constitutionally, the executive branch needed the approval of the PLC for its major policies, but in reality the most important political and economic policies were formulated, implemented, and assessed by the executive authority alone, without PLC approval. The PLC passed important laws, but under the existing model, with the lack of clear constitutional order, not all laws adopted by the PLC found their way to the president's desk for signature. (...) Moreover, the executive disregarded many PLC decisions and laws in the areas of democracy, human rights, administration and budgets." (Amundsen/Ezbidi 2004: 144f)[178]

Spätestens nach den gescheiterten Verhandlungen von Camp David im Jahr 2000 und mit Beginn der zweiten Intifada, die kurz danach einsetzte, wurde dieser Prozess weiter beeinträchtigt (Amundsen/Ezbidi 2004: 141). Während der Intifada wurden außerdem Gebäude zerstört, die als Orte palästinensischer Politik neben der praktischen Funktion als Amtssitz oder Versammlungsort auch symbolische Bedeutung hatten, beispielsweise die Mukata, der Amtssitz Jassir Arafats, in Ramallah und das Orienthaus in Ostjerusalem.

Der Versuch der *Regierung der nationalen Einheit* zwischen 2006 und 2007 die Reform des Justizsektors voranzutreiben kam schließlich unter anderen auf Grund des politischen und wirtschaftlichen Boykotts durch die Mitglieder der internationalen Gemeinschaft gleichsam zum Stillstand. Außerdem wurde der Prozess davon behindert, dass keine Einigkeit darüber bestand, welche Rolle jeweils dem Justizministerium und dem Palästinensischen Obersten Gericht bei der Verwaltung der Gerichte zukommt (The World Bank 2007: 24). Auf der operati-

177 Zahlreiche Forscher erklären das Scheitern des Friedensprozesses mit der Machtasymmetrie zwischen den Konfliktparteien sowie der graduellen Umsetzung einzelner Vereinbarungen. Ein weiteres Argument bezieht sich auf den Einfluss von gut organisierten Gruppierungen auf Seiten beider Konfliktparteien, die den Friedensprozess strikt ablehnten. Siehe hierzu Ma'oz 2002, Rothstein 2002; Baumgart-Ochse 2008.

178 Die Abkürzung PLC steht für den *Palästinensischen Legislativrat*. Für eine Übersicht über die politischen Strukturen in den Palästinensischen Gebieten siehe Fischer 2006: 6f.

ven Ebene konnte die Zivil- und Strafgerichtsbarkeit zudem deswegen nicht effektiv arbeiten, weil die dafür notwendige Infrastruktur wie Polizeistationen oder rechtsmedizinische Labors während der Intifada zerstört wurden oder gar nicht erst voll ausgerüstet waren. Es gab also nicht ausreichend Fahrzeuge, Schutzhelme oder Computer. Außerdem mangelte es an professionellem Training für Mitarbeiter in den Bereichen Menschenrechtsschutz oder Handhabung von Feuerwaffen usw. (Palestine Ministry of Interior 2008: 1, 4f, 9).

Ein weiteres Defizit betrifft den Sicherheitssektor. Dieser ist ebenfalls auf Grund der diskontinuierlichen Entwicklung politischer Institutionen hoch fragmentiert, d.h. es existieren unterschiedliche Sicherheitseinheiten und parallel verlaufende Kommandoketten mit jeweils diffusen Verantwortlichkeiten (Amundsen/Ezbidi 2004: 149). Die Sicherheitssektorreform konnte erst wieder unter der Interimsregierung Salam Fayyads nach der Trennung des Gazastreifens von der Westbank 2008 aufgenommen werden (The World Bank 2007: 24). Eine weitere Schwierigkeit resultiert daraus, dass Fortschritte in der Sicherheitsreform eng von einer erfolgreichen Reform des Justizsektors und erfolgreichen Implementierung auf der operativen Ebene abhängen (Id'ais 2008).

Überdies beendete der internationale Boykott die Professionalisierung öffentlicher Institutionen, z.B. die Einführung elektronischer Personal- und Finanzsysteme, oder von Import- und Exportverfahren im Rahmen von Entwicklungszusammenarbeit auf der technischen Ebene. Die Rivalitäten zwischen den palästinensischen Gruppierungen resultierten nach den Wahlen 2006 zudem in einer Duplizierung von Verwaltungsstrukturen und Verantwortlichkeiten zwischen Westbank und Gaza (Interview #13, Ramallah, 08.11.2007). Auch hatten Mitglieder der öffentlichen Verwaltung Informationen und Arbeitsmaterial nicht an ihre Nachfolger weitergegeben, und gewaltsame Auseinandersetzungen hatten Infrastruktur wie Gebäude, Büros und Inventar zerstört.

Auf der Geberkonferenz im Dezember 2007, die den politischen Prozess von Annapolis flankierte, präsentierte die PNA einen umfassenden Reform- und Entwicklungsplan – *Palestinian Reform and Development Plan* (PRDP). Dieser deckte eine Periode von drei Jahren ab (2008-10) und befasste sich mit Fragen wie Institutionenreform, Management interner Verwaltungsabläufe oder Umsetzung der Herrschaft des Rechts in den palästinensischen Gebieten (Palestinian National Authority 2007). Eine wesentliche Schwierigkeit für den Aufbau einer politischen Ordnung besteht in der fortbestehenden politischen Spaltung zwischen Westbank und Gaza-Streifen. Diese hat sich seit 2007 sukzessive stabilisiert und macht die Durchführung von allgemeinen und freien Wahlen, die für die Legitimierung und damit für die Handlungsfähigkeit einer palästinensischen

Vertretung wichtig wäre, bislang unmöglich.[179] Gleichzeitig scheint unter einem technokratisch agierenden Premierminister Salam Fayyad zumindest der Reformprozess der öffentlichen Institutionen – Professionalisierung, Transparenz usw. – wieder in Gang zu kommen; weswegen auch das Schlagwort vom *Fayyadismus* die Runde macht (Brown 2009: 2).

5.3 Wirtschaftlicher Niedergang und Wirtschaftswachstum

Die israelische Wirtschaft ist trotz der hohen Kosten für Sicherheit und Verteidigung – der sogenannten Verteidigungslast – und trotz der gewaltsamen bis kriegerischen Auseinandersetzungen erfolgreich. Das Bruttoinlandsprodukt (BIP) wuchs im zweiten und dritten Quartal 2007 um mehr als fünf Prozent und die Arbeitslosenquote liegt über den gesamten Untersuchungszeitraum 2007-2009 zwischen sieben und acht Prozent.[180] Die Unternehmen können nach Expertenangaben auch in Phasen gewaltsamer Eskalation ihre Aufträge erfüllen. Die betroffenen Branchen – hierzu gehören Tourismus und Landwirtschaft – erholen sich nach einem Konflikt relativ rasch (Interview #25, Tel Aviv, 19.05.2008)[181] Im Gegensatz dazu haben mit der zweiten Intifada nahezu alle palästinensischen Arbeitnehmer, die in Israel tätig waren, ihre Anstellung verloren.[182] Die palästinensische Wirtschaft verzeichnete in der vergangenen Dekade einen schmerzhaften Einbruch: So fiel das BIP pro Kopf von 1612 US-Dollar im Jahr 1999 auf 1129 US-Dollar im Jahr 2006. Auch im Jahr 2009 ist das BIP pro Kopf – obgleich sich eine wirtschaftliche Erholung in der Westbank abzuzeichnen scheint – nach wie vor um circa ein Drittel niedriger als im Jahr 1999 (The World Bank 2009: 10). Dementsprechend hoch ist die Arbeitslosenquote. Diese lag im letzten Quartal des Jahres 2009 bei 18% in der Westbank und 39 % im Gaza Streifen (The World Bank 2010: 12). Vor diesem Hintergrund ist auch die humanitäre Si-

179 Freedom House bewertet die Palästinensischen Gebiete in dem *Freedom in the World 2010* Index dementsprechend in beiden Kategorien (*political rights/civil liberties*) als *not free*. Die Ratings liegen jeweils auf Stufe 6 bei einer Skala von 1-7 (1 entspricht *most free* und 7 entspricht *least free*), siehe: http://www.freedomhouse.org (06.06.10) oder Puddington 2010: 16.

180 Das BIP ist – bis zum Beginn der Finanzkrise Ende 2009 – ebenfalls stabil und erholt sich dann rasch (Bank of Israel 2007: 3, 5; Bank of Israel 2009: 3, 6).

181 Nach Interviewangaben sind lediglich der *brain drain* von Fachkräften ins (friedlichere) Ausland für das Hochtechnologieland Israel potenziell ein Problem. Zudem hat Israel auf Grund des arabischen Boykotts keinen großen regionalen Absatzmarkt für seine Produkte. Insgesamt stehen die Auswirkungen des Konfliktes nicht im Zentrum der aktuellen Wirtschaftsdiskussionen in Israel (Interview #26, Tel Aviv, 25.10.2007).

182 Anstelle palästinensischer Arbeitnehmer wurden neben Israelis insbesondere Arbeitnehmer aus China und Thailand eingestellt (Interview #27, Tel Aviv, 31.10.2007).

tuation in den palästinensischen Gebieten sehr schwierig. So liegt die Armutsquote der palästinensischen Haushalte in der Westbank bei 23, 6% und bei 55,7 % im Gaza Streifen (UNDP 2010: 40).[183]

Da ein großer Anteil der Bevölkerung in den palästinensischen Gebieten sehr jung ist, sind die hohe Arbeitslosenquote und die aussichtlose humanitäre Situation überaus problematisch für weitere Entwicklungen (Passia 2008: 336; Palestinian Central Bureau of Statistics 2008: 12). Um der Armut zu entkommen, wurden sehr viele Palästinenser, die ihren Arbeitspatz in Israel verloren haben und keinen Arbeitsplatz auf dem freien Arbeitsmarkt fanden, in den öffentlichen Sektor integriert. Dies führte jedoch zu einer immensen Aufblähung der Ausgaben des öffentlichen Sektors und förderte Korruption und Patronage.

Zu weiterer Intransparenz und vor allem zur Fragementierung der öffentlichen Finanzverwaltung der PNA führte der politische Boykott der *Regierung der nationalen Einheit*, da man die finanzielle Unterstützung der palästinensischen Bevölkerung unter Umgehung der Regierung versuchte fortzusetzen (The World Bank 2007: 25f).[184] Die Interimsregierung, die sich nach dem Auseinanderbrechen der Einheitsregierung unter Salam Fayyad etablierte, versuchte diesem Problem mit dem im vorherigen Kapitel angesprochenen Reform- und Entwicklungsplan, dem PRDP, zu begegnen. Die von der *Coalition for Accountability and Integrity* im Jahr 2009 durchgeführte *National Integrity System Studie* verweist auf Fortschritte im Kampf gegen Korruption – so wurde beispielsweise die *National Higher Anti-Money Laundering Comission* in Übereinstimmung mit dem 2007 unterzeichneteten Memorandum zur *United Nations Convention Against Corruption* (UNAC) eingerichtet. Allerdings steht nach wie vor die Einführung und Implementierung grundlegender Maßnahmen aus, z.B. Umsetzung gesetzlicher Regelungen zur strafrechtlichen Verfolgung von Korruption, Bewusstseinsschaffung im öffentlichen Sektor für Korruption als Problem, Einführung regelmäßiger Finanzberichterstattung und entsprechender Kontrollinstitutionen usw. (Coalition for Accountability and Integrity 2009: 23f).[185]

183 Ein Haushalt gilt als arm wenn zwei Erwachsene und vier Kinder mit weniger rund 581 US Dollar pro Monate auskommen müssen (UNDP 2010: 40).

184 Zudem waren die Struktur und Aufteilung der öffentlichen Finanzverwaltung durch die institutionelle Doppelstruktur mit PNA und PLO bereits vor dem Boykott fragmentiert und intransparent.

185 Die Studie wurde mit finanzieller Unterstützung von United States Agency for International Development (USAID) und in Zusammenarbeit mit Transparency International (TI) durchgeführt. Das *National Integrity System* (NIS) wurde von TI zur Bekämpfung von Korruption entwickelt. Die Analyse des NIS basiert auf der Erhebung und Analyse der Qualität der Institutionen, die im Kampf gegen Korruption als relevant angesehen werden. Hierunter fällt beispielsweise die Analyse der existierenden Gesetze, die Analyse von Gesetzgebungsverfahren, Untersuchung von Whistleblowing- oder Ombudsmannaktivitäten, Analyse der Unabhängigkeit der Justiz oder des Engagements verschiedener

Insgesamt besteht eine wesentliche Schwierigkeit jedoch auch darin, die über die Jahre entstandenen Strukturen der palästinensischen Ökonomie zu überwinden. Das Paris Protokoll (1994), das integraler Bestandteil der Oslo I Vereinbarungen ist und die wirtschaftlichen Beziehungen zwischen den Konfliktparteien regelte, gab zwar die Bildung eines israelisch-palästinensischen Wirtschaftskomitees vor und führte grundlegende Regeln zu Einfuhr- und Zollpolitik, Währungs- und Steuerfragen, Arbeitskräften oder Landwirtschaft, Industrie und Tourismus ein, es berücksichtigte jedoch nicht die asymmetrische Verhandlungsposition der Konfliktparteien und die unterschiedlichen strukturellen Charakteristika der palästinensischen und der israelischen Ökonomien.[186] Dies führte dazu, dass die palästinensische Seite bei zentralen Infrastrukturfragen – Telekommunikation, Energie usw. – letztlich von den Entscheidungen Israels abhängig war (Khatib 2010: 154f; Johannsen 2009: 89).

Exemplarisch hierfür sind auch der Zugang und die Verteilung der Wasservorräte. Da bedeutsame Wasservorräte unter der Westbank lagern, war dieser Aspekt auch Teil der Verhandlungen während der Friedensgespräche (Wolf 1996: 14). Die strategisch bessere Ausgangsposition und die größere politische Macht erlauben es Israel große Anteile der regionalen Wasserressourcen jede Saison zu verbrauchen. Zudem verfügt das Land über ausreichend finanzielle Kapazitäten um Wasser zu importieren und kostspielige Wasserwiederaufbereitungsanlagen und Entsalzungsanlagen zu bauen. Im Gegensatz dazu erhält die Palästinensische Autonomiebehörde weder einen entsprechenden Anteil an den Wasservorräten in der Region noch besitzt diese die finanziellen Ressourcen um Entsalzungsanlagen usw. zu bauen.

Eine ähnliche Kluft ist im Bereich des Tourismus zu identifizieren (Fischer 2010b). So befinden sich in Bethlehem und Ostjerusalem – insbesondere für religiösen Tourismus – zentrale touristische Stätten. Allerdings zeigt sich, dass beispielsweise nur ein Drittel der nach Israel einreisenden Touristen auch Bethlehem besuchen (Ashkenazi/Greenapple 2009: 38). Überdies übernachten die meisten Reisenden nicht in von Palästinensern geführten Hotels in Bethlehem oder Ostjerusalem (The Peres Center for Peace/Paltrade 2006: 67). Regelungen im Anhang des Paris Protokoll von 1994, die eine bessere Koordination zwischen Israel und palästinensischen Tourismusbehörden, eine Erleichterung des Zugangs zu den touristischen Stätten in den Palästinensischen Gebieten oder

Akteure wie NROs, Unternehmen usw. In dem von TI regelmäßig erstellten *Corruption Perception Index* sind die Palästinensischen Gebiete jedoch nicht als Einheit aufgenommen. Siehe: http://www.transparency.org/regional_pages/africa_middle_east (20.05.10).

186 Die Inhalte des Paris Protokoll (1994) können nachgelesen werden unter: http://www.mfa.gov.il/MFA/Peace%20Process/Guide%20to%20the%20Peace%20Process/Agreement%20on%20Preparatory%20Transfer%20of%20Powers%20and%20Re (03.02.11)

auch ein gemeinsames Marketing der Region vorsahen, wurden bislang jedoch nicht umgesetzt (Dajani/Dayan et al. 2006: 384).

In den dennoch bestehenden Produktionssektoren operieren mehrheitlich KMUs – die palästinensische Wirtschaft verzeichnet lediglich einige wenige große Unternehmen im Pharmabereich oder im Stein und Marmor verarbeiteten Gewerbe. Neben der Textil- und Lederverarbeitung sowie dem Möbelhandwerk entfällt ein weiterer Teil auf die Lebensmittelverarbeitung (Interview #13, Ramallah, 08.11.2007). Da sich der Konflikt im Wesentlichen auf den Kampf um Territorium konzentriert, sind Unternehmen, deren Aktivitäten auf einer funktionierender Infrastruktur beruhen, mit zahlreichen Problemen konfrontiert. Güter – beispielsweise landwirtschaftliche Produkte – sowie Arbeitnehmer, unter anderem auch Reiseleiter, können die Straßensperren in der Region oft nur unter großen Schwierigkeiten überwinden. Das im Jahr 2005 unterzeichnete *Agreement on Movement and Access* (AMA), das den Zugang zu und aus den palästinensischen Gebieten regeln sollte, wurde nicht implementiert (The World Bank 2007: 17-22).

Insgesamt hat auf Grund der Verschränkung der palästinensischen und der israelischen Ökonomie in der Vergangenheit in den Palästinensischen Gebieten nur sehr eingeschränkt eine eigenständige Wirtschaftsentwicklung stattgefunden. Vaggi und Baroud bezeichnen die Struktur der Ökonomie in den Palästinensischen Gebieten als Einkommensökonomie. Die israelische Wirtschaft stellt in dieser Sicht eine Produktionsökonomie dar, die überdies in die Weltwirtschaft integriert ist (Vaggi/Baroud 2005: 7). Im Gegensatz dazu sind die Palästinensischen Gebiete von internationalen Gebern und Rücküberweisungen von Exilanten abhängig (Vaggi/Baroud 2005: 3). Um diese Abhängigkeit zu lösen sind beispielsweise ausländische Investitionen von großer Bedeutung.[187]

5.4 *Sozio-kulturelle Konsequenzen*

Die negativen Auswirkungen des Konfliktes auf die beiden Gesellschaften haben sich in den vergangenen Jahren aus verschiedenen Gründen zunehmend verschärft: Der Optimismus, den ein Großteil der Israelis und der Palästinenser Mitte der 1990er Jahre teilten, schwand im Zuge des immer stockender vorangehenden Friedensprozesses. Die wiederkehrenden Ausbrüche unterschiedlichster Formen von Gewalt führten auf beiden Seiten zu einer Traumatisierung der Bevölkerungen. Im Jahr 2005 registrierte das UN-Hilfswerk für palästinensische

187 Vor diesem Hintergrund wurde 2008 die *Palestine Investment Conference* in Bethlehem unter anderem mit finanzieller Unterstützung der EU durchgeführt. Siehe: http://www.pic-palestine.ps/index.php (20.05.10).

Flüchtlinge (UNRWA) an die 4,4 Millionen palästinensischer Flüchtlinge. Die meisten dieser Flüchtlinge leben in Flüchtlingscamps in der Westbank, im Gaza-Streifen oder in benachbarten arabischen Ländern.[188] Da während der zweiten Intifada nahezu alle Palästinenser ihre Anstellung in den israelischen Gebieten verloren haben, treffen die Menschen nicht mehr im alltäglichen Miteinander – als Zivilisten – aufeinander. Der seltene Kontakt zwischen den Bevölkerungen ist oftmals von negativ besetzten Interaktionen geprägt, z.B. an den Checkpoints zwischen den Soldaten und den palästinensischen Einreisewilligen. Diese Ausgangssituation bestärkt somit gesellschaftliche Narrative, die die Rolle der jeweils anderen Seite im Konflikt überaus negativ zeichnen. Dieser Prozess prägt schließlich die gegenseitige Wahrnehmung der Bevölkerungen und damit die Möglichkeit, einen Friedensprozess auf gesellschaftlicher Ebene einzuleiten (Salomon 2004). Dieser Prozess ist besonders gravierend für die Mitglieder der jüngeren Generationen, die nicht über einen positiven Erinnerungsvorrat hinsichtlich der Interaktion zwischen den Bevölkerungen verfügen. Diese haben nie mit Mitgliedern „der anderen Seite“ zusammengearbeitet, und ihnen fehlt die Erfahrung der politischen Atmosphäre der 1990er, in der eine politische Lösung des Konfliktes möglich schien. Ein Großteil der jüngeren Generation hat keine Periode ohne Krieg und Gewalt erfahren.

Insgesamt baut sich das Bild von „der anderen Seite“ somit nicht mehr in der täglichen persönlichen Interaktion auf, sondern wird über weite Strecken medial vermittelt. Dass die Medien dieser Verantwortung oftmals nur bedingt nachkommen, stellt ein weiteres Problem dar. Mediale Berichterstattung, die gegen die andere Partei Stimmung macht und Vorurteile und Stereotypen verstärkt, vergrößert die Kluft zwischen den Bevölkerungen zusätzlich. Überdies – und hiervon sind erneut vor allem die jüngeren Generationen betroffen – sind partiell auch die Bildungssysteme von diesen Entwicklungen betroffen (Adwan 2008). So erreichen wiederholt Debatten über Schulbücher in israelischen wie palästinensischen Schulen die Öffentlichkeit, die darauf hinweisen, dass die Wahrnehmung der anderen Seite stark durch den Konflikt verzerrt ist, diese Wahrnehmung jedoch auch über offiziellen Stellen transportiert wird (Oren/Bar-Tal et al. 2004).

188 Die UNRWA Definition lautet: „Palestine refugees are persons whose normal place of residence was Palestine between June 1946 and May 1948, who lost both their homes and means of livelihood as a result of the 1948 Arab-Israeli conflict.“ Siehe: http://www.un.org/unrwa/refugees/whois.html (09.03.08).

5.5 *Resümee*

Die Misserfolge, den israelisch-palästinensischen Konflikt einer politischen Lösung zuzuführen, resultieren regelmäßig in gewaltsamen Auseinandersetzungen zwischen Israelis und Palästinensern. Diese Ausbrüche bergen immense Konsequenzen für das *kulturelle Gedächnis* der Gesellschaften sowie für den Aufbau einer politischen Ordnung im Allgemeinen und den wirtschaftlichen Aufbau in den Palästinensischen Gebieten im Besonderen. Diese Entwicklungen wiederum erschweren die Neuaufnahme von Verhandlungen sowie den erfolgreichen Abschluss von Verhandlungen. Mit Blick auf die Konzeption der abhängigen Variable und den verschiedenen (inhaltlichen) Dimension von Unternehmensengagement gehört zu dem konfliktrelevanten Engagement im sozio-politischen Bereich beispielsweise die Förderung der Menschenrechte, die Bekämpfung der Korruption oder die Etablierung der Herrschaft des Rechts. Zu dem konfliktrelevanten Engagement im sozio-ökonomischen Bereich können die Unterstützung bei der Entwicklung eines unabhängigen Wirtschaftssektors, die Förderung von Auslandsinvestitionen oder der Schutz wichtiger Ressourcen (Wasser, Land) gerechnet werden. Konfliktrelevantes Engagement im sozio-kulturellen Bereich könnte in der Durchführung von Dialogveranstaltungen mit Mitarbeitern aus der Konfliktregion oder der Unterstützung von Projekten für Journalisten in der neutralen medialen Berichterstattung bestehen. In den anschließenden Kapiteln soll nun untersucht werden, ob und unter welchen Bedingungen Reiseanbieter sich für die Bewältigung einzelner Probleme in den genannten Feldern engagieren und auf diese Weise (potenziell) zu Frieden in der Region beitragen.

6. Unternehmensengagement für Frieden in Israel und den Palästinensischen Gebieten

Bei den sechs Unternehmen, die im Folgenden untersucht werden, handelt es sich um die TUI AG, Touristik der REWE Group, Studiosus München GmbH, Near East Tourist Agency, Laila Tours & Travel und Alternative Tourism Group.[189]

In einem ersten Schritt gilt es den Erklärungsfaktoren und Mechanismen der in Kapitel 2.2 formulierten Hypothesen nachzugehen. Auf dieser Grundlage ist dann eine Aussage darüber möglich, welches Engagement von den Reiseanbietern erwartet werden kann.[190] Im zweiten Schritt wird das Engagement der sechs Unternehmen, gereiht nach dem jeweiligen Heimatstaat und der Unternehmensgröße, in strukturierten fokussierten Fallstudien beschrieben und auf seinen potenziellen Beitrag zu Frieden in der Konfliktregion analysiert. Das erhobene Engagement deckt den Zeitraum 2007 bis 2009 ab. Die sechs Fallstudien sind fokussiert, da sie alle das Unternehmensengagement in Konfliktregionen entsprechend der in Kapitel 3.3 vorgenommenen Konzeption erfassen. Zudem strukturieren drei Leitfragen die Fallstudien, um die Vergleichbarkeit zu gewährleisten:[191]

(a) Wie ist das Unternehmensportrait beschaffen?[192]
(b) Wie ist das Engagement des Unternehmens strukturiert?[193]
(c) Wie ist das Engagement des Unternehmens entsprechend der konzeptionellen Überlegungen der abhängigen Variable einzuordnen?[194]

189 Im Folgenden werden mit Ausnahme der Kapitelüberschriften und der Unternehmensportraits jeweils Namensabkürzungen für die Unternehmen verwendet. Diese Abkürzungen sind wie folgt: TUI (TUI AG), REWE Touristik (Touristik der REWE Group), Studiosus (Studiosus München GmbH), NET (Near East Tourist Agency), Laila Tours (Laila Tours & Travel), ATG (Alternative Tourism Group).

190 Dieser Schritt entspricht dem zweiten Schritt einer Kongruenzanalyse (siehe Kapitel 4.3).

191 Die methodischen Grundüberlegungen hierzu können in Kapitel 4.3 nachgelesen werden.

192 Die Unterfragen lauten: Wie groß ist das Unternehmen? Wie ist die Unternehmensstruktur beschaffen? In welchem Segment ist das Unternehmen aktiv? Wo in der Konfliktregion operiert das Unternehmen?

193 Wozu verpflichtet sich das Unternehmen? Wie werden Verpflichtungen umgesetzt? Welche *freien Aktivitäten* hat ein Unternehmen? Wie erfolgt *just doing business*?

194 Welche Form von Engagement dominiert? In welchem Bereich engagiert sich das Unternehmen? Wie verhält sich das Engagement zum Nahostkonflikt?

Der dritte Schritt, die abschließende Analyse dieses empirischen Materials, nimmt drei verschiedene Perspektiven ein: Zunächst werden die Erkenntnisse zusammengefasst, die ein „erster Blick" auf die empirischen Befunde ergibt. Dann gilt es das erhobene Unternehmensengagement inhaltlich mit dem Engagement abzugleichen, das die in Kapitel 2.2 aufgestellten Hypothesen zum Engagement der Reiseanbieter formulieren.[195] Abschließend wird das Engagement der Unternehmen im Querschnitt verglichen. Am Ende dieses Kapitels steht der Befund, dass sich die hohen Erwartungen an ein Engagement der Reiseanbieter in der ausgewählten Konfliktregion nicht bestätigen. Gleichwohl weichen zwei Unternehmen von diesem Gesamtbild ab.

6.1 Hypothesen zum Engagement der Tourismusbranche

Die eingangs formulierten Hypothesen zum Engagement der Tourismusbranche besagen, dass sich Reiseanbieter in Konfliktregionen engagieren, wenn der Zustand der Destination bedroht ist und die Reisenden auf Konflikte sensibel reagieren. Dieses Engagement erfolgt, weil das Reiseangebot von der Intaktheit der Destination und der Reiseverkauf von der Nachfrage der Konsumenten abhängen. Um eine Vermutung zum Engagement der Reiseanbieter in der ausgewählten Konfliktregion anstellen zu können, wird im folgenden Kapitel den in diesen Hypothesen formulierten Faktoren und Mechanismen nachgegangen. Folgende Erkenntnisse ergibt die empirische Untersuchung:

Die ausgewählten lokalen Unternehmen thematisieren sehr konkret die Probleme, die in der Destination aus dem Konflikt resultieren. So wird erwähnt, dass die für den Tourismus wichtige Infrastruktur in der Destination – touristische Sehenswürdigkeiten, Verkehrsverbindungen oder Unterbringungsmöglichkeiten – auch an touristisch relevanten Orten durch den Konflikt beeinträchtigt, gesperrt oder beschädigt wurde (Interview #11, Jerusalem, 30.05.2008; Interview #12; Beit Sahour, 05.06.2008). Es sind unter anderem die Verkehrsverbindungen zwischen Jerusalem und Bethlehem durch Checkpoints unterbrochen, die Altstadt von Jericho wegen Sicherheitsmaßnahmen für die israelischen Siedler teilweise gesperrt und Übernachtungsmöglichkeiten in Bethlehem im Rahmen von gewaltsamen Auseinandersetzungen beschädigt worden.[196] Damit beeinträchtigt der Konflikt zwischen Israelis und Palästinensern offensichtlich den Zustand der

195 Damit wird der dritte Schritt der Kongruenzanalyse, die Untersuchung des empirischen Materials auf Kongruenz mit dem vermuteten Ergebnis, vollzogen (siehe auch Kapitel 4.3).

196 Siehe: http://www.annadwa.org/german.htm (02.09.10); http://www.annadwa.org/german.htm (02.09.10).

Destination. Eine Reise, bestehend aus Anfahrt, Unterbringung, Besuch der Sehenswürdigkeiten und Transfer zwischen den Attraktionen, kann in dieser Region nur unter erschwerten Bedingungen durchgeführt werden. Die international bzw. transnational operierenden Reiseanbieter thematisieren die Bedeutung der Intaktheit der Destination für die Durchführung von Reisen aus allgemeiner Perspektive. Direkt auf der Eingangsseite des Umweltmanagements der TUI bekennt das Unternehmen: „[E]ine intakte Umwelt ist die natürliche Voraussetzung für ‚Schöne Ferien'!".[197] Diese Sichtweise formuliert auch der Nachhaltigkeitsbericht der TUI Travel PLC:[198]

> „We know we need to play our part in reducing our carbon emissions, limiting the amount of water we use (directly or indirectly) and to protect biodiversity as this forms an integral part of our product which our customers experience when on holiday." (TUI Travel PLC 2008: 4)

Eine vergleichbare Perspektive nimmt REWE Touristik ein. Das Unternehmen betont, dass das touristische Produkt in der Destination entsteht und konsumiert wird. Die Reisenden könnten somit mögliche Qualitätsmängel, z.B. unreines Wasser, Müllkippen, Kriminalität oder soziale Ungleichheit, direkt wahrnehmen. Studiosus äußert sich in seinem Nachhaltigkeitsbericht ebenfalls zur Rolle der ökologischen und sozialen Rahmenbedingungen in einer Destination:

> „[D]er Schutz der intakten Natur und der gewachsenen soziokulturellen Strukturen in den Gastgeberländern ist von ausschlaggebender Bedeutung. Ganz besonders für uns als Reiseveranstalter." (Studiosus, Nachhaltigkeitsbericht 2008, S. 1)

Insgesamt geben die Reiseanbieter an, dass der Konflikt den Zustand der Destination negativ beeinflusst (hat). Zudem ist es für die Unternehmen nach eigener Auskunft von großer Bedeutung, dass die Destination intakt ist.[199]

Zum zweiten Einflussfaktor, der Konfliktsensibilität der Reisenden, erhält man von den ausgewählten Unternehmen nahezu deckungsgleiche Angaben. Alle lokalen Reiseanbieter verzeichnen nach Beginn des Friedensprozess 1993/1994 einen Anstieg der Reisenden. Das Jahr 2000 gilt als Höhepunkt für den Tourismus in der Region. Mit Beginn der zweiten Intifada bricht der Tou-

197 Siehe http://www.tui-deutschland.de/td/de/qualitaetumwelt/umwelt/index.html (22.07.10); http://www.tui.com/top-menu/service/tui-qualitaets-und-umweltmanagement (28.07.10).

198 Die TUI Deutschland ist eine Beteiligungsgesellschaft der TUI Travel PLC. Aus diesem Grund ist der Nachhaltigkeitsbericht für die TUI Deutschland auch bei der TUI Travel PLC verortet. Siehe hierzu auch Kapitel 6.2.

199 Die Unterschiede in den Aussagen der Unternehmen zu den Erklärungsfaktoren und Kausalmechanismen der Hypothesen ergeben sich daraus, dass die lokalen Unternehmen nahezu ausschließlich in der Konfliktregion operieren. Sie sind also direkt von dem Konflikt in der Nahostregion betroffen. Im Gegensatz dazu erstellen die transnational bzw. international operierenden Reiseanbieter Reiseangebote für zahlreiche Destinationen und thematisieren daher den Zustand von Destinationen für das Reiseangebot eher allgemein.

rismus in der Region jedoch ein und erholt sich seit 2005 – unterbrochen durch den Libanon-Krieg 2006 und den Auseinandersetzungen zwischen Hamas und Fatah – langsam wieder (Interview #12; Beit Sahour, 05.06.2008; Interview #11, Jerusalem, 30.05.2008). Dies spiegeln auch Statistiken zum Reiseverhalten in der Region wider. So reisten im Jahr 2000 2,7 Millionen Touristen nach Israel und rund 1,1 Millionen hiervon besuchten die Palästinensischen Gebiete. Mit Beginn der zweiten Intifada brach die Zahl der Reisenden radikal ein – so fiel die Zahl der Hotelgäste in den Palästinensischen Gebieten um 81 Prozent. Einen leichten Aufwärtstrend gab es erst zwischen 2003 und 2005, allerdings lagen die zentralen Indikatoren (Hotelübernachtungen, Gewinne vom Souvenirverkauf) im Jahr 2005 nach wie vor 60 bis 70 Prozent unterhalb der Jahr-2000 Marke (Dajani/Dayan et al. 2006: 383f; The Peres Center for Peace/Paltrade 2006: 67-69). Diese Kundensensibilität ist auch bei Studiosus bekannt. So wurden nach dem Libanon-Krieg 2006 zahlreiche Reiseangebote wegen fehlender Nachfrage aus dem Programm genommen (Interview #4, München, 19.10.2007). Und nach Angaben der TUI folgt einem Krisenereignis, beispielsweise einem terroristischem Anschlag, ein rascher und starker Einbruch der Nachfrage. Zudem beobachtet das Unternehmen ein gestiegenes Sicherheitsbedürfnis der Reisenden (Interview #2, Hannover, 16.10.2008).

Insgesamt verweisen diese Aussagen und Daten darauf, dass der Zustand der jeweiligen Destination für die untersuchten Reiseanbieter von großer Bedeutung ist. Das Moment der Konfliktsensibilität der Reisenden bestätigen neben den Aussagen der Reiseanbieter auch quantitative Erhebungen. Die in den Hypothesen genannten Einflussfaktoren für touristisches Unternehmensengagement lassen damit die begründete Vermutung zu, dass sich die Reiseanbieter in der Konfliktregion engagieren. Diesem (vermuteten) Engagement soll in den folgenden Kapiteln im Rahmen der sechs strukturierten fokussierten Unternehmensfallstudien nachgegangen werden. Die Fallstudien beginnen jeweils mit einem Unternehmensportrait, beschreiben dann das Engagement der Unternehmen und analysieren dieses schließlich unter dem Gesichtspunkt des potenziellen Beitrages zu Frieden in der Konfliktregion.

6.2 *TUI AG (TUI)*

6.2.1 Unternehmensportrait der TUI AG

Im Jahr 1968 gründeten mehrere Reiseanbieter die Touristik Union International (TUI) mit der Unternehmenszentrale in Hannover in Deutschland.[200] Während das Unternehmen in den Folgejahren expandierte, wurde die TUI Gruppe schrittweise von der deutschen Preussag AG, einem Industrieunternehmen, übernommen. Im Jahr 2000 entschied die Geschäftsleitung der Preussag AG die Umwandlung des Unternehmens in ein Dienstleistungsunternehmen. Vor diesem Hintergrund wurden die industriellen Anteile veräußert und die Aktivitäten im Tourismussektor verstärkt. Im Jahr 2001 wurde die Übernahme der TUI erfolgreich abgeschlossen und im darauf folgenden Jahr 2002 benannte sich die Preussag AG in TUI AG um. Mehrere Jahre hatte die TUI AG zwei operative Säulen – die Containerschifffahrt und den Tourismus. Seit März 2009 ist der Tourismus das einzig verbliebene Standbein der TUI AG.[201] Die Unternehmensgruppe wird als integrierter Tourismuskonzern bezeichnet. Dies bedeutet, dass die Aktivitäten unter dem Dach der TUI AG das gesamte Spektrum der touristischen Wertschöpfungskette abdecken, d.h. Reiseanbieter, Reisevermittlung, Transportwesen sowie Beherbergungswesen.[202] Vor diesem Hintergrund kann TUI auch – entsprechend der Unterscheidung in Kapitel 3.1 – als transnationales Unternehmen bezeichnet werden. Im Jahr 2009 belief sich der Umsatz der TUI Gruppe insgesamt auf 13,1 Milliarden Euro. Rund 13 Milliarden Euro wurden durch den Tourismus in die Gruppe eingebracht. In diesem Segment sind rund 64.000 Arbeitnehmer beschäftigt (TUI AG 2010a: 2).

Für die folgende Beschreibung und Analyse muss berücksichtigt werden, dass nicht nur auf der Ebene des Konzerns Unternehmenspolitiken und Aktivitäten in den Bereichen Umweltschutz und nachhaltige Entwicklung existieren. Vielmehr haben auch die einzelnen Beteiligungsgesellschaften innerhalb der TUI Gruppe

200 Die Reiseanbieter, die die TUI gegründet haben, waren Touropa, Scharnow-Reisen, Hummel Reise and Dr. Tigges-Fahrten.

201 Für weitere Informationen siehe unter anderem Freyer 2006: 219-221; TUI AG 2010b; TUI AG o.J.-b.

202 Nach Harald Bastian und Karl Born können lediglich drei Tourismusunternehmen der deutschen Tourismusbranche als integrierte Reiseanbieter bezeichnet werden. Hierzu gehören die TUI AG und die Thomas Cook AG sowie – zu einem geringeren Anteil – auch die Touristik der REWE Group. Integrierte Reiseanbieter zeichnen sich dadurch aus, dass sie die unterschiedlichen Leistungen der touristischen Wertschöpfungskette unter einem Dach bündeln. Neben dieser so genannten vertikalen Integration weisen diese Anbieter zudem eine starke internationale Integration auf (Bastian/Born 2004: V).

Politiken und Aktivitäten entwickelt.[203] Aus diesem Grund berücksichtigt diese Fallstudie nicht nur die Politiken und Aktivitäten auf Ebene der TUI AG, sondern auch der TUI Deutschland GmbH. Diese wurde 1999 gegründet und ist eine Beteiligungsgesellschaft der TUI Travel PLC, welche wiederum als Tochter der TUI AG geführt wird.[204] Die TUI Deutschland GmbH ist Marktführer im deutschen Tourismusmarkt (DRV 2009: 15). Außerdem besitzt die TUI Deutschland GmbH bereits seit 1990 eine Umweltmanagementabteilung. Dieses Engagement wurde schließlich auch auf den Konzern übertragen und auf dieser Ebene zusätzlich „auf alle weiteren Themenschwerpunkte der Nachhaltigkeit [ausgeweitet, SF]" (Fragebogen #2, Hannover, 07.11.2008).

Insgesamt bietet die TUI AG für die Region sowohl pauschale Rundreisen als auch Übernachtungen in Hotels für Individualreisende an. In den saisonalen Katalogen aus den Jahren 2007 bis 2009 konnten interessierte Reisende allerdings ausschließlich Hotelaufenthalte in Israel – z.B. Jerusalem, Tel Aviv, Ein Bokek oder Eilat usw. – wählen. Reiseangebote für die Palästinensischen Gebiete bestehen nur sehr eingeschränkt. Exemplarisch ist das jüngste Angebot des Jahres 2010. Dieses enthält einen Halbtageausflug nach Bethlehem ohne Übernachtung im Rahmen einer Rundreise.[205]

6.2.2 Wie ist das Engagement des Unternehmens strukturiert?

Zwischen Herbst 2008 und Frühjahr 2009 hat die TUI AG einen *Verhaltenskodex* entwickelt, der nach Angaben des Unternehmens nicht nur als Leitbild dient, sondern auch Mindeststandards für Handlungen und Entscheidungen des Unternehmens im Kerngeschäft festlegt (TUI AG o.J.-a: 3).[206] Dieser Verhaltenskodex

203 Derzeit besteht das touristische Segment der TUI AG aus drei Töchtern: der TUI Travel PLC, der TUI Hotels & Resorts und der TUI Cruises.

204 Um das Engagement des Unternehmens präzise abzubilden, wird von der verwendeten Abkürzung TUI abgewichen und explizit von der TUI Deutschland GmbH, der TUI Travel PLC oder der TUIfly gesprochen, wenn Unternehmenspolitiken oder Aktivitäten auf der Ebene einer Beteiligungsgesellschaft beschrieben werden. Die TUI Deutschland GmbH ist für diese Fallstudie unter anderem deswegen relevant, weil diese wie erwähnt als erste Beteiligungsgesellschaft ein Umweltmanagementsystem eingeführt hat. Für weitere Informationen siehe: http://www.tui-deutschland.de/td/de/unternehmen/unternehmen_im_ueberblick/geschichte/index.html (16.04.10).

205 Siehe hierzu den TUI Onlinekatalog 2010 *Ägypten, Tunesien* (Seiten 188-199), http://www.tui-onlinekatalog.de/index.php?cid=8339 (31.05.10).

206 Der auf der Homepage einsehbare Verhaltenskodex der TUI AG trägt die Angabe *Stand August 2008* (TUI AG 2008: 2). Interviewanfragen ergaben einen Termin für die öffentliche Bekanntgabe im Frühjahr 2009 (Fragebogen #2, Hannover, 07.11.2008).

deckt unter den Überschriften *Respekt und Ehrlichkeit* sowie *Ethik und Geschäftsmethoden* auch die Themen Menschenrechte und Antikorruption ab:

> „TUI bekennt sich zur Achtung und Einhaltung der Menschenrechte."
>
> „TUI respektiert die persönliche Würde und die Persönlichkeitsrechte jedes Einzelnen. Eine unterschiedliche Behandlung wegen der Nationalität, des Geschlechts, der Rasse, der Hautfarbe (...) wird ebenso wenig geduldet wie Kinderarbeit und unwürdige Arbeitsbedingungen."
>
> (...)
>
> „Wir tolerieren keine Art der Korruption oder Bestechung, weder öffentliche noch private, weder aktive noch passive. Wir pflegen deshalb Transparenz im Umgang mit allen Kunden, Lieferanten und Behörden und entsprechenden internationalen Antikorruptionsstandards, wie sie im ‚Global Compact' und in lokalen Antikorruptions- und Bestechungsgesetzen festgelegt sind." (TUI AG o.J.-a: 6f)

Als Mitglied von *ecosense – Forum Nachhaltige Entwicklung der Deutschen Wirtschaft e.V.* ist das Unternehmen außerdem die Selbstverpflichtung der Initiative zu ökologischer, ökonomischer und gesellschaftlicher Nachhaltigkeit eingegangen. Im Rahmen der *Business and Biodiversity Initiative* verpflichtet sich das Unternehmen durch die Unterzeichnung einer *Leadership Erklärung* überdies zur kontinuierlichen Umsetzung des Natur- und Artenschutzes.[207] Schließlich hat sich die TUI in der Rolle als *Affiliate Member* der UNWTO zu den Grundsätzen des Globalen Ethikkodex der Organisation bekannt (TUI AG o.J.-a: 66). In dieser verpflichten sich die Vertreter der Tourismusindustrie und die Mitglieder der UNWTO unter anderem zu nachhaltiger Entwicklung durch Tourismus (Artikel 3), dazu, dass die Gastländer und deren Bevölkerungen an den Gewinnen vom Tourismus beteiligt werden (Artikel 5) sowie der Vereinigungsfreiheit für Arbeitnehmer (Artikel 9).[208] Das Mandat der TOI, zu deren Prinzipien sich die TUI seit dem Jahr 2000 bekannte, wurde im Jahr 2008 an die TUI Travel PLC weitergegeben.[209] Die TUI sowie die Mehrzahl der Konzerngesellschaften haben sich zudem entweder direkt oder über die Mitgliedschaft in einem Verband der Tourismusbranche zu dem Verhaltenskodex *The Code (ECPAT)* verpflichtet.[210] Die TUI Deutschland GmbH schließlich bekennt sich seit 1992 im Rahmen des

207 Siehe hierzu auch: http://www.tui-group.com/de/nachhaltigkeit/nachhaltigkeitsmanagement/mission_statement/selbstverpflichtung (30.04.10).

208 Für den *Global Code of Ethics* siehe: http://www.unwto.org/ethics/full_text/en/pdf/Codigo_Etico_Ing.pdf (20.05.10).

209 Nach Aussage der TUI wird seit 2008 „[...] das Mandat der TUI in der Tour Operators' Initiative durch die TUI Travel PLC wahrgenommen." Siehe hierzu: http://www.tui-group.com/de/nachhaltigkeit/nachhaltigkeitsmanagement/kooperationen/toi (30.04.10).

210 Siehe hierzu http://www.tui-group.com/de/nachhaltigkeit/gesellschaft/ecpat (04.06.10). Die betreffenden Branchenverbände sind der Deutsche ReiseVerband e.V. oder der Bundesverband der Deutschen Tourismuswirtschaft e.V.

so genannten *8. Unternehmensgrundsatzes* zum Schutz der Umwelt und der Umweltverträglichkeit der Produkte:

> „Der Schutz einer intakten Natur und Umwelt hat für uns eine herausragende Bedeutung. Wir sichern damit unsere natürlichen Ressourcen und die Zukunft unseres Unternehmens. (…) Die Umweltverträglichkeit unserer Produkte ist Bestandteil unserer Qualitätsstandards. Über die Einhaltung umweltrechtlicher Anforderungen hinaus streben wir eine kontinuierliche Verbesserung unseres Umweltverhaltens an."[211]

Basierend auf diesen Verpflichtungen hat das Unternehmen verschiedene Wege eingeschlagen, um diese Selbstverpflichtungen umzusetzen. Neben der Einführung eines zertifizierten Umweltmanagementsystems in den Konzernzentralen der TUI und der TUI Deutschland GmbH wird versucht, die eingegangenen Verpflichtungen entlang der Wertschöpfungskette umzusetzen.[212] Hierfür gibt es verschiedene, von der TUI entwickelte Mechanismen: Erstens, die Motivation der Partner in der Destination durch Anreize, z.B. das Siegel des TUI-Umweltchampion oder die mit 10.000 Euro dotierte Umweltauszeichnung für herausragende Projekte in der Destination.[213] Zudem können Hotels, die spezifische Umweltstandards einhalten, den Titel des *EcoResort* erwerben.[214] Zweitens, das Festschreiben von Mindeststandards bei den Nachhaltigkeitskriterien in den Kooperationsverträgen mit den Hotels (TUI AG 2009: 82). Drittens, Berichterstattung entsprechend der TUI Umweltkriterien im Rahmen des Destinationsmonitoring. Die Umweltkriterien erfassen beispielsweise Energiemanagement, (Ab-)Wassermanagement, Natur- und Artenschutz usw. Die Berichterstattung wird durch die Mitarbeiter vor Ort durchgeführt (TUI AG 2009: 84). In die Berichte gehen Informationen lokaler Behörden, von Vertragspartnern (Hotels, Reisebüros), aber auch von Naturschutzorganisationen ein (Fragebogen #2, Hannover, 07.11.2008). Der vierte Mechanismus besteht in umfassender Beratung. So wurde Mitte 2008 ein Pilotprojekt initiiert, das sich der umfassenden Beratung von Hotels in Energiefragen widmet (*TUI Sustainable Eco Hospitality*). Im Rahmen des Projektes werden die Hotels nicht nur von Experten des Mutterkonzerns,

211 Siehe http://www.tui-deutschland.de/td/de/qualitaet_umwelt/umwelt/ums/umwelt politik.html (20.05.10).

212 Das Umweltmanagementsystem wurde nach den Kriterien der DIN EN ISO 14001 zertifiziert. Zentral für diese Umweltnorm ist, dass sich das Unternehmen zu einem kontinuierlichen Verbesserungsprozess verpflichtet. Neben den Konzernzentralen haben zudem einige Hotels der Beteiligungsgesellschaft TUI Hotels & Resorts nach DIN EN ISO 14001 zertifizierte Umweltmanagementsysteme (Fragebogen #2, Hannover, 07.11.2008). Mehr hierzu siehe: http://www.iso.org/iso/catalogue_detail?csnumber=31807 (20.05.10).

213 Siehe hierzu auch: http://www.tui-deutschland.de/td/de/qualitaet_umwelt/umwelt/um weltchampion/ (30.04.10). Zum Umweltpreis siehe http://www.tui-group.com/dms/nach haltigkeit/umwelt/auszeichnungen/Auszeichnungen/Auszeichnungen.pdf (30.04.10).

214 Dies betrifft die Hotels aus dem TUI-Bereich Hotel & Resorts, siehe http://www.eco resort-tui.com/index.php?id=23 (20.05.10).

sondern auch von Experten aus der Energie- und Baubranche beraten (Fragebogen #2, Hannover, 07.11.2008). Zur Unterstützung der nachhaltigen Entwicklung einer Destination fördert und fordert die TUI außerdem kontrollierte *Masterpläne* von der Destination und die Abstimmung dieser Pläne auf die gesamte Regionalentwicklung. Der Konzern unterstützt *Visitor Management*, d.h. Maßnahmen zur zeitlichen und räumlichen Steuerung von Besucherströmen oder die Renovierung und Renaturierung von zu stark genutzten Zonen. Zudem engagiert TUI sich für regionale Schutzgebietspolitik – z.B. Naturschutz, Ökosystemschutz usw. – und fördert die Umsetzung von Prozessen der Lokalen Agenda 21 in Form von *runden Tischen* oder Foren, an denen alle *Stakeholder* der Tourismusbranche beteiligt sind (Fragebogen #2, Hannover, 07.11.2008; TUI AG 2009: 72). Schließlich hat die TUI verschiedene Maßnahmen entwickelt, die neben den Partnern in der Wertschöpfungskette auch die Reisenden adressiert. Hierzu gehört der so genannte *Grüne Katalog*, der besonders nachhaltige Reiseangebote zusammenfasst und anbietet.[215]

Neben diesen in das Kerngeschäft integrierten Aktivitäten unternimmt die TUI zahlreiche freie Aktivitäten, z.B. die Übernahme von Flügen für Besucher der Therapieeinrichtung der Peter Maffay Stiftung, Benefizveranstaltungen zur Sammlung von Spendengeldern sowie Förderprojekte im Rahmen der TUI Stiftung, die im Jahr 2000 gegründet wurde (TUI AG 2009: 69, 73ff).[216] Außerdem haben Beteiligungsgesellschaften der TUI, unter anderem auch die TUI Deutschland GmbH, zusammen mit weiteren Reiseanbietern im Jahr 2009 mit Futouris e.V. einen Verein zur Förderung von Nachhaltigkeitsprojekten mit Tourismusbezug gegründet. All diese Aktivitäten erfolgen jedoch parallel zum Kerngeschäft.[217]

Aufgrund einschneidender Erfahrungen mit Sicherheitskrisen, insbesondere vor dem Hintergrund der terroristischen Anschläge in Ägypten (Luxor) 1997, entschied sich die TUI ein systematisches Krisenmanagement einzurichten, um in Krisensituationen rasch und effektiv reagieren zu können. Diese Übernahme von Verantwortung für die Sicherheit der Reisenden wurde auch in den Verhal-

215 Siehe: http://www.tui-special.de/TUI_Gruene_Welten_Web/ (20.05.10) und http://www.tui-group.com/fp/de/2008/nachhaltige_entwicklung/ (20.05.10).

216 Die Peter Maffay Stiftung unterstützt Jugendliche und junge Erwachsene, die durch Krieg, Missbrauch oder Krankheit traumatisiert sind. Die TUI Stiftung wiederum unterstützt bevorzugt Projekte im Bereich (Aus-) Bildung, Forschung, Wissenschaft und Kunst. Im Rahmen der Benefizveranstaltungen wurden beispielsweise Gelder für den Bau einer Schule in Äthiopien eingeworben (TUI AG 2009: 69, 73, 74).

217 Siehe hierzu http://www.futouris.org/ (20.05.10) und Futouris e.V. 2009. Die TUI Travel PLC kooperiert außerdem eng mit der *Travel Foundation*. Diese Stiftung ist aus der Zusammenarbeit der britischen Regierung mit der Tourismusindustrie hervorgegangen. Gefördert werden insbesondere Projekte zur nachhaltigen Entwicklung in den touristischen Destinationen (TUI AG 2009: 30, 72).

tenskodex des TUI Konzerns aufgenommen (TUI AG 2008: 7). Das Krisenmanagement besteht aus drei Säulen, nämlich der Krisenprävention, der Krisenintervention und dem Krisenreview (Ihlau 2004: 389).[218] Für jede Säule sind spezifische Maßnahmen definiert. Außerdem wurde ein Krisenhandbuch erstellt, das die Krisenmaßnahmen, die Regeln für die Vorgehensweise und die relevanten Kontaktpersonen enthält. Zudem üben die entsprechenden Mitarbeiter regelmäßig den Umgang mit Krisensituationen und werden kontinuierlich fortgebildet. Vor dem Hintergrund des Tsunamis 2004 richtete das Unternehmen so genannte *Emergency Care Teams* und *Family Assistance Teams* ein, um das Krisenmanagement zu unterstützen.[219] Außerdem verfügt die TUI über ein *Operations Center* an seinem Unternehmensstandort in Hannover. Sobald das Auswärtige Amt eine Reisewarnung für eine Destination ausgibt, werden anstehende Reisen abgesagt und in den Zielgebieten befindliche Gäste in ihre Heimatregion zurückgebracht. Das TUI Krisenmanagement wurde bereits zum zweiten Mal von externen Gutachtern zertifiziert.[220] Überdies ist TUI Mitglied des *Arbeitskreises Krisenmanagement* des Deutschen ReiseVerbandes e.V. (DRV).[221] Über die Selbstverpflichtungen, die die TUI eingegangen ist, sowie über die Maßnahmen im Rahmen der Verpflichtungen und weitere Aktivitäten berichtet das Unternehmen jährlich im Rahmen des Nachhaltigkeitsberichts. Dabei orientiert sich das Unternehmen nach eigenen Aussagen an den GRI-Kriterien der Berichterstattung (TUI AG 2009: 26).[222] Insgesamt folgt die TUI bei ihren Aktivitäten in der Destination dem im Unternehmenskodex niedergelegten Prinzip der Legalität, d.h. für das Unternehmen ist

218 Für eine ähnliche Unterscheidung (Krisenvorbereitung, Krisenbewältigung und Krisenkontrolle) siehe auch Dreyer/Dreyer et al. 2004: 220. Beide Konzepte betrachten Krisenmanagement als einen Prozess über Zeit, d.h. die Konzepte befassen sich mit den Bedingungen vor, während und nach einem Krisenszenario. Der Grad einer Krise ergibt sich unter anderem aus dem Ausmaß der Beeinträchtigung, dem die Reisenden ausgesetzt sind, und der Anzahl der Reisenden, die von dem Ereignis betroffen sind. Sind sehr wenige Reisende nur sehr geringfügig betroffen, wird von einem *außergewöhnlichen Ereignis* gesprochen (Dreyer/Dreyer et al. 2004: 214).

219 Die so genannten *Family Assistance Teams* werden der TUIfly zugeordnet.

220 Der Standard wurde von PricewaterhouseCoopers entwickelt und basiert auf verschiedenen, bereits existierenden internationalen Risiko- und Qualitätsstandards, z.B. DIN EN ISO 9001 oder *Enterprise Risk Management/Integrated Framework* (COSO II). Für weitere Informationen hierzu siehe: http://www.tui-deutschland.de/td/de/sicherheit/Zertifikat (28.05.10).

221 Die Mitglieder des *Arbeitskreises Krisenmanagement* des DRV diskutieren in regelmäßigen Treffen branchenspezifische Sicherheitsaspekte, z.B. die Implementierung eines SMS-Warnsystems in den Destinationen (Interview #3, Berlin, 07.01.2009).

222 Der Nachhaltigkeitsbericht der TUI Travel PLC deckt auch die Aktivitäten der TUI Deutschland GmbH ab, da diese als Beteiligungsgesellschaft der TUI Travel PLC geführt wird, siehe: http://www.tui-deutschland.de/td/de/qualitaet_umwelt/ (20.05.10) und TUI Travel PLC 2008.

„[d]ie Beachtung von Gesetz und Recht sowie der anerkannten Wertmaßstäbe der jeweiligen Kulturkreise […] oberstes Gebot. TUI erwartet sowohl von MitarbeiterInnen als auch von ihren Geschäftspartnern die Einhaltung der Gesetze und Rechte.“ (TUI AG o.J.-a: 4)

6.2.3 Engagement der TUI AG für Frieden in Israel und den Palästinensischen Gebieten

Die Verpflichtungen mit globaler Reichweite, die die TUI und ihre Beteiligungsgesellschaften eingegangen sind, decken Aspekte aus der politischen, der sozioökonomischen sowie der sozio-kulturellen Dimension ab. Insgesamt dominieren Verpflichtungen zur Einhaltung von Standards in der sozio-ökonomischen Dimension (z.B. Wirtschaftsentwicklung, Umwelt- und Ressourcenschutz, Arbeit- und Sozialstandards). Die Umsetzung dieser Verpflichtungen entlang der Wertschöpfungskette erfolgt besonders stark im Umweltbereich, z.B. Anreize wie den Umweltchampion, Eco-Hotel, Beratung von Hoteliers, dem Grünen Katalog usw. Wie bereits beschrieben, wurden verschiedene Mechanismen zur Implementierung der Verpflichtungen in diesen Bereichen verwendet. Dabei ist interessant, dass diese Mechanismen nicht ausschließlich aus Anreizen, sondern auch aus Vorgaben gegenüber Partnern in der Wertschöpfungskette bestehen, beispielsweise Vertragsklauseln zu Umweltstandards. Die Selbstverpflichtungen, die die TUI eingegangen ist, implizieren nur in wenigen Fällen externe Begutachtung. Eine Ausnahme sind die Umwelt- und Qualitätsstandards in den Unternehmenszentralen und einzelnen Hotels. Dennoch begreift die TUI den Verhaltenskodex als Mindeststandard für unternehmerisches Handeln und verkündet, dass Verstöße geahndet würden. Mit der Verpflichtung im Rahmen von *The Code (ECPAT)* gegen Kindesmissbrauch verpflichtet sich das Unternehmen zudem zur Implementierung des Verbotes von sexueller Ausbeutung von Kindern in die Partnerverträge sowie zur jährlichen Berichterstattung. Eine Sonderrolle spielt die Selbstverpflichtung für die Sicherheit der Reisenden und die Umsetzung im Rahmen eines zertifizierten Krisenmanagements. Da sich die Selbstverpflichtung auf konzerninterne Aktivitäten konzentriert und das Krisenmanagement die Sicherheit der Reisenden gewährleistet, wird dieses Engagement nicht als Beitrag zu einem öffentlichen Gut Frieden, sondern als Bereitstellung eines privates Gutes gewertet.[223] Die freien Aktivitäten des Unternehmens decken Belange der politischen, der sozio-ökonomischen und der sozio-kulturellen Dimension ab. So adressieren die Projekte, die aus der TUI-Stiftung, von Futouris e.V. oder Benefizveranstaltungen hervorgehen, die Traumatisierung von Kindern und

223 Für eine theoretische Herleitung und Differenzierung der verschiedenen Güter siehe Kapitel 3.2.

Jugendlichen, Umwelt- und Klimaschutz, Bildung, Ausbildung und Gesundheitsfragen an verschiedensten Destinationen.

Insgesamt deckt das Engagement auf der Ebene der Unternehmensverpflichtungen mehrere Bereiche ab, die für den israelisch-palästinensischen Konflikt potenziell relevante Beiträge zu Frieden darstellen, nämlich Menschenrechtsschutz, Korruptionsbekämpfung, wirtschaftliche Entwicklung und Teilhabe der Destination an den Profiten sowie Ressourcenschutz. Auf der Ebene der Unternehmensaktivitäten konnten jedoch kaum Unternehmensaktivitäten identifiziert werden, die potenziell zu Frieden beitragen. So berücksichtigen beispielsweise weder die Auswahl der Partnerhotels noch das angebotene Reiseprogramm die unterschiedliche Beteiligung der Konfliktparteien an den Gewinnen vom Tourismus. Letztlich erfüllt ausschließlich das Engagement zum Schutz der Ressource Wasser die Voraussetzung, einen Beitrag zu Frieden in der Konfliktregion Israel-Palästina zu leisten, da ausschließlich in diesem Bereich auch Aktivitäten in der Region existieren. So weist der Katalog ausdrücklich darauf hin, dass Wasser in der Region eine knappe Ressource ist. Zudem kann aus den festgeschrieben Mindeststandards in den Verträgen mit den Partnern in der Wertschöpfungskette im Umweltbereich – d.h. der Umsetzung der Selbstverpflichtung hinsichtlich Umwelt/Wasser entlang der Wertschöpfungskette – ein Beitrag abgeleitet werden. Die Region leidet unter immensen Wassermangel. Hier kann innovatives und nachhaltiges Engagement durch die TUI als *Governance-Beitrag* gewertet werden. Allerdings gibt die TUI im Sommerkatalog 2010 auch an, dass für diese Region kein explizites Eco-Hotel zu Verfügung steht.[224] Die *freien Aktivitäten* finden keine Anwendung in der Nahostregion und können daher ausschließlich auf ihre Relevanz in anderen Konfliktregionen untersucht werden. In die Kategorie *just doing business* ist das Unternehmensengagement auf Grund der verschiedenen Unternehmenspolitiken und der Unternehmensaktivitäten im Wasserbereich nicht einzuordnen. Damit wird das Engagement der TUI in Israel und den Palästinensischen Gebieten in Tabelle 2 in der Zeile *Unternehmenspolitiken* in der politischen Dimension und der sozio-ökonomischen Dimension sowie in der Zeile *Unternehmensaktivitäten* in der sozio-ökonomischen Dimension abgetragen.

224 Siehe hierzu den TUI Onlinekatalog 2010 *Ägypten, Tunesien* (Seite 187), http://www.tui-onlinekatalog.de/index.php?cid=8339 (31.05.10).

Tabelle 2: Unternehmensengagement der TUI für Frieden in Israel und den Palästinensischen Gebieten

		Sicherheits-dimension (1)	Politische Dimension (2)	Sozio-ökonomische Dimension (3)	Sozio-kulturelle Dimension (4)
		Friedensverhandlungen, SSR/DDR-Maßnahmen, Kleinwaffen-kontrolle, Minen-räumung	Demokratische Institutionen, Rechtstaatlichkeit, Zivilgesellschaft, Menschenrechtsschutz, Korruptions-bekämpfung	Wirtschafts-entwicklung, Armuts-bekämpfung, Bildung/Ausbildung, Gesundheits-fürsorge, Umwelt/Ressourcenschutz	Medien-ausbildung, Friedens-pädagogik, Versöhnungs-prozesse, Trauma-bewältigung
Governance	Unterneh-menspolitik		TUI	TUI	
	Unterneh-mens-aktivitäten			TUI	
Freie Aktivitäten					
Just Doing Business					

6.3 Touristik der REWE Group (REWE Touristik)

6.3.1 Unternehmensportrait der Touristik der REWE Group

Die REWE Group wurde 1927 gegründet und hat ihren Hauptsitz in Köln. Ursprünglich war die REWE Group ausschließlich in der Nahrungsmittelindustrie beheimatet. Dies änderte sich Ende der 1980er Jahre. Mit der Investition in die Atlas Reisebüro GmbH im Jahr 1988 begann das Engagement des Unternehmens in der Tourismusbranche. Inzwischen gehört die REWE Group zu den in Europa führenden Unternehmen im Handel- sowie dem Dienstleistungssektor. In den vergangenen Jahren hat das Unternehmen sein Engagement im Tourismus stetig ausgebaut.[225] In Deutschland ist die Touristik der REWE Group inzwischen zum drittgrößten Tourismusunternehmen herangewachsen. Im Jahr 2009 hatte die Tourismussparte einen Anteil von rund zehn Prozent am gesamten Umsatz der REWE Group, d.h. vier Milliarden von 45 Milliarden Euro. Auf die sechs Veranstaltermarken unter dem Dach der Touristik der REWE Group entfiel ein Umsatz von drei Milliarden Euro. Vor diesem Hintergrund ist Tourismus, parallel zum Handel, eine wichtige Säule der Unternehmensaktivitäten (REWE Group 2009: 5f). Die Touristik der REWE Group ist ebenfalls als integrierter Tourismuskonzern charakterisierbar, allerdings zu einem geringeren Ausmaß als die Branchenkonkurrenten TUI oder die Thomas Cook AG (Bastian/Born 2004: V). Nichts desto trotz hat das Unternehmen u.a. in Hotels jenseits seines Heimatstaates investiert und gilt damit, entsprechend der Unterscheidung in Kapitel 3.1, als transnationales Unternehmen. Jede Veranstaltermarke unter dem Dach der Touristik der REWE Group ist auf eine spezielle Zielgruppe von Reisenden, und damit auf spezielle Reiseprodukte, spezialisiert. So bietet die Touristik der REWE Group sowohl Pauschalreisen sowie Bausteintourismus an.[226]

Reisen in die Nahostregion werden in Form von Individualreisen und dem so genannten Bausteintourismus über die Veranstaltermarken DERTOUR, ADAC Reisen oder Meier's Weltreisen angeboten. Die Reisenden konnten über den untersuchten Zeitraum 2007 bis 2009 ausschließlich zwischen verschiedenen Hotels in Israel (Jerusalem, Tel Aviv, Eilat usw.) wählen. Im Rahmen verschiedener Angebote ist ein Halbtagesausflug nach Bethlehem integriert.[227] In den 1990er

225 Durch zahlreiche Übernahmen – ITS Reisen im Jahr 1995 (ursprünglich Kaufhof AG), Jahn Reisen, Tjaereborg und Meier's Weltreisen im Jahr 2001 (ursprünglich LTU Touristik GmbH), Deutsches Reisebüro GmbH (DER) im Jahr 2000 (ursprünglich Deutsche Bahn AG) – operieren nun sechs Veranstaltermarken unter dem Dach der Touristik der REWE Group, nämlich ITS Reisen, Jahn Reisen, Tjaereborg, Meier's Weltreisen, Dertour und ADAC Reisen (REWE Group 2008c: 6, 8). Die ersten drei Veranstaltermarken decken den Pauschaltourismus (Unternehmenszentrale Köln) ab. Die letzten drei Veranstaltermarken decken den Bausteintourismus und Individualreisen (Unternehmenszentrale Frankfurt) ab. Darüber hinaus besitzt die Gruppe drei Hotelketten (Calimera Aktivhotels, LTI-Hotels und PrimaSol Hotels). Siehe hierzu auch Freyer 2006: 223-226.

226 Der pauschaltouristische Bereich unter dem Dach der Touristik der REWE Group (ITS Reisen, Tjaereborg, Jahn Reisen) wird seitens des Unternehmens auch als REWE Touristik GmbH bezeichnet. In dieser Arbeit ist jedoch stets von dem Gesamtportfolio der Touristik der REWE Group (als REWE Touristik abgekürzt) die Rede.

227 Exemplarisch hierfür ist auch das Reiseangebot des Jahres 2010: ADAC Reisen-Katalog des Sommers 2010 *Orient, Afrika* (Seite 127-139, insbesondere Seite 129), http://www.adacreisen.de/portal/adac/app/content/resourceId/online-kataloge.html (31.05.10). Siehe außerdem den DERTOUR-Katalog des Sommers 2010 *Orient* (Seite 127-139, insbesondere Seite 129), http://www.dertour.de/portal/dertour/app/content/resourceId/online-kataloge.html (31.05.10). Und Meier's Weltreisen im Sommer 2010 *Studienreisen-Weltweit* (Seite 100-103, insbesondere Seite 102),

Jahren hat sich vor allem ITS Reisen, eine der pauschaltouristischen Reiseveranstaltermarken der REWE Group, mit Umweltverantwortung befasst. Mit dem verstärkten *branding* der Touristik der REWE Group als Gesamtmarke wurden derartige Themen für alle Reiseveranstaltermarken, die unter dem Dach der REWE Group operierten, relevant. Vor diesem Hintergrund richtete die Touristik der REWE Group 2001 eine Abteilung für Umwelt und Nachhaltigkeit ein (REWE Group 2005: 30).

6.3.2 Wie ist das Engagement des Unternehmens strukturiert?

Neben dem Unternehmensleitbild der gesamten REWE Gruppe, das für die REWE Touristik als eine der zwei Säulen der Unternehmensgruppe relevant ist (REWE Group 2008a: 22-26), sind vor allem zwei Verpflichtungen für den Bereich Touristik bedeutsam: Erstens veröffentlichte die REWE Touristik im Jahr 2001 die Nachhaltigkeitsprinzipien. Im Rahmen dieser Umwelt-Leitlinie bekennt sich das Unternehmen zu folgender Verantwortung:

> „Eine intakte Umwelt und die kulturelle Vielfalt sind die Basis des Tourismus. Sie gilt es um ihrer selbst willen und zur langfristigen wirtschaftlichen Sicherung unseres Unternehmens zu bewahren und zu fördern."
>
> „Wir sind uns als ein marktprägendes Unternehmen unserer besonderen sozialen, kulturellen, ökologischen und wirtschaftlichen Verantwortung für Mensch, Umwelt und Zukunft bewusst. Deshalb setzen wir uns für die Schonung der natürlichen Ressourcen ein, achten die kulturellen Traditionen in den Gastgeberländern und tragen zur Verbesserung der Lebensqualität von Kunden, Mitarbeitern und der Bevölkerung des Gastlandes bei."[228]

Zweitens ist das Unternehmen seit März 2000 Mitglied der TOI und hat sich damit zu deren Selbstverpflichtung bekannt. Mit diesen Prinzipien bekennt sich REWE Touristik unter anderem dazu, die Partner in den Gastländern an den Gewinnen vom Tourismus in der Destination in fairer Weise zu beteiligen. Außerdem verpflichtet sich das Unternehmen dazu, negative Auswirkungen des Tourismus auf die Kultur der lokalen Bevölkerung sowie die ökologischen Rahmenbedingungen zu vermeiden. Als Mitglied des DRV hat REWE Touristik schließlich auch den *Code of Conduct for the Protection of Children from Sexual Exploitation in Travel and Tourism* im Rahmen von *The Code/ECPAT* unterzeichnet.

Das Unternehmen hat verschiedene Maßnahmen ergriffen, um diese Verpflichtungen umzusetzen. So erarbeitete das so genannte Umweltteam des Unternehmens ein Umwelthandbuch. Dieses wurde den Partnerhotels von REWE

http://www.meiers-weltreisen.de/portal/mwr/app/content/resourceId/meiers-weltreisen-online-kataloge.html (31.05.10).

228 Auch auf der Homepage: http://www.rewe-touristik.com/offen/umwelt-soziales/index.index.php (29.04.10).

Touristik elektronisch zur Verfügung gestellt. Das Handbuch bietet Informationen und Hilfestellung dazu an, wie diese Partner in der Wertschöpfungskette ihre ökologische Performance, beispielsweise im Bereich Wasserverbrauch, verbessern können (REWE Touristik GmbH o.J.). Daneben enthält das Handbuch nach einer Überarbeitung auch soziale Aspekte (Interview #5, Köln, 27.08.2008).[229] Diese Informationen werden durch interne Kommunikation via Intranet, e-Mails und Unternehmenszeitungen weitergegeben, um sicher zu stellen, dass die Mitarbeiter in der Unternehmenszentrale sowie die Partner in der Destination, insbesondere Hotels, über diese Unternehmensverpflichtung und die Maßnahmen informiert sind. Im Jahr 2003 hat das Unternehmen zudem damit begonnen, Partnerhotels auf ihre ökologische Performance zu überprüfen. Diese Untersuchung wurde für einige Zeit ausgesetzt, aber im Herbst 2009 wieder aufgenommen. REWE Touristik operiert bei der Umsetzung von Unternehmensverpflichtungen entlang der Wertschöpfungskette vorwiegend mit Anreizen, d.h. Informationen und fachlicher Unterstützung. Sanktionen, beispielsweise die Beendigung der Kooperation mit einem lokalen Partner, werden in der Regel nicht durchgeführt, um die Partner in der Region nicht auszuschließen (Interview #5, Köln, 27.08.2008).[230]

Daneben weist REWE Touristik verschiedene *freie Aktivitäten* in Form von Projektförderung in verschiedenen Regionen auf: So unterstützt das Unternehmen nach dem Tsunami von 2004 den Wiederaufbau von Vorschulen in Sri Lanka sowie die Bereitstellung von Lehrmaterial, Schulkleidung und die Durchführung von Schulungen von Eltern im Umgang mit möglichen psychischen Belastungen ihrer Kinder nach der Umweltkatastrophe (REWE Touristik GmbH 2005: 29). Zudem setzt sich REWE Touristik für Umweltschutz, insbesondere Reinhaltung des Wassers, auf der Halbinsel Yucatán/Mexico ein und fördert den Aufbau eines Abfallmanagementsystems in Side/Türkei im Rahmen der TOI.

Schließlich hat das Unternehmen, ähnlich wie die TUI, ein Krisenmanagementsystem eingerichtet. Die Bereiche Krisenmanagement in Frankfurt und in Köln wurden in Reaktion auf die terroristischen Anschläge vom 11. September Jahr 2001 etabliert. Für die Einschätzung der politischen Situation der Umweltbedingungen oder über den Ausbruch von Krankheiten in den Zielgebieten werden Informationen einschlägiger Institutionen herangezogen, z.B. Auswärtiges Amt (Berlin), Robert-Koch-Institut (Berlin), National Hurrican Center (Miami/USA). Das Krisenmanagement wird aktiv, sobald ein außergewöhnliches Ereignis eintritt, das eine größere Anzahl von Reisenden betrifft. Der Krisen-

229 Informationen zu den konkreten Maßnahmen in diesem Bereich liegen nicht vor.

230 Im Rahmen von *ECPAT/The Code* verpflichtete sich REWE Touristik allerdings unter anderem dazu, in die Verträge mit den Partnerhotels Klauseln aufzunehmen, die die kommerzielle sexuelle Ausbeutung von Kindern deutlich ablehnen.

stabsleiter hat direkten Kontakt mit den Reiseleitern und den Agenturen in den betroffenen Zielgebieten sowie mit Vertretern der örtlichen Botschaften oder der Polizei. Zudem sind auch weitere interne Bereiche, beispielsweise die Flugabteilung sowie die Produkt- und Vertriebsbereiche, involviert. Das Unternehmen gibt an, dass es bei Eintreten einer Reisewarnung verpflichtet ist, den Reisevertrag zu kündigen bzw. im Zielgebiet befindliche Gäste zu evakuieren. REWE Touristik ist ebenfalls Mitglied der *Arbeitskreises Krisenmanagement* des DRV (Fragebogen #1, Köln, 24.09.2008).

Insgesamt zielt das Engagement des Unternehmens nach eigener Auskunft auf drei Entwicklungen ab: Erstens, die Reduktion von Umweltbelastungen in den Zielgebieten, und zwar insbesondere bei der Hotellerie. Zweitens, die Weiterentwicklung von Destinationen. Drittens, die Bewahrung der Attraktivität der Urlaubsregion. Damit richtet sich das Engagement des Unternehmens darauf, den oftmals negativ verlaufenden Zyklus der touristischen Entwicklung in einer Destination zu durchbrechen (Interview #5, Köln, 27.08.2008).[231] Über das Engagement der REWE Touristik wird im Rahmen des Nachhaltigkeitsberichts der REWE Group berichtet. Dieser orientiert sich in der Systematik und den Indikatoren an den GRI-Kriterien und wurde in Teilen durch externe Prüfung bestätigt (REWE Group 2008b: 79-93, 94f).[232] Die jährliche Berichterstattung, zu der sich das Unternehmen im Rahmen von *The Code (ECPAT)* verpflichtet hat, erfolgt über den DRV.

6.3.3 Engagement der Touristik der REWE Group für Frieden in Israel und den Palästinensischen Gebieten

Die Unternehmensverpflichtungen, die REWE Touristik mit globaler Reichweite eingegangen ist, decken die sozio-ökonomische Dimension und – geringfügig – die politische Dimension ab. Dabei enthalten die Verpflichtungen vor allem Aspekte wie nachhaltige ökonomische Entwicklung in der Destination und Umwelt- und Ressourcenschutz. Außerdem erfolgt das Bekenntnis zu *The Code (ECPAT)* über die Mitgliedschaft in einem Branchenverband. Bei der Umsetzung dieser Selbstverpflichtungen entlang der Wertschöpfungskette dominiert Engagement im Umweltbereich. Dabei operiert das Unternehmen ausschließlich mit

231 In den 1980er Jahren wurde der so genannte *Tourism Area Life Cycle* (TALC) entwickelt (Butler 1980). Siehe hierzu auch Kapitel 2.1.3.

232 Im Nachhaltigkeitsbericht der REWE Group ist nachzulesen, dass die REWE Group 2007 ein präventiv angelegtes Antikorruptionssystem eingeführt hat. In diesem Zusammenhang wurde ein Verhaltenskodex entwickelt und ein Vertrauensanwalt benannt. Es ist jedoch unklar, ob dieses System auch für REWE Touristik Anwendung findet (REWE Group 2008b: 90).

Anreizen (Information, Beratung). Des Weiteren engagiert sich das Unternehmen im Rahmen von *freien Aktivitäten.* Diese Aktivitäten erfolgen zum Teil in Kooperation mit einer Brancheninitiative und lassen sich in der sozio-ökonomischen und der sozio-kulturellen Dimension verorten, d.h. sie adressieren Themen wie Umwelt- und Ressourcenschutz, Bildung oder Traumatisierung. In Reaktion auf Sicherheitskrisen hat das Unternehmen außerdem einen eigenen Bereich Krisenmanagement eingerichtet. Dieses adressiert jedoch ausschließlich die Reisenden, d.h. Sicherheit wird als privates Gut bereitgestellt.

Insgesamt ist auf der Ebene der Unternehmensverpflichtungen ausschließlich das Engagement, das der sozio-ökonomischen Dimension zuzuordnen ist, als *Governance-Beitrag* zu Frieden in der israelisch-palästinensischen Konfliktregion qualifizierbar. Hierzu gehören die ökonomische Teilhabe der Bevölkerung in den Zielgebieten (z.B. durch Verwendung lokaler Produkte), die Ablehnung von ausbeuterischen Arbeit- und Sozialstandards sowie der Ressourcenschutz. Auf Ebene der Unternehmensaktivitäten stellen ausschließlich die Ressourcenschutzmaßnahmen im Wasserbereich *Governance-Beiträge* zu Frieden für die Konfliktregion dar. Die Anreize für derartige Aktivitäten sind jedoch weich – so konzentrieren sie sich sehr stark auf die Informationsweitergabe an die Partner in den Zielgebieten. Damit ist die Umsetzung dieser Selbstverpflichtungen durch die Hoteliers in der Region freiwillig und kann nicht als gesichert gelten, obgleich der Schutz der in der Region umkämpften Ressource Wasser essentiell ist. Aktivitäten in weiteren Bereichen der sozio-ökonomischen Dimension, beispielsweise die gezielte Kooperation mit palästinensischen Hotels oder Reiseführern, konnten – wie auch bei der TUI – nicht identifiziert werden. Die *freien Aktivitäten* betreffen ausschließlich andere Regionen – allerdings könnte es in einzelnen Fällen durchaus interessant sein, die Projekte auf einen Beitrag zu Frieden in diesen Regionen zu untersuchen, z.B. die Hilfsprojekte, die nach dem Tsunami 2004 mit einer Partneragentur in Sri Lanka eingerichtet wurden. Darüber hinaus wird das Engagement von REWE Touristik ebenfalls auf Grund der bestehenden Unternehmenspolitiken und Unternehmensaktivitäten in der Region nicht unter der Kategorie *just doing business* geführt. Insgesamt wird das Engagement von REWE Touristik in Tabelle 3 am Ende des Kapitels in der Zeile *Unternehmenspolitiken* in der sozio-ökonomischen Dimension und mit Einschränkung, d.h. in Klammer, in der Zeile *Unternehmensaktivitäten* in der sozio-ökonomischen Dimension abgetragen.

Tabelle 3: Unternehmensengagement der REWE Touristik für Frieden in Israel und den Palästinensischen Gebieten

		Sicherheits-dimension (1)	Politische Dimension (2)	Sozio-ökonomische Dimension (3)	Sozio-kulturelle Dimension (4)
		Friedensverhandlungen, SSR/DDR-Maßnahmen, Kleinwaffenkontrolle, Minenräumung	Demokratische Institutionen, Rechtstaatlichkeit, Zivilgesellschaft, Menschenrechtsschutz, Korruptionsbekämpfung	Wirtschaftsentwicklung, Armutsbekämpfung, Bildung/Ausbildung, Gesundheitsfürsorge, Umwelt/Ressourcenschutz	Medienausbildung, Friedenspädagogik, Versöhnungsprozesse, Traumabewältigung
Governance	Unternehmenspolitik			REWE Touristik	
Governance	Unternehmensaktivitäten			(REWE Touristik)	
Freie Aktivitäten					
Just Doing Business					

6.4 Studiosus Reisen München GmbH (Studiosus)

6.4.1 Unternehmensportrait der Studiosus Reisen München GmbH

Die Studiosus Reisen München GmbH wurde 1954 gegründet.[233] Das Unternehmen hat seinen Hauptsitz in München und wird vom Sohn des Unternehmensgründers geführt, d.h. es handelt sich um ein Familienunternehmen. Die Studio-

233 Der Unternehmensgründer, Werner Kubsch, nannte das Unternehmen zunächst Reisedienst Studiosus. Die Reisen waren anfangs in Kooperation mit zwei Reisebüros als Reisen der *Süddeutschen Studienfahrten-Gemeinschaft* angeboten worden. Die Reiseleitung erfolgte zunächst durch Studierende. Im Angebot waren beispielsweise Kunst- und Skireisen für Studierende sowie Reisen durch Europa für amerikanische Studierende. Es folgten Schüler-Sprachreisen oder Reisen für Volkshochschulen und Vereine (Studiosus 2008: 16-18).

sus Gruppe beschäftigt insgesamt 900 Mitarbeiter. 600 Mitarbeiter arbeiten als Reiseleiter (Studiosus 2009b: 14). Im Jahr 2009 lag der Umsatz bei rund 217 Millionen Euro (Studiosus 2009b: 12). Auf der Grundlage von 1000 verschiedenen Reiserouten in 100 verschiedenen Ländern werden pro Saison mehr als 5000 Reisetermine geplant und durchgeführt (Studiosus 2009a: 2). Das Unternehmen, das über seinen Heimatstaat hinausgehend operiert, hat keine Investitionen – beispielsweise in Hotels – in anderen Ländern getätigt und gilt daher als internationales Unternehmen. In der Unternehmensvision gibt das Unternehmen an, dass die Studiosus München GmbH zur Verständigung zwischen verschiedenen Ländern, Völkern und Kulturen beitragen wolle (Studiosus 2007: Absatz 1). Vor diesem Hintergrund hat das Unternehmen spezielle Produkte, unter anderen die so genannte *Moderne Studienreise* entwickelt. Mit diesem Konzept geht auch die sukzessive Übernahme von Verantwortung für soziale und ökologische Belange seit Beginn der 1990er Jahre einher. Im Untersuchungszeitraum 2007 bis 2009 bietet das Unternehmen ausschließlich Studienreisen mit Übernachtungen in Israel (Jerusalem, Tel Aviv, Tiberias, Ein Bokek usw) an.[234]

6.4.2 Wie ist das Engagement des Unternehmens strukturiert?

1992 hat sich das Management von Studiosus zu einem sozial verantwortlichen und umweltschonenden Tourismus bekannt (Studiosus 2009a: 4). Ein Auszug aus dem Unternehmensleitbild verdeutlicht, wozu sich das Unternehmen verpflichtet:

> „Wir sind uns darüber im Klaren, dass jede Form des Tourismus – unter dem Aspekt der sozialen Verantwortung und der Umweltverträglichkeit betrachtet – Probleme schafft. Touristen verbrauchen Energie für den Transport und beeinflussen fremde Gesellschaftsstrukturen. Für den Tourismus muss darüber hinaus eine spezielle Infrastruktur geschaffen und erhalten werden. Art und Ausmaß der Belastung hängen jedoch stark von der Art des Reisens ab. Wir wollen Reisen anbieten, die möglichst sozial verantwortlich und umweltschonend sind, und glauben, dass die Moderne Studienreise die besten Voraussetzungen dafür bietet." (Studiosus 2007: Absatz 6.5)

Damit bekennt sich das Unternehmen deutlich zu seiner Umwelt- und Sozialverantwortung nicht nur am Unternehmensstandort und gegenüber Mitarbeitern oder Kunden, sondern auch gegenüber den Gastgeberländern, d.h. zur Verantwortung für Umwelt- und Sozialstandards entlang der touristischen Wertschöp-

234 Exemplarische hierfür ist das Reiseangebot für den Sommer 2010 (31.05.2010-31.03.2011), das über die Webseite des Unternehmens einzusehen ist: http://www.studiosus.com/allereisen/suchergebnisse/index.php?land=99®ion=&filter_reiseform=&holiday=&datum_anreise_von=2010-05-31&datum_rueckreise=2011-0331&volltext=&startcode (31.05.10).

fungskette (Studiosus 2007: Anhang 2; Studiosus 2009a: 6). Im Juli 2006 hat Studiosus außerdem eine Anti-Korruptionspolitik in das Unternehmensleitbild aufgenommen.[235] Auf der Homepage gibt das Unternehmen bekannt, dass es unter der Überschrift *Verhalten gegenüber den Leistungspartnern* folgendes vereinbart hat:

> „Korruption definieren wir als persönliche Vorteilsnahme, die über eine Gegengabe für eine Serviceleistung oder die übliche Pflege der Geschäftsbeziehungen hinausgeht. An aktiven Korruptionsmaßnahmen beteiligen wir uns nicht. Passive Korruption, die an eine konkrete Auftragsvergabe gebunden ist, wird geahndet."[236]

Daneben ist Studiosus seit 2000 Mitglied der TOI und bekennt sich zu den Prinzipien eines nachhaltigen Tourismus. Dies bedeutet, dass lokale Gemeinden von den touristischen Aktivitäten ökonomisch profitieren sollen, indem beispielsweise lokale Produkte verwendet oder Arbeits- und Sozialstandards gegenüber den Mitarbeitern eingehalten werden. Außerdem enthält diese Selbstverpflichtung den schonenden Umgang mit Umwelt und Ressourcen durch Reiseanbieter. Ebenfalls seit dem Jahr 2000 verpflichtet sich Studiosus zu den Prinzipien von *ECPAT/The Code*. Zudem wurde Studiosus im Dezember 2007 Mitglied im Global Compact und hat sich damit zu den *Zehn Prinzipien* der Initiative – diese enthalten unter anderem Menschenrechte, Arbeits- und Sozialstandards, Umweltschutz und Korruptionsbekämpfung – und zu jährlicher Berichterstattung über die Fortschritte bei deren Umsetzung verpflichtet (Umwelterklärung 2009: 5).

Das Unternehmen hat verschiedene Maßnahmen entwickelt, um die eingegangenen Verpflichtungen umzusetzen: So wurden vor dem Hintergrund der Ablehnung von Korruption und Kinderprostitution entsprechende Klauseln in die Partnerverträge eingefügt. Diese besagen eine Kündigung der Kooperation mit sofortiger Wirkung für den Fall, dass der Vertragspartner gegen diese Verpflichtung verstößt. Außerdem ist das Unternehmen bestrebt, bereits vor Vertragsabschluss sicher zu stellen, dass der potenzielle Vertragspartner entsprechende Standards einhält, z.B. durch persönliche Überprüfung vor Ort (Interview #7, München, 18.06.2008). Um den Verpflichtungen im Umweltbereich nachzukommen, hat Studiosus ein Umweltmanagementsystems eingeführt und dieses extern zertifizieren lassen.[237] Des Weiteren führt das Unternehmen so genannte Hotelökologieseminare an ausgewählten touristischen Destinationen durch. Die-

235 Die Erhebung ergab unterschiedliche Angaben darüber, ob die Selbstverpflichtung unter die Unternehmensvision oder die Unternehmensziele eingeordnet werden soll. Siehe hierzu: Interview #6, München, 11.12.2007. Oder: http://www.studiosus.com/unternehmen/leitbild_fakten/unternehmensleitbild/index.ph (19.09.07).

236 Siehe Studiosus Leitbild: http://www.studiosus.com/unternehmen/leitbild_fakten/unternehmensleitbild/index.ph (19.09.07).

237 Zu EMAS siehe: http://www.emas.de/ (28.05.10).

se zielen darauf, das Bewusstsein in den Destinationen für ökologische Nachhaltigkeit im Tourismus zu stärken und an *Best Practice*-Beispielen zu zeigen, wie den Herausforderungen, die durch Tourismus für die Ökologie entstehen, begegnet werden kann. Aus diesem Grund werden die Seminare in der Regel in Hotels durchgeführt, die bereits Umweltmanagementinstrumente eingeführt haben.[238] Ein weiteres Instrument sind die so genannten *Foren der Bereisten*.

> „Die Foren der Bereisten, die spielen für uns eine ganz wichtige Rolle, nämlich damit wir abklopfen können, wo eventuell dieses besuchte Land der ‚touristische Schuh' drückt." (Interview #6, München, 11.12.2007)

Diese Diskussionsrunden, an denen unterschiedlichste Vertreter der Zielgebiete teilnehmen (Religionsvertreter, Dorfälteste, Hoteliers, Fischer usw.), werden in regelmäßigen Abständen in relevanten touristischen Zielgebieten durchgeführt und dienen einem (möglichst) offenen Austausch zwischen lokaler Bevölkerung und Unternehmensvertretern.[239] Schließlich kommt den Reiseleitern des Unternehmens eine zentrale Rolle beim *Monitoring* der Einhaltung der Umwelt- und Sozialstandards durch die Vertragspartner zu. Die Reiseleiter erhalten im Rahmen ihrer Ausbildung unter anderem Training darin, Korruption oder schlechtes Umweltmanagement zu erkennen. Dieses wird dann an die betreffende Kontaktperson in der Münchner Unternehmenszentrale weitergegeben (Interview #6, München, 11.12.2007). Schließlich ist ein integraler Bestandteil des Konzepts der *Modernen Studienreise* die so genannte *Begegnung*. Diese zielen zum einen darauf ab, dem Reisenden die Möglichkeit zu Kontakt mit der lokalen Bevölkerung zu ermöglichen. Gleichzeitig generieren diese Besuche, die zum Teil auch bei den von Studiosus finanzierten Projekten vor Ort stattfinden, zusätzliche Gelder für diese Projekte (Interview #6, München, 11.12.2007).[240]

238 Bislang hat kein Seminar in Israel oder den Palästinensischen Gebieten stattgefunden. Seminare fanden bereits in Marokko und Ägypten statt (Interview #7, München, 18.06.2008).

239 Die *Foren der Bereisten* finden seit 1998 statt und wurden beispielsweise in Italien, Portugal, Guatemala und Ecuador durchgeführt (Interview #4, München, 19.10.2007; Interview #6, München, 11.12.2007). Branchenexperten haben sich in persönlichen Gesprächen jedoch auch skeptisch über diese Foren geäußert. So scheint die Teilnahme für externe Beobachter äußerst schwierig. Die Autorin (SF) hat sich nicht aktiv darum bemüht, die Erlaubnis zu einer Teilnahme für ihre Forschungsarbeit zu erhalten und kann diese Kritik daher weder bestätigen noch widerlegen.

240 Die Anzahl der Begegnungen steigt mit der Anzahl der Reisetage (Interview #6, München, 11.12.2007). Die Tatsache, dass Studiosus mit Reisegruppen einzelne Projekte besucht und dass die „Besuchbarkeit" ein Kriterium bei der Projektförderung darstellt, kann auch kritisch bewertet werden. Diese Einsicht verdanke ich dem Hinweis von Moira Feil. Interviewpartner äußerten sich hierzu dahingehend, dass sorgsam darauf geachtet würde, ob der Besuch in einem lokalen Projekt vertretbar sei (Interview #6, München, 11.12.2007 und Interview #7, München, 18.06.2008).

Im Rahmen von *freien Aktivitäten* unterstützt Studiosus seit den 1990er Jahren – und seit 2005 im Rahmen der Studiosus Stiftung – Projekte, die einen inhaltlichen Zusammenhang zum Tourismus haben. Zu diesen Projekten gehört unter anderem das *Diyar Consortium*, das das Dach für drei Institutionen bildet, die mit unterschiedlichen Schwerpunkten – Bildung, Gesundheit, interkultureller Austausch – die lokale palästinensische Bevölkerung fördern sollen.[241] Im Kontext von *The International Center of Bethlehem* (ICB), das eine dieser drei Institutionen darstellt, wurde unter anderem das Konzept des authentischen Tourismus (*Authentic Tourism*) entwickelt, das im Jahr 1996 den *To Do! Preis* für nachhaltigen Tourismus erhielt.[242] Studiosus unterstützt seit mehreren Jahren den Aufbau der Bibliothek des *Dar al-Kalima College* für die Reiseleiterausbildung, die noch während der zweiten Intifada an dieser Institution initiiert wurde (Interview #7, München, 18.06.2008). Ein weiteres, von Studiosus unterstütztes Projekt in der Konfliktregion ist der *Jordan River Peace Park*. Das Projekt basiert auf dem Grundgedanken, die grenzüberschreitende Kooperation im Bereich der ökologischen Nutzung von Wasser zu fördern und auf diese Weise einen Beitrag zu Frieden zu leisten. Überdies soll die Renaturierung der lokalen Bevölkerung im Rahmen von nachhaltigem Tourismus eine Einkommensmöglichkeit schaffen. Das Projekt wird wesentlich von der NRO *Friends of the Earth Middle East* (FoEME) vorangetrieben. Die Studiosus Stiftung unterstützt die Restaurierung eines Bahnhofs in diesem Park, der der touristischen Information dient.[243] Neben diesem Engagement ist die Unternehmensstiftung an Projekten in Regionen beteiligt, die nicht von Gewaltkonflikten belastet sind. Exemplarisch für derartige Projekte sind beispielsweise die Sicherung der medizinischen Versorgung von Frauen und Kindern in Indien oder Bildungsprojekte in Vietnam. Es werden jedoch auch Projekte in anderen Konfliktregionen gefördert, beispielsweise ein Bildungsprojekt in Sri Lanka.[244]

241 Das Diyar Consortium besteht aus *The International Center of Bethlehem*, dem *Dar al-Kalima College* sowie dem *Dar al-Kalima Health & Wellness Center*. Mehr hierzu siehe: http://www.diyar-consortium.org/index.php?option=com_content&task=view&id=16&Itemid=21 (29.04.10).

242 Für die Preisbegründung siehe: http://www.todo-contest.org/preistraeger/bethlehem01.html (29.04.10). Für *Authentic Tourism* im Rahmen *The International Center of Bethlehem* siehe: http://www.annadwa.org/pilgrimage/index.php?option=com_content&task=view&id=1&Itemid=4 (29.04.10).

243 Siehe hierzu: http://www.studiosus-foundation.org/projektdetail.php?id=80&auswahl=alle (28.05.10). Und: http://www.foeme.org/projects.php?ind=123 (28.05.10).

244 Auf ihrer Webseite gibt die Stiftung bekannt, dass: „Die Studiosus Foundation hat sich die Verbesserung der Lebensverhältnisse in Entwicklungsländern, den Schutz der Natur und den Erhalt des kulturellen Erbes in aller Welt zum Ziel gesetzt." Siehe http://www.studiosus-foundation.org/wer.php (28.05.10). Zu den Projekten siehe http://www.studiosus-foundation.org/was.php (28.05.10).

Um auf Krisen in den Destinationen möglichst rasch zu reagieren, hat Studiosus nach den terroristischen Anschlägen in Luxor/Ägypten (1997) und den Anschlägen vom 11. September (2001) erste Maßnahmen im Bereich Krisenmanagement getroffen. Im Jahr 2004 wurde schließlich eine eigene Abteilung für den Bereich Krisenmanagement geschaffen und das Managementsystem zertifiziert (Studiosus 2009b: 7).[245] Zudem ist Sicherheit ein Bestandteil der Selbstverpflichtungen im Rahmen des Unternehmensleitbildes (Studiosus 2007: Absatz 1). Da ein Kernbestandteil des Krisenmanagements im präventiven Umgang mit Krisensituationen besteht, werden sämtliche Destinationen regelmäßig auf Grundlage eines in dem Unternehmen entwickelten mehrstufigen analytischen Rasters, das unterschiedliche Krisenniveaus erfasst, eingeschätzt. Dies ermöglicht eine langfristige und systematische Beobachtung des Zielgebietes.[246] Gleichzeitig erlaubt die tägliche Informationssammlung und Auswertung über hausinterne Meldungen bei Eintritt eines Ereignisses eine rasche Reaktion. Diese Reaktionen können abhängig von der Schwere des Ereignisses in Umroutungen, Reiseabsagen oder dem Rücktransfer von Reisenden in die Heimatländer bestehen (Interview #4, München, 19.10.2007). Überdies engagiert sich Studiosus ebenfalls im *Arbeitskreis Krisenmanagement* des DRV. Das Unternehmen berichtet im Rahmen des Geschäftsberichts und seit 2008 im Rahmen eines Umweltberichts über das Unternehmensengagement. Ebenfalls 2008 wurde zudem ein Nachhaltigkeitsbericht verfasst. Die Einhaltung der GRI-Kriterien bei der Nachhaltigkeitsberichterstattung wurde durch externe Prüfung bestätigt (Studiosus 2008: 14f). Daneben bekennt sich das Unternehmen dazu, dass es gesetzliche Regelungen und Verordnungen der Bundesrepublik Deutschland sowie einschlägige völkerrechtliche Bestimmungen und internationale Rechtsnormen nicht nur einhalten, sondern durch Eigeninitiative und konkrete Beispiele darüber hinausgehende positive Impulse setzen möchte (Studiosus 2009a: 6).

245 Die Zertifizierung erfolgte mit Einrichtung der Abteilung Krisenmanagement nach der Qualitätsnorm DIN EN ISO 9001:2000. Weitere Angaben zu Managementsystemen siehe unter anderem Kapitel 2.2.

246 Dieses Raster berücksichtigte zum Zeitpunkte des Interviews ausschließlich „Politische Gewalt oder Gefahr von politischen Gewalttaten bei Unruhen, soziale Konflikte, soziale Spannungen“ und nicht die lokalen Umweltbedingungen (z.B. Erdbebengefahr oder Taifungefahr) oder Gesundheitsrisiken (z.B. Pandemiegefahr). Die zuletzt genannten Faktoren werden nach Interviewangaben nicht berücksichtigt, da sie das Gesamtbild der Einstufung verzerren. So würde die immens hohe Erdbebengefahr in Japan dazu führen, dass das Land mit einer der höchsten Warnstufen versehen werden müsste (Interview #4, München, 19.10.2007).

6.4.3 Engagement der Studiosus Reisen München GmbH für Frieden in Israel und den Palästinensischen Gebieten

Insgesamt decken die Unternehmensverpflichtungen sowohl die politische Dimension sowie Aspekte der sozio-ökonomischen Dimension ab. Dabei kommen beide Dimensionen relativ gleichwertig zum Tragen: Die Verpflichtungen thematisieren Menschenrechte, Korruptionsbekämpfung, nachhaltige Wirtschaftsentwicklung oder auch Umwelt- und Ressourcenschutz. Bei der Umsetzung der Unternehmensverpflichtungen in Aktivitäten sind die Maßnahmen zum Schutz von Umwelt und Ressourcen insofern relativ stark ausgeprägt, als Studiosus als erster Reiseanbieter 1998 ein extern zertifiziertes Umweltmanagement etabliert hat, das überdies das touristische Produkt, die Reise, mit berücksichtigt und damit die gesamte Wertschöpfungskette abdeckt (Studiosus 2009a: 7). Darüber hinaus operiert das Unternehmen ebenfalls mit unterschiedlichsten Mechanismen, um Partner zur Einhaltung von Umweltstandards zu gewinnen. Hierzu gehören Anreize in Form von Umweltzertifikaten, Trainings zu *Best Practice* im Rahmen von Hotelökologieseminaren, Vertragsklauseln zu Umweltstandards und Information durch Eco-Newsletter. Auch in anderen Dimensionen liegen Aktivitäten vor, allerdings in geringerem Umfang, z.B. Informationsflyer und Vertragsklauseln gegen Kinderprostitution oder Korruption, Dialogforen und Begegnungen für wirtschaftliche Teilhabe der lokalen Bevölkerung. Neben der Zertifizierung und den Vertragsklauseln ist sicher das Monitoring-System der Reiseleiter ein effektiver Mechanismus, um die Einhaltung von Umwelt- und Sozialstandards, zu denen sich Studiosus verpflichtet, auch durch die Vertragspartner zu gewährleisten. Eine spezifische Rolle kommt der Selbstverpflichtung für die Sicherheit der Reisenden und der Umsetzung im Rahmen des zertifizierten Krisenmanagements zu. Diese Maßnahmen konzentrieren sich wie bei den vorangegangenen Unternehmen auf unternehmensinterne Aktivitäten und gewährleisten primär die Sicherheit der Reisenden. Damit trägt das Engagement nicht zum öffentlichen Gut Frieden bei, wird jedoch als Bereitstellung eines privaten Gutes gewertet.[247] Die *freien Aktivitäten* decken insbesondere die sozioökonomische Dimension und – etwas weniger stark ausgeprägt – die politische sowie die sozio-kulturelle Dimension ab. So unterstützt die Studiosus Stiftung, die die Förderprojekte in Umwelt-, soziale oder kulturelle Projekte kategorisiert, neben den genannten Projekten in den Palästinensischen Gebieten beispielsweise ein Selbsthilfeprojekt gegen Kinderprostitution in Kenia, die medizinische Grundversorgung für Witwen in Indien sowie ein Wiederaufforstungsprojekt in

247 Für eine theoretische Herleitung und Differenzierung der verschiedenen Güter siehe Kapitel 3.2 (Fußnote).

Mexico.[248] Diese *freien Aktivitäten* haben einen engen Bezug zum Kerngeschäft von Studiosus – so wird darauf geachtet, dass die Projekte inhaltlich an Tourismusfragen angebunden und für Reisegruppen von Studiosus besuchbar sind. Damit können diese Aktivitäten nahezu als *Unternehmensaktivitäten* qualifiziert werden. Lediglich aufgrund der Abwicklungsstruktur – über eine Unternehmensstiftung – wird das Engagement als *freie Aktivität* ausgezeichnet.

Insgesamt deckt das Engagement von Studiosus auf der Ebene der Unternehmensverpflichtungen mehrere für den israelisch-palästinensischen Konflikt relevante Bereiche ab. Hierzu gehören das Bekenntnis, über den bestehenden Rechtsrahmen hinaus mit positiven Beispielen voranzugehen sowie die Selbstverpflichtungen zu Korruptionsbekämpfung, Menschenrechtsschutz, Ressourcenschutz sowie wirtschaftliche Entwicklung und Teilhabe der palästinensischen Bevölkerung am Tourismus. In diesen kann das Unternehmensengagement als *Governance-Beitrag* zu Frieden gewertet werden.

Auf der Ebene der Unternehmensaktivitäten kann das Engagement für Ressourcenschutz und wirtschaftliche Teilhabe der Palästinenser als *Governance-Beitrag* zu Frieden qualifiziert werden. Studiosus hat bislang zwar kein Hotelökologieseminar und kein *Forum der Bereisten* in dieser Region durchgeführt, allerdings sind die Aktivitäten im Umweltbereich derart ausgebaut (Vertragsklauseln, Begutachtung vor der Hotelbuchung, Monitoring durch Reiseleiter, Eco-Newsletter), dass es als relativ gesichert gelten kann, dass die lokalen Partner diese Standards erfüllen. Allerdings kann von den Umweltmaßnahmen ausschließlich der Schutz der Ressource Wasser als Beitrag zu Frieden gewertet werden. Da Wasser für die Region ein knapper und umkämpfter Rohstoff ist, ist damit jedoch ein überaus wichtiger Aspekt abgedeckt. Daneben führt die an den Selbstverpflichtungen orientierte Ausgestaltung der Reisen dazu, dass die unterschiedliche Teilhabe der Konfliktparteien am Tourismus berücksichtigt wird. So wird nach Auskunft von Studiosus darauf geachtet, dass die Hotelübernachtungen sowohl in israelischen sowie in palästinensischen Hotels gebucht werden.[249] Des Weiteren fördern die in einer Studienreise integrierten Begegnungen mit Palästinensern im Rahmen der Stiftungsprojekte die Teilhabe am Tourismus. Im Rahmen der *freien Aktivitäten* unterstützt die Studiosus Stiftung zwei Projekte, die als Beitrag zu Frieden in den Palästinensischen Gebieten bewertet werden können. Die Projekte decken sowohl die sozio-ökonomische Dimension sowie

248 Siehe hierzu: http://www.studiosus-foundation.org/was.php (17.06.10).

249 Studiosus bringt seine Reisegruppen unter anderem in einem Hotel unter, das von einem (christlichen) Palästinenser geführt wird (siehe Kapitel 6.4 Near East Tourist Agency). Auf diese Weise ist es möglich, sowohl Israelis wie Palästinenser an den Gewinnen vom Tourismus zu beteiligen, auch wenn Reisewarnungen für die Westbank/Gaza bestehen (Interview #6, München, 11.12.2007).

die sozio-kulturelle Dimension ab, da sie die Versöhnung zwischen den Konfliktparteien, als auch die Felder Ressourcenschutz, bzw. Ausbildung abdecken.

Wie bei den vorangegangenen Unternehmen wird das Unternehmensengagement auf Grund der Existenz von Unternehmenspolitiken, Unternehmensaktivitäten sowie *freien Aktivitäten* in der Region nicht unter *just doing business* eingeordnet. In der abschließenden Tabelle 4 wird das Engagement von Studiosus in der Zeile *Unternehmenspolitiken* in der politischen und der sozio-ökonomischen Dimension verzeichnet. In der Zeile *Unternehmensaktivitäten* kann ebenfalls die politische und die sozio-ökonomische Dimension markiert werden. In der Zeile *freie Aktivitäten* besetzt das Engagement die sozio-ökonomische und die sozio-kulturelle Dimension.

Tabelle 4: Unternehmensengagement von Studiosus für Frieden in Israel und den Palästinensischen Gebieten

		Sicherheitsdimension (1)	Politische Dimension (2)	Sozio-ökonomische Dimension (3)	Sozio-kulturelle Dimension (4)
		Friedensverhandlungen, SSR/DDR-Maßnahmen, Kleinwaffenkontrolle, Minenräumung	Demokratische Institutionen, Rechtstaatlichkeit, Zivilgesellschaft, Menschenrechtsschutz, Korruptionsbekämpfung	Wirtschaftsentwicklung, Armutsbekämpfung, Bildung/Ausbildung, Gesundheitsfürsorge, Umwelt/Ressourcenschutz	Medienausbildung, Friedenspädagogik, Versöhnungsprozesse, Traumabewältigung
Governance	Unternehmenspolitik		Studiosus	Studiosus	
Governance	Unternehmensaktivitäten		Studiosus	Studiosus	
Freie Aktivitäten				Studiosus	Studiosus
Just Doing Business					

6.5 *Near East Tourist Agency (NET)*

6.5.1 Unternehmensportrait der Near East Tourist Agency

Near East Tourist Agency wurde 1964 von Emil Abu Dayyeh in Jerusalem gegründet. Es handelt sich um ein Familienunternehmen in der dritten Generation. Entsprechend der Differenzierung in Kapitel 3.1 würde man von einem lokalen KMU sprechen. Der Hauptsitz des Unternehmens liegt in Jerusalem. Darüber hinaus hat das Unternehmen Büros in Jordanien, Italien und Griechenland sowie Vertretungen in Syrien, Ägypten und der Türkei.[250] Das Unternehmen führte im Jahr 2000 drei Hotels – zwei Hotels in Jerusalem und ein Hotel in Tiberias – und verfügte über insgesamt 50 eigene Busse.[251] Damit markierte das Jahr 2000 den bisherigen wirtschaftlichen Höhepunkt für die Near East Tourist Agency. Im Jahr 2000 wurden 250 Reisen in Israel und den Palästinensischen Gebieten organisiert. Mit Beginn der zweiten Intifada brachen die Touristenzahlen ein. Damit reduzierte sich die Anzahl der Reisenden, und das Unternehmen musste seine Kapazitäten (Busse, Mitarbeiter) zurückfahren. Bis zum Jahr 2008 – mit kurzem Einbruch während des Krieges 2006 – waren die Zahlen auf 180-200 Reisetouren angestiegen und das Unternehmen unterhielt wieder 28 Busse. Neben den eigenen Reisen erwirtschaftet Near East Tourist Agency seine Gewinne unter anderem damit, dass es Reiseveranstaltern aus dem Ausland Hotelkapazitäten, Busse und Reiseleiter zu Verfügung stellt. Auch der bereits eingeführte Reiseveranstalter Studiosus kooperiert mit dem Unternehmen Agency (Interview #11, Jerusalem, 30.05.2008). Die Near East Tourist Agency organisiert Reisen zu touristischen Sehenswürdigkeiten in Israel und den Palästinensischen Gebieten – und über die Partnerbüros zu Sehenswürdigkeiten in den genannten Ländern außerhalb dieser Region. Insgesamt fokussieren die von dem Unternehmen angebotene Reiseziele stark auf historisch und kulturell herausragende Sehenswürdigkeiten. Überdies wird von Seiten des Unternehmens der religiöse Kontext, insbesondere der biblische Kontext, der Sehenswürdigkeiten hervorgehoben.[252]

250 Siehe http://new.netours.com/index.php?option=com_content&task=view&id=147 &Itemid=39 (16.04.10).

251 Auf einer ausgelagerten Homepage der NET Agency werden neben der Reiseagentur und dem Transportwesen derzeit zwei Hotels aufgeführt, das Ambassador Hotel und das Ritz Hotel Jerusalem: http://www.netours.com/ (29.04.10).

252 Siehe hierzu http://new.netours.com/index.php?option=com_content&task=sec tion&id=4&Itemid=26_(16.04.10).

6.5.2 Wie ist das Engagement des Unternehmens strukturiert?

Über seine Homepage bekennt sich NET insbesondere zu Leistungen in drei Bereichen: Gestaltung der Reisen abhängig von den Wünschen der Reisenden, qualifizierte Reiseleiter und hohe Standards beim Transfer.[253] Selbstverständlich kann diese Form der Selbstverpflichtung nicht mit den formalisierten Selbstverpflichtungen der bereits untersuchten Reiseanbieter verglichen werden. Dementsprechend äußert sich der Interviewpartner des Unternehmens gegenüber Aspekten wie Verpflichtungen im Rahmen von CSR skeptisch.[254] Er sieht eine klare Hierarchie der Prioritäten für NET: „First you have to fulfill your urgent needs. If there is food on the table, then you can afford to care about additional issues." Und: „You have to afford to think about issues like environmental sustainability." (Interview #11, Jerusalem, 30.05.2008)

Die Einhaltung der auf der Homepage genannten Standards ermöglicht NET nach Auskunft im Interview jedoch die reibungslose Kooperation mit Studiosus, d.h. das Unternehmen erfüllt nach eigenen Angaben die eingeforderten, vertraglich festgelegten Standards im Umweltbereich und im Bereich Sozialstandards. Vor diesem Hintergrund ist interessant, dass NET seine Mitarbeiter in allen touristischen Bereichen (Reiseleiter, Verwaltung) selbst aus- und fortbildet, da in der Region ein Mangel an qualifiziertem Personal besteht.

Der aktuelle CEO von NET ist zudem Mitglied des Vorstandes der *Holy Land Incoming Tour Operators Association* (HLITOA).[255] Das Ziel des Verbandes, zu dem sich 2005 ein Großteil der palästinensischen Reiseanbieter zusammengeschlossen hat, ist die Förderung des Tourismussektors in den Palästinensischen Gebieten, um eine eigenständige und nachhaltige palästinensische Wirtschaftsentwicklung zu ermöglichen.[256] In diesem Zusammenhang bekennt sich NET zu einer wichtigen Rolle wirtschaftlicher Entwicklung für Frieden in der Region: „If economy provides income – this is definitely a way to peace" (Interview #11, Jerusalem, 30.05.2008). Gerade unter diesem Gesichtpunkt hält der Interviewpartner Tourismus für eine besonders geeignete Branche, da relativ rasch Gewinne erwirtschaftet werden könnten und die Branche relativ arbeitskräfteintensiv sei, d.h. viele Arbeitsplätze entstehen würden: „People benefit from tourism immediately. Tourism creates jobs and creating jobs is what counts." Und:

253 http://new.netours.com/index.php?option=com_content&task=view&id=147&Itemid=39 (29.04.10).

254 Nach dem Konzept *Corporate Social Responsibility* wurde unter anderem deswegen gefragt, da Unternehmensengagement, das unter diesem oder einem vergleichbaren Namen durchgeführt wird, ein geeigneter Marker für ein potenzielles Unternehmensengagement ist. Siehe hierzu auch Kapitel 3.3 und 4.4.

255 http://holylandoperators.com/en/page.php?page_id=5&mylanguage=en (21.04.10).

256 http://holylandoperators.com/en/page.php?page_id=4&mylanguage=en (21.04.10).

„It is a very rewarding business." (Interview #11, Jerusalem, 30.05.2008). Eine besondere Rolle kommt in diesem Zusammenhang überdies dem religiös motivierten Tourismus zu. Nach Ansicht des Interviewpartners reagieren Pilger nicht nur weniger sensibel auf Sicherheitskrisen, sondern berücksichtigen zudem stärker die Unterschiede in der Verteilung der Gewinne vom Tourismus zwischen der israelischen und der palästinensischen Seite:

> „Religious tourists also travel during political crisis to the holy land – they are less conflict sensitive. Moreover, so called ‚biblical tourism' cares more about the gap concerning the imbalanced benefits from tourism in the region." (Interview #11, Jerusalem, 30.05.2008)

Für den Sicherheitsbereich gibt es laut NET aktuell keine Vorgaben, die eine Begleitung von Reisenden durch Sicherheitspersonal vorgeben. Zudem hat das palästinensische Tourismusministerium keine Reisewarnung für die Palästinensischen Gebiete ausgegeben. Als Vorsichtsmaßnahme reist NET jedoch nicht nach Nablus (Interview #11, Jerusalem, 30.05.2008). NET macht auf seiner Homepage auf die Absperrung von touristischen Sehenswürdigkeiten im Rahmen allgemeiner lokaler Sicherheitsmaßnahmen sowie auf Kriminalität aufmerksam; ein spezielles Sicherheitsmanagement existiert jedoch nicht.[257] Lokale Sicherheitsregeln geben zudem vor, dass palästinensische Reiseleiter eine Genehmigung israelischer Behörden einholen müssen. Diese ist nur schwer zu erlangen und hat zudem lediglich eine Gültigkeit von drei Monaten. Zudem war es über einen längeren Zeitraum für palästinensische Reiseleiter nicht möglich, eine Lizenz zu erhalten. In dieser Zeit hatte NET israelische Reiseleiter beschäftigt.

6.5.3 Engagement der Near East Tourist Agency für Frieden in Israel und den Palästinensischen Gebieten

Das Unternehmen hat keine Unternehmenspolitiken formuliert und führt keine Unternehmensaktivitäten durch, die in besonderer Form auf den Konflikt oder mögliche Konfliktfaktoren Bezug nehmen. Zudem konnten keine *freien Aktivitäten* identifiziert werden. Damit deckt das Engagement von NET die Kategorie *just doing business* ab. Die Aktivitäten in diesem Bereich sind der sozioökonomischen Dimension zuzuschreiben. Das Unternehmen mit Sitz in Ostjerusalem bietet Fahrten zu touristischen Zielen in Israel sowie in den Palästinensischen Gebieten an. Von den Reisen in die Palästinensischen Gebiete profitiert schließlich auch die lokale palästinensische Tourismusindustrie. Überdies bildet NET im eigenen Unternehmen Mitarbeiter aus und hat einschlägige Maßnahmen zum Umwelt- und Ressourcenschutz eingeführt (Interview #11, Jerusalem,

257 http://new.netours.com/index.php?option=com_content&task=view&id=215&Itemid=52&limit=1&limitstart=4 (29.04.10).

30.05.2008). Insgesamt trägt das Unternehmen somit nicht nur dazu bei, die ungleiche Verteilung der Einnahmen vom Tourismus zwischen den Konfliktparteien zu reduzieren. Vielmehr schafft das Unternehmen Arbeitsplätze und Bildung für Palästinenser – ein essentieller Aspekt angesichts der hohen Arbeitslosigkeit und der wenigen Ausbildungsplätze. Die Einhaltung von Standards beim Umweltschutz, insbesondere beim Schutz der Ressource Wasser, hat Vorbildfunktion für weitere Branchenmitglieder sowie die lokalen Mitarbeiter in dieser Region. Das Engagement des CEO des Unternehmens als Vorstandsmitglied der HLITOA ist ein Beitrag zur Entwicklung von zentralen Brancheninstitutionen und damit ein Beitrag zur Entwicklung eines von Israel unabhängigen palästinensischen Wirtschaftssystems. Das Unternehmensengagement kann somit, auch ohne explizite Ausrichtung auf mögliche Konfliktfaktoren, als Beitrag zu Frieden durch *just doing business* in der sozio-ökonomischen Dimension gewertet werden. Das Engagement von NET ist dementsprechend in der Zeile *just doing business* in der politischen sowie der sozio-ökonomischen Dimension in Tabelle 5 abgebildet.

Tabelle 5: Unternehmensengagement von NET für Frieden in Israel und den Palästinensischen Gebieten

		Sicherheits-dimension (1)	Politische Dimension (2)	Sozio-ökonomische Dimension (3)	Sozio-kulturelle Dimension (4)
		Friedensverhandlungen, SSR/DDR-Maßnahmen, Kleinwaffenkontrolle, Minenräumung	Demokratische Institutionen, Rechtstaatlichkeit, Zivilgesellschaft, Menschenrechtsschutz, Korruptionsbekämpfung	Wirtschaftsentwicklung, Armutsbekämpfung, Bildung/Ausbildung, Gesundheitsfürsorge, Umwelt/Ressourcenschutz	Medienausbildung, Friedenspädagogik, Versöhnungsprozesse, Traumabewältigung
Governance	Unternehmenspolitik				
Governance	Unternehmensaktivitäten				
Freie Aktivitäten					
Just Doing Business			NET	NET	

6.6 *Laila Tours & Travel (Laila Tours)*

6.6.1 Unternehmensportrait von Laila Tours & Travel

Seit 2006 existiert Laila Tours & Travel, ein Familienunternehmen in der ersten Generation. Die Unternehmensgründerin hat ihre Ausbildung an der Universität in Bethlehem erhalten und vor der Gründung von Laila Tours & Travel als Reiseleiterin gearbeitet (Telephoninterview #2, 16.05.2009). Das Unternehmen hat seinen Hauptsitz in Bethlehem und beschäftigt sechs feste Mitarbeiter, d.h. entsprechend der Unterscheidung in Kapitel 3.1 würde man von einem lokalen KMU sprechen. Bei großen Aufträgen werden durch das Unternehmen verschiedene freie Mitarbeiter (Reiseleiter, Fahrer usw.) engagiert. Der Großteil der Reisen konzentriert sich auf kulturelle Sehenswürdigkeiten und religiöse Reiseziele in den Palästinensischen Gebieten. Darüber hinaus bietet Laila Tours & Travel

Fahrten nach Jordanien (u.a. Petra) und Ägypten (u.a. Sinai, Kairo) an. Die Reisen außerhalb der Palästinensischen Gebiete werden (zumeist) in Kooperation mit Partnern in den jeweiligen Ländern durchgeführt, d.h. ein Kooperationspartner nimmt Reisende in Jordanien/Amman in Empfang und „übergibt" die Reisegruppe dann an Laila Tours & Travel für die Reisestationen in den Palästinensischen Gebieten. Die Touristen, die über Laila Tours & Travel in die Palästinensischen Gebiete reisen, stammen größtenteils aus Großbritannien und partiell aus Spanien und Frankreich. Vor diesem Hintergrund hat das Unternehmen zu einzelnen Reiseanbietern in Europa direkten Kontakt (Telephoninterview #2, 16.05.2009). Auf der Homepage betont das Unternehmen seine besondere Expertise im Bereich Gruppenreisen und Pilgerreisen.[258]

6.6.2 Wie ist das Engagement des Unternehmens strukturiert?

Auf seiner Homepage gibt Laila Tour an, Touren zu organisieren, die jenseits religiös motivierter Pilgerreisen, zusätzlich die politische Situation der Region berücksichtigen:

> „As a Palestinian company with good links with communities and groups in Israel, we are also able to provide specialised access to the 'real' situation here, and can arrange 'peace tours' and conferences for those seeking to deepen understanding in this troubled area."[259]

Insgesamt steht diese Selbstverpflichtung, die selbstverständlich nicht mit den Selbstverpflichtungen der Unternehmen mit Sitz in Deutschland verglichen werden kann, jedoch neben der Verpflichtung, qualitativ hochwertige Reisen anzubieten. Somit erscheint es wenig überraschend, dass das Unternehmen zusätzlich zu der besonderen Betreuung der Reisenden keine speziellen Maßnahmen angibt, die das eingangs skizzierte Produkt der *peace tours* dezidiert umsetzen. Zu der besonderen Betreuung gehören laut Unternehmen qualifizierte Reiseleiter, spezielle Unterkünfte und Verpflegung für religiös motivierte Reisende, der direkte Kontakt zu den christlich-religiösen (arabischen) Gemeinden sowie auf die Reisegruppe abgestimmte Reiseprogramme.

Laila Tours ist ebenfalls Mitglied in der HLITOA. Allerdings ist das Unternehmen laut Interview skeptisch mit Blick auf den Einfluss der HLITOA auf die politischen Prozesse. Der Interviewpartnerin ist das Reisekonzept der ATG sowie der *Code of Conduct*, der im Rahmen der *Palestine Initiative for Responsible Tourism* (PIRT) entwickelt wurde, bekannt. Überdies wird der Versuch, den Tourismus in den Palästinensischen Gebieten auf diese Weise zu stärken, im Interview positiv bewertet (Telephoninterview #2, 16.05.2009). Außerdem wurde

258 Siehe hierzu: http://www.lailatours.com/lailatours.php (19.04.10).

259 http://www.lailatours.com/lailatours.php (29.04.10).

das touristische Konzept nach Interviewangaben bereits im Rahmen der HLITOA diskutiert und überlegt, das Konzept voranzubringen: „We try to develop the idea more and more, but it is not easy." (Telephoninterview #2, 16.05.2009).[260] Letztlich ist die Interviewpartnerin der Ansicht, dass sich vor allem der Friedensprozess positiv auf die wirtschaftliche Entwicklung auswirkt. Außerdem wird vermutet, dass sich die Reisenden und ausländischen Reiseanbieter bewusst sind, dass die wirtschaftlichen Gewinne aus dem Tourismus mehrheitlich an die israelische Tourismusbranche fließen. Eine rasche Änderung dieser Verhältnisse wird jedoch nicht erwartet (Telephoninterview #2, 16.05.2009).

Vor dem Hintergrund des politischen Konfliktes sind laut Interview in der Tat Sicherheitsfragen ein wesentlicher Einflussfaktor für Tourismus in den Palästinensischen Gebieten. Hier wirkte sich der Konflikt insbesondere in der Vergangenheit in mannigfaltiger Weise aus: So spiele die eingeschränkte Mobilität auf Grund der Checkpoints eine große Rolle. In dieser Frage würde nun unter anderem das Ministerium für Tourismus mit den israelischen Behörden versuchen zu verhandeln. Reiseanbieter in den Palästinensischen Gebieten müssen nach Auskunft im Interview insbesondere behördliche Vorgaben im Bereich Feuersicherheitslizenzen usw. erwerben. Weitergehende behördliche Vorgaben, beispielsweise die Kooperation mit Sicherheitsdienstleistern, wurden nicht erwähnt (Telephoninterview #2, 16.05.2009). Zudem erschwerten nach Interviewangaben die mediale Berichterstattung um Sicherheitsfragen in den Palästinensischen Gebieten und die Reisewarnung in den jeweiligen Heimatstaaten der Touristen das Arbeiten von Reiseanbietern. Allerdings würde sich das Image der Region derzeit ein wenig verbessern. So würden Reisende, die erste Erfahrungen mit Reisen in die Palästinensischen Gebiete gemacht hätten, sich zunehmend sicher fühlen und dies dann an interessierte Reisende weitergeben. Eine weitere Schwierigkeit ergibt sich laut Interviewangaben durch die Warnung von Wettbewerbern auf der israelischen Seite, die Touristen wiederholt vor Reisen in die Palästinensischen Gebiete warnen würden (Telephoninterview #2, 16.05.2009). Eine ähnliche Beobachtung macht Betz:

> „Die Israelis agieren bei Reisen durch das so genannte ‚Heilige Land' generell vorsichtig und bauen auf die ‚Sicherheit' signalisierenden Polizei- bzw. Militärtruppen ihres Landes. Gleichzeitig übertragen sie dabei jedoch, unterschwellig, auch ihre Ängste. Ob vor Restaurants oder auf der Post, an Busbahnhöfen oder an anderen neuralgischen Punkten, überall kann es zu Sicherheitskontrollen kommen. DIE (Hervorhebung Betz) Palästinenser sind nun mal aus israelischer Sicht der unmittelbar drohende, potenzielle Feind. Nicht wenige Israelis leben und denken deshalb im Zustand der verinnerlichten Alarmbereitschaft." (Betz 2006: 1)

260 Siehe hierzu das folgende Kapitel 6.7.

6.6.3 Engagement von Laila Tours & Travel für Frieden in Israel und den Palästinensischen Gebieten

Laila Tours hat keine Unternehmenspolitiken entwickelt, die das Kerngeschäft in besonderer Weise beeinflussen und weist keine Unternehmensaktivitäten auf, die systematisch den Konflikt oder einzelne Konfliktfaktoren adressieren. Überdies sind keine freien Aktivitäten feststellbar. Somit fällt das Engagement von Laila Tours unter die Kategorie *just doing business*. Hier decken die Aktivitäten vor allem die sozio-ökonomische Dimension ab. Das Unternehmen organisiert Reisen in den Palästinensischen Gebieten sowie zu touristischen Attraktionen in Israel. Durch die Nutzung palästinensischer Infrastruktur (Hotels, Gastronomie, Sehenswürdigkeiten) während der Reisen in den Palästinensischen Gebieten trägt das Unternehmen dazu bei, die ungleiche Verteilung der Tourismuseinnahmen zwischen den Konfliktparteien zu reduzieren. Die Mitgliedschaft der Unternehmensgründerin in der HLITOA kann als Beitrag zur Stärkung einer eigenständigen Brancheninstitution gewertet werden. Dies wiederum trägt zur Entwicklung eines unabhängigen Wirtschaftssystems in den Palästinensischen Gebieten bei. Insgesamt können die Aktivitäten in der sozio-ökonomischen Dimension als Beitrag zu Frieden im Rahmen von *just doing business* qualifiziert werden. In Tabelle 6 zum Unternehmensengagement in der Konfliktregion wird das Engagement von Laila Tours in der Zeile *just doing business* in der sozio-ökonomischen Dimension vermerkt.

Tabelle 6: Unternehmensengagement von Laila Tours für Frieden in Israel und den Palästinensischen Gebieten

		Sicherheitsdimension (1)	Politische Dimension (2)	Sozioökonomische Dimension (3)	Soziokulturelle Dimension (4)
		Friedensverhandlungen, SSR/DDR-Maßnahmen, Kleinwaffenkontrolle, Minenräumung	Demokratische Institutionen, Rechtstaatlichkeit, Zivilgesellschaft, Menschenrechtsschutz, Korruptionsbekämpfung	Wirtschaftsentwicklung, Armutsbekämpfung, Bildung/Ausbildung, Gesundheitsfürsorge, Umwelt/Ressourcenschutz	Medienausbildung, Friedenspädagogik, Versöhnungsprozesse, Traumabewältigung
Governance	Unternehmenspolitik				
	Unternehmensaktivitäten				
Freie Aktivitäten					
Just Doing Business				Laila Tours	

6.7 Alternative Tourism Group (ATG)

6.7.1 Unternehmensportrait der Alternative Tourism Group

Die Alternative Tourism Group wurde 1995 gegründet und hat ihren Hauptsitz in Beit Sahour, einer christlich dominierten Kleinstadt in direkter Nachbarschaft zu Bethlehem. In den ersten Jahren wurde die Alternative Tourism Group von einer niederländischen NRO unterstützt. Nach wie vor ist ATG formal eine Nichtregierungsorganisation. Seit 2000 arbeitet die Gruppe jedoch wie eine eigenständige touristische Zielgebietsagentur, d.h. sie vermarktet und koordiniert eigenständig Reisedienstleitungen in der Region. In diesem Sinne könnte man dann davon sprechen, dass ATG wie ein lokales KMU arbeitet. Die Alternative Tourism Group beschäftigt sechs feste Mitarbeiter und kooperiert mit verschiedenen freien Partnern, d.h. Reiseleitern, Busunternehmen, Hotels, Restaurants. Das touristische Leistungsspektrum deckt die Organisation und Durchführung von Reisen für Gruppen und Individualreisen ab (Betz 2006: 3). Während des so genannten *Bethlehem 2000-Boom* erreichte die Alternative Tourism Group die höchste Auslastung ihrer Kapazitäten. So betreuten ihre Mitarbeiter in diesem Jahr über 2000 Touristen. Diese Nachfrage brach jedoch mit Beginn der zweiten Intifada rapide, auf ungefähr 500 Reisende pro Jahr, ein. In den darauf folgenden Jahren stieg die Anzahl der Reisenden wieder. Im Jahr 2006 konnte die Alternative Tourism Group wieder rund 1200 Reisende betreuen (Betz 2006: 4). Die angebotenen Reisen fokussieren stark auf kulturhistorische und touristische Sehenswürdigkeiten in den Palästinensischen Gebieten, z.B. Jericho, Bethlehem, Jerusalem. Überdies können Reisende sich über die politischen Implikationen des Konfliktes für die Bevölkerung in den Palästinensischen Gebieten, unter anderem durch den Besuch von Flüchtlingslagern, informieren. Das Reisekonzept der Alternative Tourism Group zielt somit darauf ab, die Reisenden mit den gegenwärtigen Ereignissen in der Region vertraut zu machen und die Gewinne in der Region zu halten. Während der Internationalen Tourismusbörse 2007 in Berlin wurde ATG hierfür mit dem *To Do! Preis* 2006 des Studienkreises für Tourismus und Entwicklung e.V. ausgezeichnet.[261]

6.7.2 Wie ist das Engagement des Unternehmens strukturiert?

Das Unternehmen verpflichtet sich auf den *alternativen Tourismus (Alternative Tourism)*.[262] Dieses Tourismuskonzept verfolgt im Wesentlichen zwei Ziele (Betz 2006: 4; Kassis 2006: 2), nämlich den direkten Austausch zwischen dem Reisenden und der lokalen Bevölkerung (*intercultural exchange*) sowie die Anbindung der palästinensischen Tourismusindustrie an die in die Region reisenden Touristen. Diese Verpflichtung setzt ATG systematisch in folgenden Aktivitäten um:

Mit dem ersten Ziel, dem interkulturellen Austausch, verbindet sich nicht nur der Anspruch, den Reisenden die kulturellen und historischen Sehenswürdigkeiten in den Palästinensischen Gebieten nahe zu bringen. Ein zentraler Aspekt besteht auch darin, die Reisenden mit den aktuellen gesellschaftlichen Fragen und

261 Zum Wettbewerb des Studienkreis für Tourismus und Entwicklung e.V. (*To Do! Preis*) siehe auch: http://www.todo-contest.org/preistraeger.html (08.07.10).

262 In Verbindung mit den Aktivitäten von ATG wird in der Regel von *Alternative Tourism* gesprochen. Allerdings operiert Rami Kassis, geschäftsführender Direktor von ATG, in seiner Masterarbeit, die auf der Homepage von ATG einzusehen ist, mit dem Begriff *Justice Tourism* (Kassis 2006). Zudem operiert auch die Initiative *Pilgrimages for Transformation*, an der ATG maßgeblich beteiligt ist, mit dem Begriff *Justice Tourism*. Siehe hierzu: http://www.atg.ps/index.php?page=1177263170 (03.09.10).

Dynamiken in der palästinensischen Gesellschaft vertraut zu machen. Die Reisegruppen können zusammen mit den Mitarbeitern von ATG ein Reisethema entwickeln. Entlang dieses Themas organisiert ATG dann Treffen mit den entsprechenden palästinensischen sowie israelischen Ansprechpartnern in der Region. Dies bedeutet, dass ATG beispielsweise Gespräche mit Vertretern von Kommunen oder von Organisationen der Entwicklungszusammenarbeit arrangiert. Diese geben den Reisenden Raum für die Diskussion über Themen wie die Implikationen des Konfliktes für Menschenrechte (z.B. Flüchtlingslager) oder Umwelt- und Ressourcenschutz in den Palästinensischen Gebieten. In diesem Zusammenhang beteiligt sich ATG auch an konkreten Maßnahmen. So werden regelmäßig im Verbund mit anderen NROs Baumpflanzungsmaßnahmen durchgeführt.[263] ATG betont die besondere Rolle der Reiseleiter, die im Rahmen dieses Konzeptes eher die Rolle eines *facilitator* für den Austausch zwischen lokaler Bevölkerung und den Reisenden einnehmen. Der Reiseleiter soll Gespräche während dieser Treffen nicht dominieren, sondern moderieren. Der zweite wesentliche Aspekt des Konzeptes besteht wie erwähnt darin, dass die in den Palästinensischen Gebieten vorhandene Infrastruktur genutzt werden soll, um der lokalen Bevölkerung zu ermöglichen, vom Tourismus in diesen Gebieten zu profitieren. ATG geht in diesem Zusammenhang unterschiedlichste Wege. Am bemerkenswertesten ist, dass Reisende im Rahmen eines *bed&breakfast* Systems in palästinensischen Gastfamilien wohnen können. ATG bietet im Sommer 2008 ein Netzwerk von ungefähr hundert Gastfamilien an, in denen der Reisende, je nach Wunsch, unterschiedlich viel Zeit verbringen kann. Zudem kooperiert ATG mit Restaurants, die Produkte aus lokalem Anbau beziehen und neben der internationalen Küche auch regionale Gerichte anbieten. Natürlich können die Reisenden auch in einem klassischen Sternehotel übernachten. Es geht ATG vor allem darum, dass die Reisenden die touristische Infrastruktur in den Palästinensischen Gebieten nutzen und nicht, wie bislang zumeist der Fall, sich nur wenige Stunden in der Region aufhalten. Exemplarisch für diese Negativentwicklung sind die kurzen Busreisen von Jerusalem nach Bethlehem, auf denen die Reisenden lediglich für den kurzen Besuch in der Geburtskirche den Bus verlassen und direkt im Anschluss daran wieder direkt nach Jerusalem zurückfahren (Interview #12; Beit Sahour, 05.06.2008).

Neben der Verpflichtung zum *alternativen Tourismus* und den damit verbundenen Unternehmensaktivitäten ist ATG Mitglied der *Palestinian Initiative for Responsible Tourism* (PIRT) und bekennt sich zum *Code of Conduct for Tourism in the Holy Land*. Die PIRT wurde im Sommer 2007 von lokalen NROs und Reiseanbietern ins Leben gerufen.[264] ATG war hieran maßgeblich beteiligt. Im Herbst 2007 bearbeiteten fünf Arbeitsgruppen während eines Auftaktworkshops

263 http://www.atg.ps/index.php?page=1177263110.1197637155 (29.04.10).
264 Siehe http://www.pirt.ps/index.php?lang=en&page=123961473321 (26.04.10).

Kernprobleme des Tourismussektors in den Palästinensischen Gebieten. Hierzu gehören Sicherheitsfragen, Regulierungslücken oder Ressourcenprobleme. Auf Grundlagen der Empfehlungen des Workshops wurde ein Dokument mit dem Titel *A Code of Conduct for Tourism in the Holy Land – A Palestinian Initiative* verfasst und im November 2008 öffentlich bekannt gemacht.[265] Dieser *Code of Conduct* enthält unter anderem die Verpflichtung, die lokalen Kooperationspartner in fairen Anteilen an den Gewinnen zu beteiligen, Umwelt und Ressourcen zu schonen sowie transparent zu wirtschaften.[266]

Im Rahmen von freien Aktivitäten engagiert sich ATG seit 2005 für das Programm *Pilgrimages for Transformation*. So nimmt ATG an Workshops der Initiative, beispielsweise 2005 in Ägypten (Alexandria) und 2008 Jordanien (Mardaba), teil. Im Jahr 2010, also außerhalb des Untersuchungszeitraums für diese Fallstudien, wurde auf Initiative von ATG zudem einen Workshop in Genf abgehalten.[267] Ziel der Initiative ist es, religiöse Pilger auf die Konsequenzen unreflektierten Pilgertums in der Nahostregion aufmerksam zu machen und so genannten *justice tourism* zu fördern, der den Palästinensischen Gebieten zu Gute kommt.[268] Zusätzlich zu diesem Engagement hat ATG mit Unterstützung verschiedener NROs einen Reiseführer für die Palästinensischen Gebiete herausgegeben, der interessierte Touristen über die Sehenswürdigkeiten und die touristische Infrastruktur in der Region informiert und damit ebenfalls versucht, die palästinensische Tourismusbranche an die bestehenden Reiseströme in die Region anzuschließen.[269] Um die Sicherheit der Reisenden zu gewährleisten, legt ATG Wert darauf, dass die Reiseleiter hervorragend ausgebildet sind. Der israelisch-palästinensische Konflikt betrifft jedoch vor allem das Unternehmen selbst. So sind die Reiseleiter darauf angewiesen, dass sie eine Erlaubnis der israelischen Behörden erhalten. Zudem erschweren die Checkpoints den Transfer der Reisenden und die Reisewarnungen die Einreise von Reisenden.

265 Zur Entwicklung von PIRT und der Genese des *Code of Conduct* siehe: http://www.pirt.ps/index.php?lang=en&page=123961473321 (02.09.10).

266 Zu den Inhalten des *Code of Conduct* siehe: http://www.atg.ps/index.php?page=1178694470.1227348702.1227353817 (29.04.10) sowie http://www.pirt.ps/index.php?lang=%20en&page=123961689323 (29.04.10).

267 http://www.atg.ps/index.php?page=1178694470.1274781889.1274782145 (25.08.10).

268 Siehe hierzu: http://www.atg.ps/index.php?page=1177263170 (02.09.10).

269 Der Reiseführer wurde unter anderem 2003 und 2007 (2. Auflage) in französischer Sprache und 2005 und 2008 (2. Auflage) in englischer Sprache veröffentlicht. Die *Interchurch Organisation for Development Co-Operation* (ICCO) gibt an, die englische Ausgabe 2005 unterstützt zu haben, siehe http://www.icco.nl/delivery/main/nl/doc.phtml?=partners-in-het-midden-oosten_(07.07.10). Eine deutsche Fassung des Buches ist in Vorbereitung.

6.7.3 Engagement der Alternative Tourism Group für Frieden in Israel und den Palästinensischen Gebieten

Das Engagement, das ATG durch die Verpflichtung zum so genannten *alternativen Tourismus* sowie mit dem *Code of Conduct* von PIRT eingegangen ist, deckt die sozio-ökonomische Dimension sowie die politische Dimension ab.

So konzipiert das Unternehmen Reisen, die jenseits der klassischen touristischen Ziele auch wesentliche Bestandteile des Alltags in den Palästinensischen Gebieten thematisieren, d.h. Flüchtlingslager, Mauerbau. Um die wirtschaftliche Teilhabe der palästinensischen Bevölkerung zu fördern, nutzt das Unternehmen primär die Infrastruktur der Region (Restaurants, Hotels, *bed&breakfast*). Gleichzeitig aktiviert das Unternehmen (potenzielle) Anbieter von touristischen Leistungen. So bestärkt ATG Restaurantbesitzer explizit darin, lokale Produkte bei der Zubereitung der Speisen zu verwenden. Das Engagement deckt dabei primär die sozio-ökonomische Dimension ab, beispielsweise im Bereich Wirtschaftsentwicklung, Armutsbekämpfung, Ressourcenschutz. Allerdings begreift das Unternehmen dieses Engagement als einen Beitrag, dessen Akzente deutlich in der politischen Dimension liegen:

> „Actually the main goal – or one of the main goals – of ATG and of alternative tourism is the political issue. And we also believe that tourism is a tool of promoting peace and justice.“ (Interview #12; Beit Sahour, 05.06.2008)

Bemerkenswert ist überdies das aktive Engagement der ATG bereits bei der Gründung von PIRT und der Entwicklung des *Code of Conduct*. PIRT zielt, ebenso wie die HLITOA, darauf ab, die Sichtbarkeit der palästinensischen Tourismusbranche zu fördern. Außerdem möchte die Initiative durch die Setzung von Standards ein positives Branchenimage entwickeln. Gleichzeitig wirkt diese Initiative in die palästinensische Branche hinein, indem sie Vorbilder schafft. PIRT vertritt insgesamt einen eindeutig politischen Anspruch – „using tourism to transform contemporary injustices“ (Palestinian Initiative for Responsible Tourism 2008: 1) – und unterscheidet sich hierin deutlich von der HLITOA, die rein wirtschaftliche Interessen vertritt. Auch die Forderung nach Transparenz der Geschäftsmethoden im Rahmen des *Code of Conduct* von PIRT fällt unter die politische Dimension (Palestinian Initiative for Responsible Tourism 2008: 4). Vor diesem Hintergrund ist das Engagement der ATG im Rahmen von PIRT als Governance-Beitrag zu Frieden in der politischen Dimension zu bewerten. Das Engagement im Rahmen von *Pilgrimages for Transformation* und bei der Erstellung des Reiseführers richtet sich nicht auf das eigene Kerngeschaft – gleichwohl addressieren diese *freien Aktivitäten* zentrale Konfliktfaktoren, nämlich die ungleiche Verteilung der Gewinne vom Tourismus in der Region.

Das Engagement von ATG wird in Tabelle 7 somit in der Zeile *Unternehmenspolitiken* in der politischen Dimension und in der sozio-ökonomischen Dimension abgetragen. In der Zeile *Unternehmensaktivitäten* sind diese Dimensionen ebenfalls ausgefüllt. Unter *freie Aktivitäten* belegt das Engagement die sozio-ökonomische Dimension. Da Unternehmenspolitiken, Unternehmensaktivitäten sowie freie Aktivitäten existieren, wird das Engagement nicht als *just doing business* qualifiziert.

Tabelle 7: Unternehmensengagement von ATG für Frieden in Israel und den Palästinensischen Gebieten

		Sicherheitsdimension (1)	Politische Dimension (2)	Sozio-ökonomische Dimension (3)	Sozio-kulturelle Dimension (4)
		Friedensverhandlungen, SSR/DDR-Maßnahmen, Kleinwaffenkontrolle, Minenräumung	Demokratische Institutionen, Rechtstaatlichkeit, Zivilgesellschaft, Menschenrechtsschutz, Korruptionsbekämpfung	Wirtschaftsentwicklung, Armutsbekämpfung, Bildung/Ausbildung, Gesundheitsfürsorge, Umwelt/Ressourcenschutz	Medienausbildung, Friedenspädagogik, Versöhnungsprozesse, Traumabewältigung
Governance	Unternehmenspolitik		ATG	ATG	
Governance	Unternehmensaktivitäten		ATG	ATG	
Freie Aktivitäten				ATG	
Just Doing Business					

6.8 Unternehmensengagement der Tourismusbranche – empirische Befunde

Die folgende Analyse der Fallstudienbefunde nimmt drei Perspektiven ein: Zunächst werden die Befunde, die „auf einen ersten Blick“ erkennbar sind, skizziert. Im Anschluss wird das Engagement, das im Rahmen der eingangs untersuchten Hypothesen vermutet wird, mit dem empirisch identifizierten Verhalten der Unternehmen abgeglichen.[270] Dieser Analyse folgt dann der Vergleich des Unternehmensengagements im Querschnitt, d.h. über die sechs Unternehmensfälle hinweg. Als Anhaltspunkt hierfür dient folgende Tabelle 8, in der das Unternehmensengagement aller in den vorangehenden Kapitel untersuchten Unternehmen entsprechen der Konzeption von Unternehmensengagement in dieser Arbeit zusammengefasst ist.

270 Damit wird der dritte Schritt einer Kongruenzanalyse durchgeführt (siehe hierzu auch Kapitel 4.3). Entsprechend Kapitel 6.1 besteht die begründete Vermutung, dass sich die untersuchten Reiseanbieter engagieren, weil das Reiseangebot davon abhängt, dass die Destination intakt ist, während der Verkauf von Reisen von der Nachfrage durch potenzielle Reisende bestimmt wird.

Tabelle 8: Unternehmensengagement der ausgewählten Reiseanbieter für Frieden in Israel und den Palästinensischen Gebieten

		Sicherheitsdimension (1)	Politische Dimension (2)	Sozio-ökonomische Dimension (3)	Sozio-kulturelle Dimension (4)
		Friedensverhandlungen, SSR/DDR-Maßnahmen, Kleinwaffenkontrolle, Minenräumung	Demokratische Institutionen, Rechtstaatlichkeit, Zivilgesellschaft, Menschenrechtsschutz, Korruptionsbekämpfung	Wirtschaftsentwicklung, Armutsbekämpfung, Bildung/Ausbildung, Gesundheitsfürsorge, Umwelt/Ressourcenschutz	Medienausbildung, Friedenspädagogik, Versöhnungsprozesse, Traumabewältigung
Governance-Beiträge	Unternehmenspolitik		TUI Studiosus ATG	TUI Rewe Touristik Studiosus ATG	
Governance-Beiträge	Unternehmensaktivitäten		Studiosus ATG	TUI (Rewe Touristik) Studiosus ATG	
Freie Aktivitäten				Studiosus ATG	Studiosus
Just Doing Business			NET	NET Laila Tours	

6.8.1 Unternehmensengagement „auf den ersten Blick"

Betrachtet man die Ergebnisse der Fallstudien in der Gesamtschau, so stellt man fest, dass alle Formen privatwirtschaftlichen Engagements – *Governance-Beiträge*, *freie Aktivitäten* und *just doing business* – abgedeckt werden. Im Gegensatz dazu engagieren sich die Unternehmen jedoch nicht in allen Dimensionen, die differenziert wurden (Sicherheit, politische Dimension sowie sozio-ökonomische oder sozio-kulturelle Dimension). Interessant ist jedoch vor allem, dass sich vier der sechs untersuchten Unternehmen über *just doing business* hinaus in Form von *Unternehmenspolitiken*, *Unternehmensaktivitäten* oder *freien Aktivitäten* engagieren. Überdies lassen sich bei allen Unternehmen, die sich im Rahmen von *Unternehmenspolitiken* zu einem bestimmten Engagement verpflichten, aktive Anstrengungen nachweisen, diese Verpflichtungen umzusetzen. Diese Umsetzung erfolgt auf der Grundlage unterschiedlichster Mechanismen: So operieren die Reiseanbieter nicht nur mit verbindlichen Vorgaben und entsprechenden Sanktionen (Vertragsklauseln), sondern auch mit Anreizen (Auszeichnungen) und Informations- und Überzeugungsmechanismen (Workshops, Schulungen, Diskussionsforen). Zudem engagieren sich die Unternehmen nicht nur individuell, sondern auch kollektiv in Brancheninitiativen, welche sich unter anderem der Bearbeitung von Themen widmen, die im israelisch-palästinensischen Konflikt virulent sind. Daneben führen die international bzw. transnational operierenden Reiseanbieter im Rahmen von *freien Aktivitäten* Projekte in verschiedenen Konfliktregionen und Entwicklungsländern jenseits der Nahostregion durch.[271] Beurteilt man das Engagement der ausgewählten Unternehmen auf einen „ersten Blick", dann zeigt sich bei allen Unternehmen ein Bewusstsein für die als friedensrelevant eingestuften Themen, d.h. für Menschenrechte, Korruption, wirtschaftliche Entwicklung, Umwelt- und Ressourcenschutz. Dies ist ein ermutigender Befund für die sich anschließende Kongruenzanalyse der formulierten Hypothesen zu Unternehmensengagement der Reiseanbieter in Israel und den Palästinensischen Gebieten.

6.8.2 Unternehmensengagement in Israel und den Palästinensischen Gebieten

Nachdem in Kapitel 6.1 plausibilisiert werden konnte, dass der Zustand der Destination sowie die Kundensensibilität für die Reiseanbieter von großer Bedeutung sind, gilt es das auf dieser Grundlage vermutete Engagement der Reiseanbieter in der ausgewählten Konfliktregion zu untersuchen. Die Bestandsaufnahme im vorangehenden Kapitel sowie Tabelle 8 zeigen, dass die Mehrheit der Reiseanbieter zumindest ein Bewusstsein für friedensrelevante Faktoren aufweist. Die empirischen Befunde zu dem Unternehmensengagement, das tatsächlich in der ausgewählten Konfliktregion stattfindet – hierbei handelt es sich um

271 So engagiert sich REWE Touristik im Verbund mit dem DRV in Sri Lanka. In Kenia, Indien oder Afrika sind TUI im Rahmen von Futouris e.V. und Studiosus mit der Studiosus Foundation aktiv.

die grau unterlegen Felder in Tabelle 8 – , weisen jedoch eine andere Tendenz auf.[272]

So ist das regional identifizierbare Engagement der Mehrheit der Reiseanbieter in den meisten Dimensionen gering ausgeprägt bzw. kann nicht als Beitrag zu Frieden qualifiziert werden. So adressieren die systematisch implementierten Krisenmanagementsysteme der international bzw. transnational operierenden Unternehmen ausschließlich die Reisenden. Dies bedeutet, dass Sicherheit zwar bereitgestellt wird, allerdings wirkt dieses Engagement nicht nach außen. Damit wird Sicherheit lediglich als privates Gut verfügbar, d.h. es handelt sich nicht um einen Beitrag zu Frieden in der Region.[273] Ein ähnlich ernüchterndes Bild ergibt sich bei der Analyse von Unternehmensengagement in der sozio-kulturellen Dimension. Hier liegt lediglich das Engagement eines Unternehmens (Studiosus) in Form von *freien Aktivitäten* vor.[274]

Immerhin engagieren sich drei Unternehmen – siehe auch Tabelle 8 – im Bereich der politischen Dimension in der Konfliktregion, d.h. in den Bereichen Menschenrechte, Korruptionsbekämpfung und Zivilgesellschaft. Allerdings ist das Engagement inhaltlich konzentriert: So handelt es sich bei Studiosus um die Aufnahme von Korruptionsklauseln in Projektverträgen, ATG informiert Reisende unter anderem durch Besuche in Flüchtlingslagern über die Menschenrechtslage in der Region und NET fördert zivilgesellschaftliche Strukturen im Rahmen seines Engagements in der HLITOA als *just doing business*.

Deutliche Abweichungen von diesem Bild sind in der sozio-ökonomischen Dimension erkennbar. In dieser Dimension weisen vier der sechs Unternehmen Unternehmensengagement in Form von *Governance-Beiträgen* oder *freien Aktivitäten* auf.[275] Überprüft man das Engagement jedoch genauer, dann wird deutlich, dass sich dieses Engagement stark auf den Schutz der Wasserressourcen (TUI, REWE Touristik, Studiosus) und die ökonomische Teilhabe der palästinensischen Bevölkerung (Studiosus, ATG) konzentriert. Zwei lokale Unternehmen (NET, Laila Tours) tragen im Rahmen von *just doing business* zur sozio-ökonomischen Dimension bei.

272 Wie in Kapitel 3.3 beschrieben, sind die Unternehmenspolitiken bei international bzw. transnational operierenden Unternehmen in der Regel global formuliert. Unter diesen Bedingungen sind die *Unternehmensaktivitäten*, die *freien Aktivitäten* und *just doing business* das Unternehmensengagement, das tatsächlich in einer Konfliktregion vorliegt.

273 Was unter einem privaten Gut zu verstehen ist, wurde in Kapitel 3.2 ausgeführt. Siehe hierzu auch Fischer 2010a.

274 Da diese freien Aktivitäten eng auf das Kerngeschäft von Studiosus bezogen sind, könnte man diese – siehe Kapitel 6.4.3 – auch als *Unternehmensaktivitäten* im Sinne von *Governance-Beiträgen* qualifizieren. Auf Grund der Abwicklung über eine Unternehmensstiftung wurde dies jedoch „streng“ als *freie Aktivität* qualifiziert.

275 Zählt man das in Klammer, d.h. mit Einschränkung, abgetragene Engagement von REWE Touristik hinzu, engagieren sich alle Reiseanbieter.

Zusammengefasst bedeutet dies, dass sich insbesondere das Engagement der transnational operierenden Unternehmen – TUI und REWE Touristik – entweder auf Ebene der *Unternehmenspolitiken* oder in anderen als der ausgewählten Region bewegt. Zwei der drei lokal operierenden Unternehmen – NET und Laila Tours – tragen ausschließlich im Rahmen von *just doing business* und den daraus resultierenden ökonomischen Mehrwert (potenziell) zu Frieden in der Region bei. Insgesamt ergibt die Kongruenzanalyse zwischen dem vermuteten Unternehmensengagement und dem empirisch aufgefundenen Engagement in der Region, dass wenig Übereinstimmung zwischen dem vermuteten und dem empirisch vorgefundenen Unternehmensengagement besteht. Die Dimensionen werden nur sehr eingeschränkt abgedeckt. Das Engagement in der politischen Dimension ist sehr kleinteilig. Das Engagement innerhalb der sozio-ökonomischen Dimension konzentriert sich bei den transnational operierenden Unternehmen stark auf den Schutz der Ressource Wasser. Die ökonomische Teilhabe der Bevölkerung ist – bis auf wenige Ausnahmen – qualitativ ebenfalls eher gering ausgeprägt, d.h. die *Unternehmensaktivitäten* werden über weite Strecken mit weichen Anreizen (TUI, REWE Touristik) gefördert oder erfolgen direkt als *just doing business* (NET, Laila Tours). Damit kann die eingeführte Vermutung für das Engagement von Reiseanbietern in Konfliktregionen nicht von der Mehrheit der untersuchten Unternehmen bestätigt werden – ein Befund, dem in Kapitel 7 nachgegangen wird. In diesem Kapitel soll erklärt werden, warum sich die Mehrheit der ausgewählten Unternehmen – TUI, REWE Touristik, NET und Laila Tours – nur geringfügig für Frieden in Israel und den Palästinensischen Gebieten engagiert.

6.8.3 Unternehmensengagement – Ausbruch aus dem Trend?

Der Vergleich des Engagements der sechs Unternehmen in der ausgewählten Konfliktregion im Querschnitt zeichnet folgendes Bild: So ist das Engagement von REWE Touristik in der Region am schwächsten ausgeprägt, da sich die Umsetzung der Unternehmenspolitiken auf den Schutz der Ressource Wasser konzentriert und auf weichen Mechanismen beruht; überdies existieren daneben keine *freien Aktivitäten*. Im Gegensatz dazu kann man davon ausgehen, dass die TUI auf Grund des relativ konsistenten Umweltmanagementsystems immerhin im Bereich des Schutzes der Ressource Wasser zu Frieden in der Region beiträgt – wenngleich auch darüber hinaus kein Engagement identifiziert werden kann, das in der Region wirksam ist. Im Gegensatz zu TUI und REWE Touristik ist das Engagement von Studiosus sowohl in Form von Unternehmensaktivitäten als auch im Rahmen von freien Aktivitäten in der sozio-ökonomischen Dimension als Beitrag zu Frieden in der Region qualifizierbar. Überdies deckt das Engagement in unterschiedlicher Form die politische und die sozio-kulturelle Dimension ab.

Zwei lokale Unternehmen, Laila Tours und NET, tragen ausschließlich im Rahmen von *just doing business* in der sozio-ökonomischen Dimension zu Frieden in der Region bei. Laila Tours ist gemessen an der Anzahl der Mitarbeiter wesentlich kleiner als NET. Im Gegensatz zu Laila Tours ist NET außerdem in Bracheninstitutionen wie der HLITOA und weiteren politikrelevanten Foren aktiv.[276] Damit muss das Engagement von NET im Rahmen von *just doing business* mit Sicherheit stärker gewichtet werden als das von Laila Tours. Ebenfalls weniger ökonomisch stark als NET ist ATG. Allerdings zeichnet sich das Engagement des Reiseanbieters für Frieden dadurch besonders aus, dass ATG einer Unternehmenspolitik folgt, die die für den Konflikt relevanten Faktoren direkt adressiert und in Unternehmensaktivitäten umsetzt. Zudem ist ATG führend bei der Gründung und Fortentwicklung von PIRT aktiv und spricht über eine transnationale Initiative, *Pilgrimages for Transformation*, bedeutsame Multiplikatoren (Kirchen, christliche NROs, auf Pilger spezialisierte Reiseanbieter) auf problematische Aspekte des Tourismus in der Region an. Dieses Engagement, das überdies regionale Reichweite hat, kann als Beitrag zu Frieden in Form von *Governance-Beiträgen* und *freien Aktivitäten* gewertet werden.

Insgesamt weisen somit zwei Reiseanbieter, ATG und Studiosus, durch die Unternehmenspolitiken, Unternehmensaktivitäten sowie verschiedene freie Aktivitäten – im Gegensatz zu den anderen ausgewählten Unternehmen – erkennbares Engagement in der Konfliktregion auf. Da dieses Engagement signifikant von dem Engagement der anderen Reiseanbieter abweicht, soll es in Kapitel 8 genauer analysiert und erklärt werden.

276 Palestine Investment Conference 2008, Investing in Palestine's Treasures. A Discussion of Tourism Sector Opportunities (Session 1B), http://pic-palestine.ps/2008/download/pic_agenda_eng.pdf (03.09.10).

7. Dem Unternehmensengagement „der Mehrheit“ auf der Spur

Die Mehrheit der ausgewählten Reiseanbieter – TUI, REWE Touristik, NET und Laila Tours – engagiert sich, wie die Unternehmensfallstudien im vorangehenden Kapitel ergeben, nur geringfügig in der untersuchten Konfliktregion. Damit wurden die Hypothesen zum Engagement von Reiseanbietern in Konfliktregionen enttäuscht. Mögliche Erklärungsansätze für diesen Befund sollen in diesem Kapitel identifiziert werden. Hierfür rekurriere ich auf die Expertise von Branchenexperten sowie auf Erkenntnisse der Tourismusforschung.

7.1 Unternehmensengagement erklären

Um die Hinweise der Experten und der Forschungsliteratur möglichst effektiv auf potenzielle Erklärungsfaktoren hin zu verdichten, werden die Erklärungsfaktoren der theoretischen Vermutung verwendet, d.h. der Aspekt der Kundensensibilität und des Zustandes der Destination werden als Ausgangspunkte für die Analyse verwendet.[277]

7.1.1 TUI AG und Touristik der REWE Group

Verfolgt man den in der theoretischen Vermutung aufgegriffenen Aspekt der Konfliktsensibilität der Reisenden weiter, so äußern sich Branchenexperten nicht nur bestätigend, sondern geben teilweise sogar eine besonders ausgeprägte Konfliktsensibilität deutscher Reisenden an. Als Beleg hierfür verweisen die Experten darauf, dass die Nachfrage aus dem deutschen Quellmarkt im Konfliktfall stärker und nachhaltiger einbricht als die Nachfrage aus anderen Quellmärkten (Interview #16, Jerusalem, 06.06.2008; Interview #8, Berlin, 13.03.2009).[278] Damit drängt sich jedoch die Frage, warum sich TUI und Rewe Touristik nicht intensiver engagieren, umso mehr auf. Die so genannte Reisewarnung erweist

277 Selbstverständlich ist die folgende Analyse offen für überraschende Erklärungsfaktoren, die nicht aus dem Zusammenhang mit den Faktoren der theoretischen Vermutung erwachsen.

278 Der tourismuspolitische Bericht der Bundesregierung entnimmt zudem einer Studie der Forschungsgemeinschaft Urlaub und Reisen (F.U.R.), dass „für 86 Prozent der deutschen Touristen die persönliche Sicherheit am Urlaubsort maßgeblich für ihre Reiseentscheidung ist“ (Bundesministerium für Wirtschaft und Technologie 2008: 69).

sich schließlich als ein wesentlicher Erklärungsfaktor. So geben die untersuchten Reiseanbieter an, dass die Ausgabe einer Reisewarnung durch das deutsche Auswärtige Amt maßgeblich für die Entscheidung zur Evakuierung von Reisenden aus einer Region bzw. die Absage von geplanten Reisen in die entsprechende Region sei (Interview #4, München, 19.10.2007; Interview #2, Hannover, 16.10.2008; Fragebogen #1, Köln, 24.09.2008). Weitere Nachforschungen ergeben, dass Reisewarnungen nicht den Status einer gesetzlichen Regelung einnehmen und somit nicht auf direktem Wege handlungsrelevant sind. Jedoch gelten Reisewarnungen des Auswärtigen Amtes im rechtlichen Sinne als ein starkes Indiz dafür, dass der Umstand der *höheren Gewalt* vorliegt (Glaeßer 2001: 84; Schmid 2003: 977). Da Reiseanbieter verpflichtet sind, im Rahmen ihrer Möglichkeiten über die Sicherheitslage in einer Region Erkundigungen einzuholen, diese zu prüfen sowie entsprechende Reiseentscheidungen zu treffen, um die Sicherheit der Reisenden zu gewährleisten, sind diese Reisewarnungen ein zentraler Anhaltspunkt für die Entscheidung über die Durchführbarkeit einer Reise.[279] TUI und REWE Touristik schreiben einer Reisewarnung somit eine ähnliche Verbindlichkeit zu wie einer gesetzlichen Vorgabe und reagieren dementsprechend rasch auf die Bekanntgabe einer Reisewarnung. So wird in diesem Zusammenhang auch von informeller Regulierung gesprochen (Fischer 2010a: 146; Interview #8, Berlin, 13.03.2009). Das Engagement, das diese Unternehmen vor diesem Hintergrund aufweisen, bildet sich in den beschriebenen Krisenmanagementsystemen ab.[280] Diese adressieren konsequenterweise primär die Reisenden und stellen Sicherheit als privates Gut bereit.[281]

279 Zudem müssen Reiseanbieter die Informationen über potenzielle Gefahren in der Destination an die Reisenden weitergeben. In diesem Zusammenhang wird oftmals das so genannte *Djerba-Urteil* des Landgerichts Hannover aus dem Jahr 2004 diskutiert. Die Klage eines durch den Anschlag verletzten Reisenden gegen einen Reiseanbieter auf Vernachlässigung der Informationspflicht zu Sicherheitsrisiken wurde vom Gericht abgewiesen. Das Gericht hat den negativen Bescheid damit begründet, dass der Nachweis nicht erbracht worden sei, dass der Reiseanbieter Informationen über eine konkrete Gefahr hatte, diese aber nicht an die Kunden weitergab. Damit hat das Gericht nach Schmid jedoch lediglich die Begründungspflicht der Anklage für nicht ausreichend erklärt und nicht die grundlegende Verantwortung der Reiseanbieter für die Sicherheit der Reisenden – im Rahmen ihrer Möglichkeiten – beurteilt (Schmid 2004: 2f).

280 Der Begriff Krisenmanagement deckt im Tourismus nicht zwangsweise die Reaktion auf gewaltsame politische Ereignisse in der Destination ab, da die Bereitstellung des Produktes auch von Streiks oder der Insolvenz eines Kooperationspartners gefährdet sein kann, d.h. der Begriff wird für Interventionen auf verschiedenste Krisen gebraucht.

281 Allerdings zeigen Interviews, dass die Reiseanbieter im Krisenfall kooperativ handeln und gemeinsam Maschinen zur Evakuierung von Reisenden chartern sowie Reisende von Tochterunternehmen oder auch kleineren Unternehmen, die ebenfalls im DRV aktiv sind, aufnehmen (Interview #3, Berlin, 07.01.2009). In diesem Fall könnte man von der Bereitstellung eines Klubgutes sprechen.

Mit diesen Erkenntnissen ist es nahe liegend, das Regulierungsumfeld dieser Reiseanbieter sowie die politischen Rahmenbedingungen im Heimatstaat der Unternehmen näher zu betrachten. Interviews mit Branchenexperten in Deutschland zeigen, dass das politische Umfeld nur geringfügig Einfluss auf das Verhalten von Reiseanbietern in Konfliktregionen nimmt. Dies ist unter anderem strukturell bedingt. So liegen die Zuständigkeiten für das Themenfeld Tourismus – insbesondere auch der Kontakt zur UNWTO – bei einem Referat im Wirtschaftsministerium und dem Beauftragen der Bundesregierung für Tourismus.[282] Gleichzeitig befasst sich jedoch der parlamentarische Tourismusausschuss in Anhörungen mit verschiedenen tourismuspolitischen Aspekten und kann Leitlinien oder Empfehlungen entwickeln.[283] Der Etat des parlamentarischen Tourismusausschusses ist jedoch wiederum beim Wirtschaftsministerium angesiedelt. Zudem verfügen weitere Ausschüsse und Ressorts, unter anderem das Bundesministerium für wirtschaftliche Zusammenarbeit und Entwicklung, über eigene so genannte *Tourismustitel* und können somit eigenständig Maßnahmen ergreifen (Interview #17, Berlin, 04.12.2008). Tourismus ist offensichtlich ein Querschnittsthema, und damit sind beispielsweise bei Umwelt- und Klimafragen sowie dem Flugverkehr das Umweltministerium und das Umweltbundesamt beteiligt, während bei der Einführung des Verhaltenskodex gegen die kommerzielle sexuelle Ausbeutung das Familienministerium involviert war. Nach Meinung von Branchenexperten führt dies dazu, dass es in Deutschland keine systematische Tourismuspolitik gibt und eine große staatliche Zurückhaltung gegenüber Regulierung herrscht (Interview #14, Bonn, 27.10.2008).[284] Dies bedeutet auch, dass das Engagement der untersuchten Unternehmen in Entwicklungsländern oder Konfliktregionen nicht durch Vorgaben im Heimatstaat reguliert wird, obgleich es auf verschiedenen Ebenen einzelne, oftmals themenbezogene Initiativen gibt, die das Verhalten von Reiseanbietern in und jenseits des Heimatstaates zu beeinflussen suchen (Interview #14, Bonn, 27.10.2008). So gibt es Maßnahmen und Initiativen auf globaler und Bundesebene, die das Verhalten der Reiseanbieter in den Bereichen Klima- und Umweltschutz adressieren, beispielsweise über die Einführung von Emissionsrechnern oder einer Flugticketabgabe durch die Bundes-

282 Zum Zeitpunkt des Interviews war Ernst Hinsken Beauftragter der Bundesregierung für Tourismus. Aktueller Beauftragter ist Ernst Burgbacher. Weitere Informationen zu diesem Bereich: http://www.bmwi.de/BMWi/Navigation/tourismus.html (31.08.10).

283 Weitere Informationen zur Arbeit des Ausschuss für Tourismus: http://www.bundestag.de/bundestag/ausschuesse17/a20/index.jsp (31.08.10).

284 Zudem sind die Kompetenzen für die Tourismusförderung innerhalb Deutschlands auf Länderebene angesiedelt, d.h. auf Bundesebene können auch für inländischen Tourismus vorwiegend Rahmenbedingungen gesetzt werden (Interview #18, Berlin, 22.01.2009; Bundesministerium für Wirtschaft und Technologie 2008: 8). Nichtsdestotrotz ist nach Interviewangaben der inländische Tourismus stärker reguliert als der Tourismus, der Deutschland verlässt (Interview #17, Berlin, 04.12.2008).

regierung (Interview #14, Bonn, 27.10.2008).[285] Ein weiteres Beispiel ist die mehrfach erwähnte Initiative gegen die kommerzielle sexuelle Ausbeutung von Kindern *The Code (ECPAT)*, die von der UNWTO, der Bundesregierung und den Mitgliedern des DRV getragen wird. Überdies wurden 2009 im Bundesministerium für Wirtschaft und Technologie *Tourismuspolitische Leitlinien der Bundesregierung* entwickelt, die im Kabinett sowie in den relevanten Ausschüssen und schließlich im Plenum diskutiert und verabschiedet wurden.[286] Diese Leitlinien nehmen vor allem den inländischen Tourismus in den Blick, jedoch ist (immerhin) ein Bewusstsein für die Notwendigkeit eines verantwortlichen Tourismus zu erkennen:

> „Die Bundesregierung setzt sich für gesellschaftspolitische Verantwortung im Tourismus ein. So orientiert sich die deutsche Politik beim Tourismus am Leitbild der nachhaltigen Entwicklung. Ziel ist ein Tourismus, der in sozialer, kultureller, ökologischer und ethischer Hinsicht verträglich sowie wirtschaftlich erfolgreich ist. So kann er zur Armutsminderung, Erhaltung der biologischen Vielfalt und zum Umwelt- und Klimaschutz beitragen." (Bundesministerium für Wirtschaft und Technologie 2009: 3)

Insgesamt handelt es sich jedoch bei allen Maßnahmen um bloße Aufforderungen, Leitlinien oder freiwillige Verpflichtungen und nicht um Regulierung.[287]

Somit unterliegt das Engagement von Reiseanbietern in Konfliktregionen zu weiten Teilen ausschließlich den gesetzlichen Vorgaben des jeweiligen Gaststaates.[288] Wie die Fallstudien zu TUI und REWE Touristik zeigen, bekennen sich die Unternehmen dementsprechend explizit dazu, dass sie die Gesetze und Regeln des Gaststaates einhalten. Angesichts dessen, dass die Unternehmen in einer Konfliktregion agieren, ist dieser Aspekt jedoch ambivalent. So ist der Rechtsrahmen in den Palästinensischen Gebieten, wie in Kapitel 5 beschrieben, nicht ausreichend entwickelt. Zudem verfügt das politische Gebilde nicht über vollständig funktionierende Verwaltungsstrukturen, um die Umsetzung existierender Vorgaben zu gewährleisten. Demgegenüber berichten Branchenexperten jedoch auch von Vollzugsdefiziten bei der Umweltgesetzgebung auf der israelischen Seite (Interview #15, Tel Aviv, 29.05.2008). Damit sind TUI und REWE Touris-

285 Für Informationen zur Flugticketabgabe und möglichen Kompensation durch Emissionsrechner siehe: http://www.tourism-watch.de/de/node/1461 (31.08.10); http://www.tourism-watch.de/de/node/1079 (31.08.10).

286 Die Entwicklung dieser Leitlinie kann man zudem als Versuch einer aktiveren und konsistenteren Tourismuspolitik betrachten.

287 Eine Übersicht über die Verhaltenskodizes und freiwilligen Selbstverpflichtungen der Tourismusbranche siehe Monshausen/Fuchs 2010: 22f.

288 Damit gilt für die Tourismusbranche, was in der allgemeinen Debatte um Unternehmensverantwortung zentral ist, nämlich dass der Vielzahl an freiwilligen individuellen und kollektiven Maßnahmen nur begrenzte (erfolgreiche) Versuche und Möglichkeiten gegenüber stehen, Unternehmen verbindlich zur Einhaltung bestimmter Standards zu veranlassen (Bernstorff 2010; Bertelsmann Stiftung 2006; Muchlinski 2007: 110).

tik mit einem eher niedrigen Regulierungsniveau in den Palästinensischen Gebieten und mit Vollzugsdefiziten in Israel in den potenziell konfliktrelevanten Feldern wie Korruption, Menschenrechte, wirtschaftliche Partizipation oder dem Schutz der Ressource Wasser konfrontiert. Dieser Aspekt trägt – neben der Rolle der Reisewarnungen und der geringfügigen Einflussnahme des Heimatstaates – zur Erklärung des geringen Engagements dieser transnational operierenden Unternehmen bei.[289]

Folgt man nun der zweiten theoretischen Vermutung, die die Bedrohung der Destination thematisiert, so deuten Branchenexperten und die Tourismusforschung weitere Faktoren an, die den negativen Befund für die ausgewählten Unternehmen erklären. Bei diesen Faktoren handelt es sich unter anderem um den Aspekt des regionalen Kerngeschäfts. So operieren TUI und REWE Touristik zwar, sofern es die Reisewarnungen erlauben, in Israel und den Palästinensischen Gebieten, allerdings gehört diese Destination – neben Konfliktregionen wie Haiti, Kongo oder Sri Lanka – nicht zu dem Kerngeschäft der ausgewählten Unternehmen (Interview #3, Berlin, 07.01.2009). Damit können diese Unternehmen relativ einfach die geringen touristischen Kapazitäten durch das Angebot von Reisen in weiteren Zielgebieten auffangen. Angaben auf der Internetseite der Veranstaltermarke DERTOUR von REWE Touristik und Interviewauskünften durch TUI bestätigen, dass der Großteil der Kunden in andere Destinationen als der hier untersuchten Konfliktregion reist:

> „Der Schwerpunkt unserer Aktivitäten liegt in den für die TUI strategisch und ökonomisch bedeutsamsten Urlaubsgebieten, insbesondere in den klassischen Mittelmeerdestinationen sowie auf den Kanaren. Darüber hinaus sehen wir ein weiteres zentrales Handlungsfeld in Destinationen in Entwicklungs- und Schwellenländern vor allem in Afrika, Asien und Lateinamerika." (Fragebogen #2, Hannover, 07.11.2008).

> „Nordamerika ist das wichtigste Reiseziel im Fernreisebereich, gefolgt von Asien, Australien, Vorderer Orient, Indischer Ozean und Afrika. Ziele in Süd- und Mittelamerika sowie in der Karibik runden das Angebot ab." (REWE Group 2008c: 14, DERTOUR)

Überdies haben weder TUI noch REWE Touristik in eigene Hotels oder Hotelanlagen in Israel oder den Palästinensischen Gebieten investiert, d.h. bei Ausbruch eines Konflikts und Bekanntgabe einer Reisewarnung können die Reiseanbieter auch in dieser Hinsicht relativ flexibel und rasch Reisende und Mitarbeiter evakuieren.[290] Und schließlich verhalten sich nach Branchenexperten auch die Rei-

289 Die theoretische Einbettung dieses Befundes in die politikwissenschaftliche Debatte zur Rolle des so genannten *Schattens der Hierarchie* für Unternehmensengagement erfolgt in Kapitel 9.

290 So genannte *integrierte Touristikkonzerne* zeichnen sich durch vertikale Integration aus. Dies bedeutet, dass diese Konzerne zunehmend auch über eigene Hotelanlagen in den Destinationen verfügen (Bastian/Born 2004: V). TUI Hotel & Resorts verfügt beispielsweise über Hotels in Costa Rica, im Senegal oder in Ägypten, siehe hierzu:

senden überaus flexibel. Diese sagen im Krisenfall den Urlaub nicht ab, sondern buchen diesen zumeist in andere Regionen um (Kreilkamp 2005: 35). Damit sind die ausgewählten Reiseanbieter sehr marktflexibel – sie können sich bei Ausbruch eines Konfliktes relativ schadlos aus der Destination zurückziehen.

Ein letzter Aspekt betrifft den Branchendiskurs zu Unternehmensverantwortung, der nach Expertenaussagen noch recht jung ist: „CSR steckt im Bereich Tourismus noch in den Kinderschuhen – von CSR-Mainstreaming kann noch nicht gesprochen werden" (Interview #8, Berlin, 13.03.2009). Parallel dazu erkennen Branchenexperten zwar einen Grundkonsens (Interview #14, Bonn, 27.10.2008). Dieser entwickelt sich jedoch langsam von der Verantwortung für Umwelt- und Ressourcenfragen hin zu sozialer Verantwortung (Dodds/Joppe 2005: 4).[291] Im Jahr 2009 wurde im Rahmen der Internationalen Tourismusbörse (ITB) erstmals ein *CSR-Day* durchgeführt.[292] Dass das Thema Unternehmen und Konfliktregionen auch für den entstehenden CSR-Diskurs ein sehr neuer Aspekt ist, zeigt die Tatsache, dass erst im Jahr 2010 ein Panel zu Tourismus in Konfliktregionen im Rahmen der ITB durchgeführt wurde und teilnehmende transnational operierende Veranstalter durch das Krisenmanagement des Unternehmens vertreten waren, aber nicht durch Bereiche, die sich mit ökologischer oder sozialer Verantwortung des Reiseanbieters befassen.[293]

7.1.2 Near East Tourist Agency und Laila Tours & Travel

Folgt man der Hypothese zur Konfliktsensibilität der Reisenden, so kommt man zunächst zu dem Schluss, dass die ausgewählten lokalen Reiseanbieter, im Gegensatz zu den international bzw. transnational operierenden Reiseanbietern, keine – oder nur sehr eingeschränkte – Möglichkeiten haben, ihre wirtschaftlichen Einbußen auf Grund einer einbrechenden Nachfrage über eine flexible Verlagerung des Kerngeschäfts in eine andere Region zu kompensieren. Dennoch bewirken die mit dem Konflikt einhergehenden negativen Konsequenzen keine

http://www.tui-group.com/dms/konzern/geschaeftsbereiche/tui_h_r_weltkarte_2009/tui_hotels_u_resorts_weltkarte_deutsch.pdf (31.08.10). Damit ist perspektivisch ein Wandel des Engagements in Entwicklungsländern und Konfliktregionen möglich. Noch steht diese Entwicklung jedoch am Anfang.

291 Allerdings verweisen Branchenvertreter oftmals darauf, dass die diverse Struktur der touristischen Wertschöpfungskette eine konsistente Umsetzung stark erschwere.

292 Zum Programm des ersten CSR-Day auf der ITB: http://www1.messe-berlin.de/vip8_1/website/Internet/Internet/www.itb-kongress/pdf/Kongressprogramm/ITB_Kongressprogramm_2009.pdf (10.09.10).

293 Panel Discussion *Tourism as a Driver in Peacebuilding and Reconstruction*, http://www1.messe-berlin.de/vip8_1/website/Internet/Internet/www.itb-berlin/deutsch/Events/Events/PDFGesamtprogramm/index.jsp (10.09.10).

automatische Mobilisierung der betroffenen Unternehmen. Forschungsarbeiten zur Rolle von Tourismus in Konfliktregionen bestätigen dieses Phänomen durch Fallstudien zum Engagement der Tourismusbranchen in Ruanda oder Sri Lanka (Joras/Alluri et al. 2009). Als ein Erklärungsfaktor dafür, dass sich die lokalen Unternehmen nicht über *just doing business* hinaus für den Frieden engagieren, identifizieren die Autoren dieser Studie unter anderem ein fehlendes Bewusstsein der Branche für die Möglichkeiten privatwirtschaftlichen Engagements. Für die ausgewählten lokalen Unternehmen dieser Arbeit ist dies jedoch nicht zutreffend: Sowohl NET als auch Laila Tours sind nach eigenen Angaben mit verschiedenen Formen von Unternehmensengagement vertraut. Nach eigenen Angaben ist NET darüber informiert, dass in der Tourismusbranche Konzepte wie *Corporate Social Responsibility* und *tripple bottom line* diskutiert werden. Aus der Zusammenarbeit mit Studiosus ist das Unternehmen mit der praktischen Umsetzungen eines solchen Konzeptes vertraut, und das Engagement von ATG ist in der lokalen Branche bekannt. Dies bestätigte auch Laila Tours und berichtet, dass PIRT und der *Code of Conduct* im Rahmen der HLITOA diskutiert wurden. Damit ist die Frage nach den Erklärungsfaktoren weiterhin offen.

Geht man vor dem Hintergrund der eingeführten Hypothesen dem Aspekt des Zustandes der Destination nach, so ist jedoch offensichtlich, dass die ausgewählte Destination negativ von den politischen Auseinandersetzungen betroffen ist. Die eingeschränkte Mobilität durch die zahlreichen Checkpoints, aber auch die Absperrung von relevanten touristischen Stätten (Altstadt, Tempelberg) behindern die Geschäftstätigkeit der Reiseanbieter in der Region. Da der Grundgedanke der Reziprozität, den das Paris Protokoll 1994 für die israelisch-palästinensischen Tourismuswirtschaftsbeziehungen formuliert hat, nie implementiert wurde, liegt die Verantwortung für zahlreiche Bestimmungen, die die palästinensische Tourismusbranche betreffen, bei israelischen Behörden (Dajani/Dayan et al. 2006: 384). Wie bereits beschrieben, handelt es sich hierbei beispielsweise um Lizenzen für palästinensische Reiseleiter, aber auch um Baugenehmigungen für palästinensische Hotels (Interview #1, Bethlehem, 01.12.2007; Dajani/Dayan et al. 2006: 384). Branchenexperten zu Tourismus in Konfliktregionen haben *fehlenden politischen Raum* in autoritären Staaten, oder unter konfliktiven politischen Bedingungen, als Erklärung für geringes privatwirtschaftliches Engagement ausgemacht (Alluri/Joras et al. 2009: 15). Dieses Moment trifft vor dem Hintergrund der israelischen Besatzung auch auf die Palästinensischen Gebiete zu und kann das Engagement der lokalen Unternehmen partiell erklären. Neben der Kontrolle durch die israelischen Behörden resultiert ein Großteil der Herausforderungen für die palästinensischen Reiseanbieter auch aus den schwachen Strukturen der palästinensischen Selbstverwaltung und der damit einhergehenden geringen politischen Gestaltungsfähigkeit. So ist auch das Tourismusministerium stark mit dem Aufbau der eigenen administrativen Prozesse befasst. Vor diesem Hintergrund berichtet NET, dass der Dialog mit den israelischen Behörden auf direktem Wege durch die Reiseanbieter erfolgt (Interview #11, Jerusalem, 30.05.2008). Erst in dem Interview mit Laila Tours ein Jahr später erfährt man, dass nun auch das Tourismusministerium Gespräche mit den israelischen Behörden zu den genannten Problemen führt (Telephoninterview #2, 16.05.2009). Überdies gehört die Tourismuspolitik nicht zu den zentralen Themen der palästinensischen Politik (Interview #1, Bethlehem, 01.12.2007). Dementsprechend zählt das Tourismusressort nicht zu den politischen Schwergewichten und verfügt kaum über finanzielle Ausstattung. Eine systematische Tourismuspolitik ist somit kaum möglich. Palästinensische Behörden regeln lediglich die Vergabe von Lizenzen für die Reiseanbieter, Sicherheitsfragen oder Aspekte des Reisevertragsrechts (Telephoninterview #2, 16.05.2009; Interview #12; Beit Sahour, 05.06.2008). Experten beurteilen die Anstrengungen des Ministeriums zwar positiv (Interview #1, Bethlehem, 01.12.2007), letztlich stellt sich die Situation aus deren Sicht jedoch folgendermaßen dar:

> „[D]ue to the political situation in Palestine and as we live under occupation, we have to do everything on our own. The ministry is not able to help us. They don't have the control about the borders and don't have a budget." (Interview #19, Berlin, 13.03.2008)

Damit haben die Reiseanbieter zwar die Möglichkeit, ihre Probleme an das Ministerium heranzutragen, de facto fehlt jedoch der politische Adressat, der diese Probleme nicht nur aufnimmt, sondern in aktive Politik umsetzt. Neben dem *fehlenden politischen Raum*, den die Forschungsgruppe aus Bern und Köln identifiziert hat, scheint auch das Fehlen eines politischen Partners eine wichtige Rolle für das Engagement der Unternehmen zu spielen. Auch Experten zu (nachhaltigem) Tourismus in Entwicklungsländern betonen die Notwendigkeit von Regulierung und von Anreizen durch staatliche Akteure bzw. die Probleme im Falle eines fehlenden öffentlichen Partners für lokal operierende Reiseanbieter:

> „To ensure that a more sustainable form of tourism is pursued, there is a need for stricter legislation coupled with joined-up government. [...] Stricter legislation in low income and developing countries is often fraught with issues of corruption, lack of monitoring and lack of governance, as there are neither tourism master plans that incorporate sustainable tourism practices or measures nor incentives for industry to adopt them on their own initiative." (Dodds/Joppe 2005: 35)

Insgesamt scheint die Kombination aus Regulierungshoheit israelischer Behörden und fehlendem Einfluss palästinensischer Behörden dieses spezifische Engagement hervorzubringen – nämlich, dass sich die Reiseanbieter, auf *just doing business* konzentrieren. Beide Unternehmen, NET und Laila Tours, engagieren sich zudem im Rahmen der HLITOA, d.h. die Unterstützung wird innerhalb des

„eigenen“ Systems gesucht.[294] Offensichtlich lokalisieren die Unternehmen hier Handlungsspielräume und Kooperationspartner. Exemplarisch für die Logik, die hinter einer solchen Fokussierung auf die unternehmerische Kernkompetenz steht, ist die Aussage von NET:

> „First you have to fulfill your urgent needs. If there is food on the table then you can afford to care about additional issues. [...] You have to afford to think about issues like environmental sustainability.“ (Interview #11, Jerusalem, 30.05.2008)

Laila Tours wiederum äußert sich insgesamt skeptisch gegenüber positiven Effekten individuellen wie kollektiven privatwirtschaftlichen Engagements für Frieden in der Region (Telephoninterview #2, 16.05.2009). Beide Sichtweisen erklären das Engagement dieser Unternehmen im Rahmen von *just doing business*. Überdies ergab die empirische Untersuchung, dass die ausgewählten Unternehmen mit der Reduktion der operativen Kapazitäten auf den Konflikt reagieren können, d.h. Buskapazitäten, Mitarbeiterkapazitäten oder das Angebotsportfolio werden verringert. Damit werden vor allem Maßnahmen ergriffen, die von der genannten Forschergruppe zu Tourismus in Konfliktregionen als *Bewältigungsstrategien* bezeichnet werden (Alluri/Joras et al. 2009: 29-31; Joras/Alluri et al. 2009: 6, 25). Diese befähigen letztlich auch die lokal operierenden Unternehmen im Kerngeschäft, ähnlich wie die transnationalen Unternehmen, dazu, auf die mit einem Konflikt einbrechende Nachfrage mehr oder weniger flexibel zu reagieren.

7.2 *Staatliche Anreizstrukturen, Marktflexibilität und Branchendiskurs*

Die Analyse zeigt, dass das Engagement der ausgewählten transnational und lokal operierenden Unternehmen durch wenige, insgesamt vergleichbare Faktoren zu erklären ist. So sehen sich TUI und REWE Touristik bei Ausgabe einer Reisewarnung durch das deutsche Auswärtige Amt dazu veranlasst, die Region zu evakuieren. Umgekehrt erschweren die Vorgaben der israelischen Behörden, die die lokale Tourismusbranche betreffen, das Engagement von NET und Laila Tours. Damit wird das Engagement der betrachteten Unternehmen von informeller Regulierung bzw. gesetzlichen Vorgaben dahingehend beeinflusst, dass sich die Unternehmen weniger in der Region engagieren bzw. die Handlungsräume für privatwirtschaftliches Engagement reduziert sind. Neben diesem Aspekt der

294 Der Erfolg dieser Strategie wird von Branchenexperten jedoch bezweifelt und die Rolle des Staates betont: „Die Chancen einheimischer Unternehmen in den Ländern der Dritten Welt, in das Tourismusgeschäft zu kommen, sind ohne staatliche Unterstützung nur sehr gering“ (Mundt 2004: 286).

(informellen) Regulierung spielen zusätzlich fehlende (drohende) Regulierung[295] und das Fehlen eines kooperativen öffentlichen Partners eine wichtige Rolle für das Engagement dieser Unternehmen.

So kennzeichnet die deutsche Tourismuspolitik nicht nur im Inland mangelnde Kohärenz, auch eine systematische Tourismuspolitik gegenüber dem Engagement der untersuchten Unternehmen in Konfliktregionen ist kaum identifizierbar.[296] Dies bedeutet, dass transnational operierende Reiseanbieter gerade in Konfliktregionen nicht mit (drohender) Regulierung in den genannten Bereichen durch ihren Heimatstaat Deutschland rechnen müssen. Regulierung in Feldern wie den Schutz der Ressource Wasser, Arbeits- und Sozialstandards oder Korruption findet zunächst einmal über den Gaststaat der transnational operierenden Unternehmen statt. Dementsprechend sind für TUI und REWE Touristik primär die Vorgaben in der Konfliktregion relevant. Dort bestehen jedoch auf Grund eines noch nicht ausgereiften Rechtssystems (Palästinensische Gebiete) und Vollzugsdefiziten (Israel) kaum Anreize in Form von Vorgaben oder Sanktionen für ein Unternehmensengagement, das über Mindeststandards hinausgeht.

Das Fehlen eines stabilen öffentlichen Partners wiederum erschwert das Engagement der lokalen palästinensischen Unternehmen. Die Reiseanbieter sind im Umgang mit den Vorgaben israelischer Behörden nahezu auf sich allein gestellt. Das Tourismusministerium kann nur geringfügig Einfluss auf diese Vorgaben ausüben, da die palästinensische Selbstverwaltung fragil und das Ministerium schwach ausgestattet ist. Die lokalen Unternehmen Laila Tours und NET reagieren auf diese äußeren Bedingungen wie beschrieben mit so genannten *Bewältigungsstrategien* und Kooperation in Brancheninitiativen wie der HLITOA. Dass die Betonung des *businessman*, der jenseits der Politik vor allem am Geschäft interessiert ist, für lokale palästinensische Unternehmen eine plausible Alternative zum Engagement in Form von so genannten *freien Aktivitäten* oder *Governance-Beiträgen* ist, darauf deutet ein Interview mit Vertretern einer politischen Stiftung hin:

> „In der Vergangenheit waren Treffen mit Wirtschaftsvertretern vielfach von Klagen über die politische Situation dominiert. Dies erweist sich als nicht zielführend, da die politischen Rahmenbedingungen nicht – oder nur sehr bedingt – von Unternehmen beeinflussbar sind. Vor diesem Hintergrund erscheint es sinnvoller, einen anderen Ausgangspunkt zu wählen – jetziger Ausgangspunkt für neue Projekte ist: Wie kann Wirtschaft, auch ohne die spezifische intrinsische Motivation, zu Frieden beitragen zu wollen, Stabilität und

295 In Kapitel 9 wird dieser Aspekt an die Debatte über die Rolle eines *Schatten der Hierarchie* eingebettet.

296 Einzige Ausnahme ist das Engagement der Exekutive gegen die kommerzielle sexuelle Ausbeutung von Kindern. Allerdings ist dieses Problemfeld für Israel und die Palästinensischen Gebiete nicht konfliktrelevant.

> Frieden fördern? Was kann Wirtschaft ‚im Kerngeschäft' tun? Ausschlaggebend ist also das gemeinsame Interesse der Unternehmer." (Interview #20, Jerusalem 28.05.2008)

Vergleichbare Hinweise kommen auch von einem israelischen Branchenvertreter, der davon berichtet, dass Treffen zwischen israelischen und palästinensischen Branchenvertretern auf Grund der ergebnislosen Diskussion über politische Fragen und Sicherheitsfragen keine Fortschritte in branchenspezifischen Problemen, z.B. der Vermarktung der Region als Reiseziel, erzielen konnten (Interview #21, Jerusalem, 03.06.2008). Das Engagement im Rahmen von *just doing business* in Israel und den Palästinensischen Gebieten ist somit Ausdruck des Versuchs, den politischen Problemen durch die Konzentration auf die eigenen, rein ökonomischen Interessen und Kompetenzen zu begegnen.

Abschließend soll noch erwähnt werden, dass insbesondere die Reaktion der transnational operierenden Unternehmen TUI und REWE Touristik zeigen, dass der Branchendiskurs um privatwirtschaftliche Verantwortung in Konfliktregionen erst in jüngster Zeit an Dynamik gewonnen hat und noch nicht in Gänze bei den Unternehmen angekommen ist. Brancheexperten sprechen von einer „Denkblockade" der Branche. Gleichzeitig wird jedoch auch von einem sich wandelnden Branchenbewusstsein gesprochen:

> „Historisch wurde Urlaub als ein Phänomen begriffen, dass nichts mit Politik oder Krisen zu tun hat. [...] Diese einseitige ‚Wir machen Urlaub-Perspektive' in Bezug auf die Gegebenheiten in den Destinationen führte zu einer Art Denkblockade bei den Unternehmen. Wenn, dann haben sich Reiseanbieter hauptsächlich an den Reisewarnungen des Auswärtigen Amtes orientiert und sich meist aus einer/der betreffenden Region zurückgezogen [...]. Die Globalisierung von Tourismus führte jedoch dazu, dass Reiseanbieter mit der normativen Kraft des Faktischen konfrontiert wurden, d.h. Terroranschläge in Ägypten, Tsunami, Sars in Asien etc. Dies bewirkte erste Veränderungen im Bewusstsein der Reiseanbieter – Krisenmanagementsysteme als erster Schritt." (Interview #8, Berlin, 13.03.2009)

Bei international bzw. transnational operierenden Reiseanbietern dominiert also durchaus noch die Sichtweise, dass politischer Instabilität durch einen Wechsel der Destination und die Etablierung eines funktionierenden Krisenmanagementsystems begegnet werden kann. Über mögliche Zusammenhänge zwischen Krisenmanagement und der Einhaltung von Umwelt- und Sozialstandards in der Wertschöpfungskette sind sich die Unternehmen nicht bewusst. Dies zeigt sich beispielsweise darin, dass die Zuständigkeitsbereiche für Sicherheitsmanagement und Umwelt- und Sozialstandards stark getrennt voreinander operieren (Interview #2, Hannover, 16.10.2008; Interview #14, Bonn, 27.10.2008). Dabei können die Ursachen für eine Krise aus Entwicklungen resultieren, die mit der Einhaltung von ökologischen oder sozialen Standards in der Destination einhergehen.[297] Alles in allem geht es also darum, dass die gesamte Tourismusbranche unter Bedingungen der Globalisierung zunehmend mit Herausforderungen konfrontiert ist, denen die Unternehmen bislang primär durch einen flexiblen Wechsel der Destination und der Etablierung von Krisenmanagementsystemen begegnen – wenngleich sich die Zeichen eines Bewusstseinswandels der Branche mehren.

Insgesamt ist somit festzustellen, dass die Kundensensibilität und der Zustand in der Destination zwar auf das Verhalten der ausgewählten Unternehmen wirken, allerdings wird deutlich, dass die jeweils spezifischen staatlichen Anreizstrukturen, die Marktflexibilität und der Branchendiskurs letztlich dazu führen, dass die ausgewählten transnational operierenden Reiseanbieter TUI und REWE Touristik Unternehmensengagement in geringfügiger Form und auf wenige Dimensionen begrenzt aufweisen. Die Bedingungen erklären überdies, warum sich die ausgewählten lokalen Reiseanbieter – NET und Laila Tours – im Rahmen von *just doing business* engagieren.

297 So erschwert die Verschwendung von Wasser in Israel und den Palästinensischen Gebieten, einer Region mit knappen Wasserressourcen, die Suche nach einer Lösung des Konfliktes um ein weiteres Problem. Unternehmensengagement zum Schutz der Ressource Wasser ist also ein Beitrag zu Frieden in der Region und damit auch ein Beitrag zu mehr Sicherheit für die Reisenden unabhängig von einem Krisenmanagementsystem.

8. Was ermöglicht den Ausbruch aus dem Trend?

Nachdem deutlich wurde, dass sich das Engagement von Studiosus und ATG in der Konfliktregion systematisch von dem Engagement der anderen Unternehmen unterscheidet, gilt es die Variablen zu identifizieren, die das Engagement von Studiosus und ATG in der Konfliktregion erklären. Um das Engagement dieser „Vorreiterunternehmen" zu erklären, werden in Abschnitt 8.1 zwei Einzelfallstudien durchgeführt. Die Befunde dieser Fallstudien werden in Kapitel 8.2 unter Rückgriff auf weitere empirische Quellen expliziert, zusammengefasst und als (neue) theoretische Vermutung formuliert.

8.1 Unternehmensengagement erklären

Die Betrachtung des Unternehmensengagements im Längsschnitt, von der jeweiligen Unternehmensgründung bis zum Jahr 2009, ermöglicht die Identifikation von analytisch gehaltvollen Wendepunkten.[298] An diesen können die Bestimmungsfaktoren für das Unternehmensverhalten besonder gut „nachverfolgt" werden.

8.1.1 Studiosus Reisen München GmbH: 1954-2009

Bei der Durchsicht des erhobenen empirischen Materials lassen sich die Jahre 1991/92, 1995/1996, 2000 und 2004/2005 als Wendepunkte identifizieren. Damit interessieren mit der Unternehmensgründung fünf Zeitpunkte bis zum Jahr 2009, an denen sich das Unternehmensengagement systematisch verändert. Diese Wendepunkte zeichnen sich dadurch aus, dass das Unternehmensengagement zunehmend in der Unternehmensstruktur verankert wird, d.h. es handelt sich insbesondere um qualitative Veränderungen des Unternehmensengagements:

Die Gründung von Studiosus erfolgt im Jahr 1954 durch Werner Kubsch. Werner Kubsch organisiert als Mitglied des Studierendenausschuss bereits wäh-

298 Aus forschungspraktischen Gründen wird in diesem Kapitel nicht erst das gesamte Unternehmensengagement – von der Gründung des Unternehmens bis zum Jahr 2009 – beschrieben. Die Wendepunkte wurden vielmehr in einer vorherigen gründlichen Dokumenten- und Interviewanalyse identifiziert. Somit geht dieses Kapitel primär dem Unternehmensengagement an den identifizierten Wendepunkten mit Prozessanalyse nach.

rend des Studiums verschiedene Reisen, bevor er sich mit Studiosus selbstständig macht. Interviewangaben zu Folge spielt dieser Hintergrund für die spätere Ausrichtung des Unternehmens (Unternehmensleitbild) eine wichtig Rolle (Interview #7, München, 18.06.2008). Während der ersten Jahre gilt es vor allem, das Angebotsportfolio kontinuierlich zu erweitern und die entsprechende Infrastruktur (Kataloge, Buchungssysteme) aufzubauen (Studiosus 2008: 16-19). Nach eigenen Angaben hat sich das Unternehmen bereits in den 1970er Jahren unter Werner Kubsch darum bemüht, ethische Standards, beispielsweise im Hinblick auf das Verhalten der Touristen gegenüber der Bevölkerung, einzuhalten und dementsprechend die Reiseleiter geschult sowie die Reisenden durch Informationsmaterialien sensibilisiert (Studiosus 2009a: 4). 1983 tritt Peter Mario Kubsch, Sohn des Geschäftsführers, in das Unternehmen ein.

Kurz vor der Übernahme der Geschäftsführung durch Peter Mario Kubsch im Jahr 1992 können die ersten signifikanten Veränderungen im Unternehmensengagement identifiziert werden. So wird 1990 der *innerbetriebliche Umweltausschuss (IBU)* eingerichtet und 1991 werden erste Maßnahmen zum internen Umwelt- und Ressourcenschutz (Mülltrennung) ergriffen. Im gleichen Jahr benennt Studiosus einen Koordinator für Umwelt- und Sozialverträglichkeit, etabliert einen Beirat für umwelt- und sozialverträgliches Reisen und bemüht sich darum, auch die Reisegäste durch Informationsmaterialien und Kataloghinweise für umwelt- und sozialverträgliches Reisen zu sensibilisieren. Überdies werden ein Berichtssystem für Reiseleiter zu Sozial- und Umweltverträglichkeit in den jeweiligen Destinationen eingeführt und erstmals Daten zu Fragen des Umweltschutzes in den Partnerhotels erhoben. 1992 werden diese Weichenstellungen durch die Veröffentlichung des ersten Jahresberichts zur *Umweltverträglichkeit unserer Reisen in den Zielgebieten*[299] und mit der Selbstverpflichtung des Managements zu sozial verantwortlichem und umweltschonenden Tourismus 1992 weitergeführt (Studiosus 2009a: 4; Studiosus 2008: 20f). Parallel zu diesen Veränderungen läutet Studiosus den Generationenwechsel[300] in der Unternehmensleitung ein und entwickelte das Konzept der so genannten *Modernen Studienreise*. Dieses enthält neben den Elementen *Dem Leben begegnen*, *Kultur erleben* und *Entspannung genießen* bereits auch das Element *Rücksicht nehmen* (Studiosus 2009a: 3).

In den folgenden Jahren werden zwar einzelne weitere Schritte unternommen – so wird 1993 die Förderung einzelner (sozialer) Projekte in den Destinationen

299 Dieser Bericht wird durch das Produktmanagement des Unternehmens erstellt und stellt somit eine Art Vorform der inzwischen herausgegebenen Nachhaltigkeitsberichte dar.

300 Dieser Generationenwechsel betrifft nicht allein die Übernahme der Geschäftsführung durch Peter Mario Kubsch, sondern auch weitere Mitglieder der Unternehmensleitung (Studiosus 2008: 20).

aufgenommen –, signifikante weitere Weichenstellungen erfolgen jedoch im Jahr 1995:

> „Als die Europäische Gemeinschaft im Juni 1993 das Öko-Audit [...] für das produzierende Gewerbe ins Leben gerufen und Bonn 1995 das Umweltaudit-Gesetz erlassen hatte, begann Studiosus sofort damit zu prüfen, ob und wie das Umwelt-ManagementSystem auch auf Reiseveranstalter ausgedehnt [...] werden könne. [...] Studiosus war der Meinung, dass sich ein Reiseveranstalter nicht damit begnügen darf, seinen Standort, d.h. den Firmensitz, unter die Lupe zu nehmen [...]. Da bei ihm wesentliche Folgen vom Produkt Reise ausgehen [...], muss er eben auch diese Auswirkungen in seine Umweltpolitik einbeziehen. [...]. Außerdem hält Studiosus [...] nicht nur die Umweltverträglichkeit, sondern auch die Auswirkungen seiner Reisen auf die sozialen Strukturen im Gastland für wichtig.“ (Studiosus 2009a: 7)[301]

Zu diesem Zeitpunkt ergreift Peter Mario Kubsch die Initiative und stellt ein Team von Studiosus-Mitarbeitern zusammen, die sich intensiv mit den Kriterien des EU-Öko-Audits und dem entsprechenden Umweltauditgesetz (Interview #6, München, 11.12.2007) für Studiosus auseinander setzen. Da das Öko-Audit nur das produzierende Gewerbe berücksichtigt, gilt es Kriterien zu identifizieren und Kennzahlen zu entwickeln, die auf die Dienstleistung Tourismus überhaupt erst abgestimmt und erhebbar sind. Letztlich führt diese Initiative erneut zu institutionellen Veränderungen. 1995 wird der *Umweltausschuss (UA)*, der sich explizit mit Umwelt- und Ressourcenfragen für den Bereich der Reiseveranstaltung befasst, gegründet. 1996 folgt der *Ausschuss für sozial verträgliches Reisen (SVA)*. So entwickelte Studiosus neben den innerbetrieblichen Umwelt- und Sozialstandards am Unternehmensstandort schließlich ein *Umweltmanagementsystem*, das auch die touristische Wertschöpfungskette berücksichtigt – und zwar sowohl in ökologischen als auch in sozialen Belangen. Diese Bemühungen mündeten 1998 in die erfolgreiche Validierung und Zertifizierung im Rahmen von EMAS und DIN EN ISO 14001.

Die grundlegenden Strukturen für umwelt- und sozialverantwortliches Engagement sowohl innerhalb des Unternehmens als auch entlang der touristischen Wertschöpfungskette sind damit etabliert und die entsprechenden Prozesse standardisiert sowie durch externe Prüfung bestätigt. Vor diesem Hintergrund lassen sich weitere einschlägige Veränderungen im Unternehmensengagement mit dem Beitritt zur *Tour Operators' Initiative* und dem Beginn der Zusammenarbeit mit der Initiative *ECPAT* gegen Kinderprostitution im Jahr 2000 feststellen. Mit der

301 Die Bezeichnung Öko-Audit gilt dem von der Europäischen Kommission 1993 entwickelten *Eco Management and Audit Scheme* (EMAS). Es handelt sich hierbei um ein Instrument zur Standardisierung und Zertifizierung privatwirtschaftlicher Umweltmanagementsysteme, siehe: http://www.emas.de/ (28.05.10). Das *deutsche Umweltauditgesetz* (UAG) von 1995 führt diese EMAS-Verordnung aus. Adressiert der Öko-Audit zunächst vor allem das produzierende Gewerbe, so wurde im Februar 2008 eine Erweiterungsverordnung für den Dienstleitungsbereich zugelassen.

TOI Mitgliedschaft beginnt Studiosus sich über das eigene operative Geschäft hinaus aktiv in der eigenen Branche für nachhaltigen Tourismus zu engagieren. Neben den Kriterien, die die Reiseveranstalter für die Aufnahme in diese Initiative erfüllen müssen (Verpflichtungserklärung, Umweltpolitik), lebt die TOI besonders von dem Erfahrungsaustausch zwischen ihren Mitgliedern und von deren Engagement (Interview #6, München, 11.12.2007). Dementsprechend gibt Studiosus neben der Teilnahme an Workshops und Sitzungen auch aktiv Erfahrungen weiter (Workshop *Sustainable Reporting*), vertritt die Initiative auf Branchenveranstaltungen oder übernimmt die Organisation von Veranstaltungen für die TOI, z.B. auf der Internationalen Tourismusbörse in Berlin (2002) (Studiosus 2008: 107). Außerdem wirkt Studiosus mit der Arbeitsgruppe des DRV und weiteren Reiseanbietern an der Formulierung des Verhaltenscodes gegen die kommerzielle sexuelle Ausbeutung von Kindern sowie der Entwicklung einer Informationsbroschüre für die Branche mit (Studiosus 2008: 107). Um die Verpflichtungen, die Studiosus im Rahmen von *The Code (ECPAT)* eingegangen ist, erfolgreich umsetzen zu können, schult das Unternehmen regelmäßig seine Mitarbeiter.[302] Im Rahmen der bereits beschriebenen Strukturen und Prozesse setzt Studiosus sein Engagement fort und erlangt 2001 die Revalidierung und Rezertifizierung des *Umweltmanagementssystems* nach EMAS und DIN EN ISO 14001. Zudem ergreift das Unternehmen nach den Anschlägen des 11. September 2001 weitere Maßnahmen zur Information der Reisegäste und Gewährleistung deren Sicherheit. So werden beispielsweise seit 2002 aktuelle Sicherheitshinweise auf der Studiosus-Homepage angegeben (Studiosus 2008: 22).

In den Jahren 2004 und 2005 kommt es erneut zu bedeutsamen Veränderungen im Unternehmensengagement von Studiosus. Erstens wird in diesem Jahr das Qualitäts- und Umweltmanagement des Unternehmens in das so genannte integrierte *StudiosusManagement-System (SMS)* zusammengeführt.[303] Darüber hinaus wird nun auch eine Sicherheitsabteilung etabliert. Deren Manager ist direkt der Unternehmensleitung unterstellt. In ihm konzentrieren sich nun die Aufgaben und Ressourcen des Sicherheitsmanagements. Außerdem entscheidet sich die Unternehmensleitung im Jahr 2005 – vor dem Hintergrund des großen Spen-

302 Diese Mitarbeiterschulungen sind vor allem für den Bereich Hoteleinkauf relevant, da die Verträge mit den Partnerhotels vor dem Hintergrund der Verpflichtung zu *ECPAT/The Code* eine Klausel enthalten, die bei Missachtung der Vorgaben zu einem Ende der Kooperation führen (Interview #6, München, 11.12.2007).

303 Um Unternehmenspolitik und Unternehmensziele im Bereich Umwelt- und Sozialverantwortung systematisch umzusetzen, wird im Rahmen des Umwelthandbuches eine Matrix entwickelt, die sämtliche innerbetrieblichen Maßnahmen abbildet. Das Umwelthandbuch hält auch fest, welcher Mitarbeiter jeweils für die Umsetzung oder die Kontrolle zuständig ist. Das SMS ist nicht statisch, sondern ist als *Kontinuierlicher Verbesserungsprozesses* konzipiert (Interview #7, München, 18.06.2008; Studiosus 2008: 71).

denaufkommens angesichts der Tsunami-Katastrophe in Südostasien 2004 – die gemeinnützige Studiosus Foundation e.V. zu gründen (Interview #6, München, 11.12.2007). Die Stiftung fördert jährlich Projekte im Umfang von ungefähr 150.000-180.000 Euro (Interview #6, München, 11.12.2007) und gliedert die Projekte, die entsprechend des Kriterienkataloges unter anderem eine Nähe zum Tourismus aufweisen sollen, entsprechend der Bereiche *soziale Projekte*, *Schutz der Umwelt* und *Kultur erhalten*.[304] Damit erhält die Projektförderung durch Studiosus nun auch eine eigene Förderstruktur.[305] Diese Schritte setzen sich in den folgenden Jahren fort. So wird das SMS im Jahr 2007 zum dritten Mal erfolgreich nach EMAS und DIN EN ISO 14001 validiert und zertifiziert. Ebenfalls 2007 tritt Studiosus dem Global Compact bei und akzeptiert damit die zehn Prinzipien. Ab dem gleichen Jahr ist es außerdem über die Homepage der Studiosus Foundation e.V. möglich, den Kohlendioxid-Ausstoß einer Reise zu berechnen und diesen zu kompensieren.

Insgesamt bekennt sich Studiosus somit seit seiner Unternehmensgründung nicht nur zu verantwortlichem Tourismus, sondern schafft Strukturen, die die Umsetzung dieser Politiken langfristig in die Geschäftstätigkeit des Unternehmens integrieren. Mit Blick auf die ausgewählte Konfliktregion bedeutet dies, dass sich diese Prozesse – sofern das Unternehmen in der Region aktiv ist – über die Partner in der Wertschöpfungskette auf die Region auswirken. Gleichzeitig werden die von der Studiosus Foundation e.V. geförderten Projekte auch dann weitergeführt, wenn Studiosus wegen Reisewarnungen durch aus Auswärtiges Amt nicht in die Region reisen kann.[306]

304 Förderanträge für Projekte können von Reiseleitern, Gästen, NROs oder auch den lokalen Initiativen eingereicht werden. Neben dem inhaltlichen Bezug zum Tourismus sind *Abschlussfähigkeit* des Projektes, *Hilfe zur Selbsthilfe*, *Besuchbarkeit* Kriterien für die Bewilligung eines Projektes. Die Entscheidung erfolgt nach der Diskussion der Anträge im SVA durch die Unternehmensleitung im Sommer eines jeden Jahres. Das Monitoring der Projekte erfolgt weitgehend über die Besuche der Reiseleiter (Interview #7, München, 18.06.2008; Interview #6, München, 11.12.2007).

305 Da zahlreiche Reisende den Wunsch äußern, den von ihnen besuchten Projekten Spendengelder zukommen zu lassen, erörtert Studiosus bereits vor der Gründung der Stiftung innerhalb des Unternehmens wiederholt die Frage einer Vereinsgründung. Mit der Gründung will man schließlich der Spendenbereitschaft der Reisenden nachkommen und die Möglichkeit erhalten, Spendenbescheinigungen auszustellen. Letztlich fällt die Entscheidung für die Stiftungsgründung unter anderem vor dem Hintergrund des großen Spendeninteresses nach der Tsunami-Katastrophe.

306 Nach Angaben im Nachhaltigkeitsbericht des Unternehmens wird im Jahr 1960 die erste Reise nach Israel und in die Palästinensischen Gebiete durchgeführt (Studiosus 2008: 17). Auf Grund von Reisewarnungen muss Studiosus jedoch über längere Zeiträume davon absehen, Reisen in die Region durchzuführen (Studiosus 2008: 20; Interview #6, München, 11.12.2007). Regionale Förderprojekte werden jedoch auch dann weitergeführt, wenn Studiosus auf Grund von Reisewarnungen die Region nicht bereist (Interview #4, München, 19.10.2007; Interview #6, München, 11.12.2007).

8.1.2 Alternative Tourism Group: 1995-2009

Die Analyse des erhobenen empirischen Materials verweist auf zwei Wendepunkte im Engagement des Unternehmens, nämlich in den Jahren 2000 und 2007. Damit lassen sich mit der Gründung des Unternehmens 1995 bis zum Ende des Erhebungszeitraumes 2009 drei zentrale Zeitpunkte identifizieren. Diese Wendepunkte sind dadurch charakterisiert, dass sich das Unternehmensengagement systematisch steigert, d.h. es handelt sich vor allem um quantitative Veränderungen des Engagements:

Vor dem Hintergrund der positiv verlaufenden Friedensverhandlungen und dem Abschluss der Verträge von Oslo 1993/94 steigt auch die Zahl der Touristen, die die Region bereisen. Im Zuge dieser Entwicklung wird ATG im Jahr 1995 von Intellektuellen, die in Beit Sahour ansässig sind, gegründet.[307] Ausgangspunkt für die Gründung ist die Feststellung, dass sich die Touristen, die die Region seit den Friedensverhandlungen besuchen, zumeist auf Besuche in der Geburtskirche in Bethlehem konzentrieren und dann, ohne weitere Angebote zu nutzen, die Palästinensischen Gebiete verlassen (Interview #1, Bethlehem, 01.12.2007). Als Grund hierfür identifiziert man ein negatives Image, das die Palästinensischen Gebiete in der Wahrnehmung der Reisenden haben.[308] Diesem entscheiden sich die Gründer mit einem touristischen Konzept zu begegnen, das auf *Graswurzelebene* ansetzt und den persönlichen Kontakt zwischen Reisenden und Bereisten ins Zentrum stellt.[309] Diese Begegnungen sollen dazu beitragen, das Image der Palästinensischen Gebiete als Reiseziel zu verbessern und den Umsatz vom Tourismus in den Palästinensischen Gebieten zu steigern:

307 Unbestätigte Informationen finden sich überraschend in Wikipedia. Demnach soll es sich bei den Gründern um die folgenden fünf Personen handeln: „It [ATG, SF] was established by five people from Beit Sahour, late Jamal Salameh, Ghassan Andoni (Executive Director), Dr. Majed Nassar, Dr. Elias Rishmawi and Rifat Odeh Kassis (President)", siehe http://en.wikipedia.org/wiki/Rifat_Odeh_Kassis (07.07.10).

308 Es existieren unterschiedliche Annahmen über den Kausalmechanismus der Entstehung eines solchen Images: Zum einen wird argumentiert, dass die aus Israel kommenden Reisegruppen oftmals von den Ängsten und Wahrnehmungen beeinflusst sind, die auf der israelischen Seite auf Grund des Konfliktes bestehen (Betz 2006: 1). Darüber hinaus wird auch argumentiert, dass die israelische Tourismuspolitik die palästinensische Tourismusbranche auf diese Weise strategisch aus einem profitablen Markt versucht auszuschließen (Kassis 2006: 8). Letztlich spielt jedoch auch die Berichterstattung über den Konflikt in den internationalen Medien eine Rolle (Betz 2006: 2). Diese vermag schließlich die Reiseentscheidungen, die vor Antritt der Reise getroffen werden, zu beeinflussen.

309 Die Rolle des Reiseleiters in diesem Konzept besteht eher darin, die Begegnung zwischen dem Reisenden und dem Bereisten zu moderieren. Im Übrigen ist es palästinensischen Reiseleitern erst seit 1995/96 wieder möglich, eine Lizenz als Reiseleiter zu erhalten und damit auch formal berechtigt Reisegruppen zu führen.

„Our aim in tourism is to convince people to include meeting with the Palestinians and to inform the people, the visitors, the tourists, the pilgrams about Palestine and the Palestinians – and to work a little bit in making a balance in the tourism revenues between the Palestinian and the Israeli side." (Interview #12; Beit Sahour, 05.06.2008)

Wie bereits erwähnt, ist die ATG formal eine NRO und wurde insbesondere in den ersten Jahren stark von einer Nichtregierungsorganisation in den Niederlanden unterstützt.[310] Allerdings arbeitet ATG „faktisch [...] wie eine kulturpolitische, touristisch orientierte Incoming-Agentur" (Betz 2006: 3) und muss beispielsweise die gleichen behördlichen Lizenzen wie ein herkömmlicher Reiseanbieter einholen (Interview #1, Bethlehem, 01.12.2007).

Mit Blick auf das Jahr 2000, für das man einen Reiseboom in das *Heilige Land* erwartet, kommt es im Jahr 1997 zu einer entscheidenden Weichenstellung für ATG: Die japanische Regierung stellt über das *United Nations Development Programm* (UNDP) finanzielle Mittel für einen Fond bereit, der den Aufbau von Infrastruktur für Übernachtungen in privaten Haushalten in Bethlehem und den umgebenden Ortschaften Beit Sahour und Beit Jala, eine *bed&breakfast*-Struktur, ermöglichen soll. Die Umsetzung dieses Projektes liegt bei ATG.[311] Über lokale Medien wird für dieses Projekt geworben, und in einem aufwändigen Bewerbungsverfahren werden die Familien mit dem Übernachtungskonzept vertraut gemacht. Dieses soll über die bloße Übernachtung hinaus einen persönlichen Kontakt zwischen Reisenden und Gastgebern ermöglichen. Letztlich erhalten dreißig Familien finanzielle Förderung durch den Fond, um Übernachtungsmöglichkeiten mit europäischem Standard (Gäste- und Badezimmer) aufzubauen (Betz 2006: 6). Damit könnten im Jahr 2000 – wie auch in Kapitel 6.6 erwähnt – insgesamt rund 2000 Gäste mit ATG die Region bereisen. Zudem ist ATG seit 2000 von der ursprünglichen Unterstützung ausländischer NROs unabhängig.

Mit Beginn der Intifada im Herbst 2000, verstärkt durch den 11. September 2001 und dem so genannten *Krieg gegen den Terrorismus*, bricht die Zahl der Reisenden, die die Region besuchen, rapide ein. Dies betrifft auch die Aktivitäten von ATG. Allerdings hat das Unternehmen nach eigener Auskunft den Vorteil, dass durch den engen Kontakt zu religiösen Reisenden und kirchlichen Organisationen weiterhin eine – wenn auch sehr geringe – Nachfrage von Touristen besteht: „We were lucky that it does not affect us as it affected others because our programme is totally different from what others are promoting" (Interview #12; Beit Sahour, 05.06.2008). Nichtsdestotrotz steigt erst nach dem Ende der

310 Die Unterstützerorganisation heißt *Interchurch Organisation for Development Cooperation* (ICCO), siehe: http://www.icco.nl/delivery/main/en/ (09.07.10)

311 Siehe unter anderem: http://www.un.org/Depts/dpi/bethlehem2000/doc6c.html (08.07.10).

Intifada im Sommer 2005 – kurzfristig gedämpft durch den Sommerkrieg im Südlibanon 2006 – die Anzahl der Reisenden in die Region und damit auch die Zahl der Reisegäste bei ATG. Mit diesen politischen Entwicklungen im Rücken läutet ein Projekttreffen von ATG mit zwei weiteren NROs, der *Ecumenical Coalition on Tourism* (ECOT) und der Initiative *Golan for Development*, zu dem Thema *Human Encounters for Peace and Reconciliation through Tourism* in Ägypten (Alexandria) im Oktober 2005 eine neue Phase des Engagements ein. Aus dem Treffen resultiert das Programm *Pilgrimages for Transformation*. Dieses Programm befasst sich mit den Möglichkeiten von *Justice Tourism* durch Pilgertourismus und trägt maßgeblich dazu bei, dass ATG sich aktiv für eine Initiative in den Palästinensischen Gebieten einsetzt.[312] Ein Indiz für die Ambitionen von ATG sind die konzeptionellen Überlegungen des geschäftsführenden Direktors zu Tourismus in den Palästinensischen Gebieten, der die inhaltliche Ausrichtung des Unternehmens damit maßgeblich prägt und vorantreibt:

> „In Palestine, there is a need to develop a justice tourism product that can compete against the Israeli dominated mass tourism industry that now exists, and compete on the international market. This can be achieved through a focus on alternative programs and the development of better infrastructure. This will attract visitors to stay longer and to spend more time in the country. The tourism product should be broadened to include special interest holidays and theme tours, hiking, camping and adventure tours, all of which should include conferences and meetings with local people. An improved image for Palestine needs to be created by better advertising tourism and recreational opportunities in Palestine."[313] (Kassis 2006: 12)

Insgesamt bekommt das Engagement von ATG nun eine neue Qualität. So initiiert das Unternehmen im Juni 2007 das Treffen lokaler NROs in den Palästinensischen Gebieten maßgeblich mit, das sich zum Ziel setzt, die zentralen Herausforderungen und Themen zu erörtern, die sich für die Tourismusbranche in dieser Region ergeben.[314] Zwei Monate nach diesem ersten Treffen, im August

312 Weitere Informationen zu dem Treffen in Alexandria/Ägypten: http://www.atg.ps/index.php?page=1177263170.1197041930 (06.09.10). Zur Rolle dieser Initiative für das Engagement von ATG siehe: http://www.pirt.ps/in-dex.php?lang=en &page=123961473321 (06.09.10).

313 In Verbindung mit den Aktivitäten von ATG wird in der Regel von *Alternative Tourism* gesprochen. Allerdings operiert Rami Kassis, geschäftsführender Direktor von ATG, in seiner Masterarbeit, die auf der Homepage von ATG einzusehen ist, mit dem Begriff *Justice Tourism*. Zudem verwendet auch die Initiative *Pilgrimages for Transformation*, an der ATG maßgeblich beteiligt ist, den Begriff *Justice Tourism*. Siehe hierzu: http://www.atg.ps/index.php?page=1177263170 (03.09.10). Die PIRT operiert in ihrer Vision wiederum mit der Formulierung „just and responsible tourism" http://www.pirt.ps/index.php?lang=en&page=123961473321 (06.09.10). Die Analyse verschiedener Homepages und Dokumente zeigt, dass diese Termini insgesamt nicht konsistent verwendet werden.

314 An diesem Treffen waren folgende Gruppierungen beteiligt: Holy Land Trust, Siraj Center for Holy Land Studies, Alternative Tourism Group, Network for Christian Organisati-

2007, gründen die Teilnehmenden die *Palestinian Initiative for Responsible Tourism* (PIRT). Die Initiative ist keine reine Brancheninitiative, sondern deckt das gesamte Stakeholderspektrum (Unternehmen, Zivilgesellschaft, öffentlicher Sektor) ab. Dementsprechend werden sukzessive auch das *Ministry for Tourism and Antiquities*, die *Arab Hotel Association* und die HLITOA in die Initiative aufgenommen. Als Ziel setzt sich die Initiative:

> „[T]o transform tourism in Palestine to benefit the local communities, to enable encounters between tourists and host communities and to struggle for more justice in tourism for the Holy Land."[315]

Für den Oktober 2007 initiieren die Mitglieder der Initiative einen Workshop zu *Tourism and Tourism Practices in the Holy Land*, der den verschiedenen Stakeholdergruppen der palästinensischen Tourismusbranche ermöglicht, ausgewählte Sachthemen in fünf verschiedenen thematischen Panels zu erarbeiten.[316] Neben Sicherheitsfragen und gesetzlichen Regelungen im Tourismus wird auch über Umweltressourcen und „[t]ourism as a tool for peace (...)" diskutiert (Alternative Tourism Group 2007: 15). Auf Grundlage der Ergebnisse des Workshops mündet der Prozess in die Formulierung des *Code of Conduct for Tourism in the Holy Land* und dessen Bekanntgabe am 28. November an der Bethlehem University.[317] Hervorzuheben ist, dass dieser *Code of Conduct* die Verantwortung der palästinensischen Tourismusbranche sowie der Reisenden thematisiert. So wird unter anderem an die Reisenden appelliert, bei Reisen in die Palästinensischen Gebiete die lokale Infrastruktur zu nutzen und Umwelt und Ressourcen möglichst zu schonen. Daneben verpflichtet der Code of *Conduct* die Mitglieder der palästinensischen Tourismusindustrie darauf, die lokalen Gemeinden an den Gewinnen teilhaben zu lassen, Umwelt und Ressourcen zu schützen sowie die Geschäftsbeziehungen transparent zu gestalten (Palestinian Initiative for Responsible Tourism 2008).[318] Der *Code of Conduct* sowie der dazu gehörige Entwicklungsprozess können sowohl auf der Homepage von PIRT als auch auf den Webseiten von ATG eingesehen werden. Parallel hierzu führt auch *Pilgrimages for Transformation* Anfang November 2008 in Madaba/Jordanien einen Workshop durch. Bei diesem Workshop werden unter anderem Experten zu sozial verantwortlichem Tourismus aus anderen Ländern eingeladen. Um die transnational ausgerichteten Treffen der *Pilgrimages for Transformation* an loka-

ons in Bethlehem, Joint Advocacy Initiative, Jerusalem Inter-Church Center, Bethlehem University, siehe hierzu: http://www.atg.ps/index.php?page=1178694470.1227355353 (24.06.10).

315 http://www.atg.ps/index.php?page=1178694470.1227355353(24.06.10).

316 http://www.atg.ps/index.php?page=1178694470.1227355353.1227355555 (08.07.10).

317 http://www.atg.ps/index.php?page=1177263134 (08.07.10).

318 Daneben enthält der *Code of Conduct* auch eher praktische Hinweise zu dem Reiseverhalten für die Region.

le Diskurse anzuschließen, werden die parallel stattfindenden Entwicklungen in den Palästinensischen Gebieten – die Gründung von PIRT und Entwicklung eines Verhaltensstandards für die palästinensische Tourismusbranche – präsentiert und zur Diskussion gestellt.[319]

Abschließend kann gesagt werden, dass ATG neben seinem Unternehmensengagement im Rahmen des Kerngeschäfts auch sein Engagement in diesen Initiativen über den ausgewählten Forschungszeitraum intensiv weiterführt. So organisiert der geschäftsführende Direktor von ATG für Mai 2010 mit den Partnern von *Pilgrimage for Transformation* einen Workshop in Genf.[320] Zudem haben sich inzwischen weitere Reiseanbieter in der Region zu vergleichbaren Leitlinien für ihre Aktivitäten verpflichtet.[321]

8.2 Reisekonzept, Leadership[322] und Unternehmensstruktur

Die Längsschnittstudien verweisen insbesondere an den Wendepunkten deutlich auf Faktoren, die das Unternehmensengagement erklären können. Interessanterweise sind bei beiden Unternehmen ähnliche Faktoren identifizierbar, allerdings unterscheidet sich deren kausale Verknüpfung.

Für das Unternehmensengagement von Studiosus scheint zunächst das Konzept der *Modernen Studienreise* relevant zu sein, dessen Entstehungshintergrund – Reisen von und für Studierende – mit einem akademischen Bildungsumfeld verknüpft ist. Dieses vom Unternehmensgründer eingeführte Konzept bietet offensichtlich eine spezielle Anschlussfähigkeit für Themen, die dann bereits vor der offiziellen Übernahme der Geschäftsführung durch Peter Mario Kubsch im Jahr 1992 in die Grundstruktur des Unternehmensengagements integriert werden können. So werden bereits in den Jahren 1990 bis 1992 grundlegende Strukturen für umwelt- und sozialverantwortliches Unternehmensengagement erstmals eingerichtet. Interviews verweisen überdies darauf, dass Studienreisen sehr viel stärker an die jeweilige Destination angebunden sind und durch diese Nähe überdies eher mit politischen Konflikten konfrontiert sind (Interview #3, Berlin,

319 http://www.atg.ps/index.php?page=1177263170.1198159598.1208364359 (06.09.10).

320 http://www.atg.ps/index.php?page=1178694470.1274781889.1274782145 (24.06.10); http://www.atg.ps/index.php?page=1178694470.1274781889.1274961139 (24.06.10).

321 So finden sich auf der Homepage des Reiseanbieters *Guiding Star* in Jerusalem *Holy Land Pilgrimage Guidelines* (United States Conference of Catholic Bishops 2008). Diese Leitlinien sind den Regeln von ATG und PIRT ähnlich. Weitere Informationen finden sich auf der Internetseite des Unternehmens: http://www.guidingstarltd.com/etemplate.php?id=15 (08.07.10).

322 In diesem Abschnitt bezeichnet *Leadership* lediglich das empirisch festgestellte aktive und effektive Engagement von Personen in einem Unternehmen. Eine Anbindung an theoretische Überlegungen zu *Leadership* erfolgt in Kapitel 9.3.2.

07.01.2009). Die Fallstudie macht zudem deutlich, dass ohne das Interesse und den Rückhalt des Geschäftsführers diese systematische Umsetzung des Engagements, beginnend bei Umweltfragen am Standort über die systematische Ausweitung auf die Wertschöpfungskette der Unternehmensaktivitäten – und schließlich auch die thematische Ausweitung auf Engagement im sozialen Bereich bis hin zur Gründung einer Stiftung –, nicht möglich wäre. So erklärt ein Interviewpartner:

> „Es liegt zum Teil natürlich auch an den einzelnen Personen. Auch bei uns im Haus hängt es stark von Peter Mario Kubsch ab, von unserem Geschäftsführer (...). [U]nd ich bin überzeugt, wenn der Peter Mario Kubsch, der auch familiär der Besitzer des ganzen Unternehmens ist, wenn der nicht komplett dahinter stehen würde, dann wäre das gleichsam unmöglich. Weil das sehr viele Mühe macht, sehr viel Geld kostet und viele davon "abhält", dem Alltagsgeschäft nachzugehen, nämlich Reisen zu verkaufen." (Interview #6, München, 11.12.2007)

Der konkrete Anlass für Peter Mario Kubsch, als Geschäftsführer von Studiosus das Unternehmensengagement systematisch voranzutreiben und auch auf die Wertschöpfungskette auszuweiten, sind nach Interviewangaben Maßnahmen auf Ebene der Europäischen Union und entsprechende gesetzliche Folgemaßnahmen auf Bundesebene. Worauf dieses Interview ebenfalls aufmerksam macht, ist die Rolle der Unternehmensstruktur für das Engagement von Studiosus. So vermag Peter Mario Kubsch als Geschäftsführer und Eigentümer dieses in Familienbesitz befindlichen Unternehmens die strategischen Ziele sehr viel stärker zu bestimmen und umzusetzen, als beispielsweise ein Geschäftsführer eines Tochterunternehmens eines börsennotierten transnational operierenden Unternehmens.[323] Den Einfluss dieses Faktors im Hinblick auf Studiosus erwähnen auch Branchenexperten:

> „Ich glaube, das hängt auch nach wie vor sehr stark mit dem Charakter des Unternehmens als familiengeführtes Unternehmen mit einer geschäftsführenden Gesellschafterfamilie [zusammen, SF], die – [...] wenn man es vielleicht kurz sagt – auf der einen Seite gut und seriös Geld verdienen, aber auch auf der anderen Seite Verantwortung übernehmen. [...] Und die machen das eben in einer Art und Weise, dass sie – glaube ich – bewusst und gewollt sagen: ‚[W]ir haben eine glaubwürdige Geschäftsidee, eine glaubwürdige Unternehmenspraxis [...]. Und daneben, wenn wir entsprechend Gewinn machen, tun wir dann eine ganze Menge." (Interview #14, Bonn, 27.10.2008)

> „Ein geschäftsführender Gesellschafter wie Herr Kubsch kann selbst bestimmen, wie viel Rendite genug ist – bei Aktiengesellschaften kann man derartige Entscheidungen so nicht treffen." (Interview #8, Berlin, 13.03.2009)

323 Indem die Mehrheit der Anteile eines börsennotierten Unternehmens bei Mitgliedern einer Familie liegt, können natürlich auch börsennotierte Unternehmen als Familienunternehmen reüssieren, z.B. BMW. Die begriffliche Diskussion und eine theoretische Einbettung hierzu erfolgt in Kapitel 9.3.1.

Die Analyse macht letztlich deutlich, dass weite Anteile des Engagements von Studiosus auf das anschlussfähige Reisekonzept, das Engagement des Geschäftsführers und die Struktur des Unternehmens als familiengeführtes Unternehmen zurückgeführt werden können.

Betrachtet man das Engagement von ATG, so ist der Ausgangspunkt für das Engagement darin zu finden, dass lokale Intellektuelle vor dem Hintergrund des einsetzenden Friedensprozess Anfang der 1990er Jahre und den sich nahezu parallel abzeichnenden wirtschaftlichen Fehlentwicklungen aktiv werden und ATG gründen:

> „Anfang/Mitte der neunziger Jahre setzte sich in Beit Sahour ein Kreis von Intellektuellen zusammen, um der (scheinbar) einfachen Frage nachzugehen, wieso Touristen ausschließlich die Geburtskirche in Bethlehem besuchen, um danach – ohne Kontakt zu Palästinensern zu suchen bzw. haben zu wollen – sofort wieder abzureisen." (Betz 2006: 3)

Auf diesen dezidiert an den politischen Bedingungen orientierten Gründungshintergrund von ATG verweist auch die in Kapitel 6.7 eingeführte Äußerung eines Interviewpartners:

> „Actually the main goal – or one of the main goals – of ATG and of alternative tourism is the political issue. And we also believe that tourism is a tool of promoting peace and justice." (Interview #12; Beit Sahour, 05.06.2008)

Aus diesem Grund wird schließlich auch ein Reisekonzept entwickelt, das für den Konflikt relevante Faktoren systematisch berücksichtigt, d.h. ein Konzept, das auf direkten Begegnungen mit der lokalen Bevölkerung und der wirtschaftlichen Beteiligung der Bevölkerung basiert. Dieses Konzept trägt auch dazu bei, dass ATG vom Einbruch des Tourismus während der zweiten Intifada weniger stark betroffen ist und sein Engagement weiterführen kann. Das Konzept stellt insbesondere auf Reisende mit religiösem Hintergrund oder Reisende mit einem politischen Interesse an den realweltlichen Entwicklungen in der Region ab. Diese entscheiden sich nach Interviewangaben oftmals dafür, trotz akuter Krisen in die Region zu reisen, um die betroffene Bevölkerung zu unterstützen.

> „Of course, after the second Intifada [...] all of the tourism industry became to zero. [...] This affected all in the tourism industry, including ATG. We were lucky that it does not affect us as it affected others [...] because our programme is totally different from what others are promoting." (Interview #12; Beit Sahour, 05.06.2008)

Daneben erlaubt die Unternehmensstruktur – ATG ist formal eine Nichtregierungsorganisation, arbeitet jedoch faktisch wie eine Reiseagentur – die Erschließung externer finanzieller Unterstützung aus dem Bereich der Entwicklungszusammenarbeit zur Einführung und Umsetzung von Tourismusprojekten. Somit hat ATG, anders als ein rein profit-orientierter Anbieter, zusätzliche Finanzierungsmöglichkeiten, und damit mehr Handlungsspielräume zur Umsetzung seines Engagements auch unter wirtschaftlich schwierigen Bedingungen. Insgesamt kann man das Engagement von ATG durch die Eigeninitiative einzelner Personen sowie durch das Reisekonzept und die doppelgliedrige Unternehmensstruktur als NRO und Reiseagentur erklären.

Aus diesen Längsschnittstudien ergeben sich zwei Befunde: Zunächst einmal machen sie auf einen interessanten Nebenaspekt aufmerksam. Dieser hängt damit zusammen, dass den Unternehmen zu Beginn dieser Arbeit eine Gewinn maximierende Handlungslogik zu Grunde gelegt wird (Kapitel 3.1). Legt man diese Folie an das Handeln von Studiosus und ATG an, so ist offensichtlich, dass sich in deren Engagement eine Handlungslogik manifestiert, die über die kurzfristige Gewinnmaximierung deutlich hinausgeht. Indizien hierfür sind die Selbstauskunft von ATG zum Unternehmensziel – „the main goal of ATG (…) is the political issue“ (Interview #12; Beit Sahour, 05.06.2008) – und dessen Unternehmensstruktur einer NRO sowie das Bekenntnis von Studiosus in seinem Unternehmensleitbild – „[…] wir wollen uns nicht an dem kurzfristigen Shareholder-Value-Gedanken orientieren […]“ – und der systematischen Umsetzung dieses Leitbildes trotz damit einhergehender Kosten. Die Längsschnittstudien machen zweitens deutlich, dass das Engagement von Studiosus und ATG insbesondere auf den Einfluss von drei Faktoren – dem *Leadership* relevanter Personen in den Unternehmen, dem *Reisekonzept* des Unternehmens und der *Unternehmensstruktur* – zurückgeführt werden kann. Diese Faktoren führen über unterschiedliche Kausalpfade zu dem schließlich beobachtbaren Ergebnis, dem Engagement dieser Unternehmen für Frieden in Israel und den Palästinensischen Gebieten entgegen dem bei den anderen Unternehmen beobachtbaren „Branchentrend“.

Insgesamt zeigen die Längsschnittstudien, dass sich das Unternehmensengagement nicht direkt durch die in den Hypothesen vermuteten Faktoren *Zustand der Destination* und *Kundensensibilität* erklären lässt (Kapitel 2.2). Allerdings sind diese Faktoren indirekt mit den identifizierten Erklärungsfaktoren – *Leadership*, *Reisekonzept*, *Unternehmensstruktur* – verbunden. So ist das Konzept der Studienreise natürlich in besonderem Maße davon abhängig, dass die entsprechenden Destinationen friedlich sind. Oder kurz gesagt: Es gibt nur ein Bethlehem, aber mehrere Sandstrände. Auch profitiert das Konzept der Reisen, die ATG anbietet, von der geringeren Kundensensibilität religiös motivierter oder politische sensibilisierter Reisenden. Damit sind die Faktoren nicht in der angenommenen direkten Weise relevant – schließlich sind diese Faktoren auch bei den Unternehmen anzutreffen, die sich nicht so stark wie ATG und Studiosus engagieren –, allerdings sind sie deutlich mit dem Erklärungsfaktor *Reisekonzept* verwoben. Vor diesem Hintergrund kann mit Blick auf weitere Forschung aus diesen Längsschnittstudien folgende Vermutung abgeleitet werden: Reiseanbieter engagieren sich mit größerer Wahrscheinlichkeit dann für Frieden in Konfliktregionen, wenn die Unternehmen folgende Merkmale aufweisen: *Leadership* relevanter Personen im Unternehmen, ein anschlussfähiges *Reisekonzept* sowie eine *Unternehmensstruktur*, die hierfür Handlungsspielräume lässt.

9. Tourismus in Konfliktregionen – empirische Befunde und theoretische Debatte

Nachdem in den vorangegangenen Kapiteln zunächst das Engagement von TUI, REWE Touristik, NET und Laila Tours sowie anschließend das Engagement von Studiosus und ATG erklärt wurde, gilt es nun die jeweils identifizierten Faktoren auf alle sechs Unternehmen zu beziehen, um die Aussagekraft der Faktoren zu plausibilisieren. Im Anschluss daran werden die Erklärungsfaktoren an bestehende theoretische Überlegungen angeschlossen und in ein Erklärungsmodell für Unternehmensengagement in Konfliktregionen eingefügt.

9.1 Empirische Befunde: Erklärungsfaktoren im Fallvergleich

Die Analyse des Unternehmensengagements in den vorherigen Kapiteln zeigt, dass sich das Engagement jeweils durch eine Kombination von Faktoren erklären lässt.[324] So ist das Engagement von TUI, REWE Touristik, NET und Laila Tours maßgeblich durch *staatliche Anreizstrukturen*, *Marktflexibilität* und dem *Branchendiskurs* bestimmt, während die Faktoren *Leadership*, *Reisekonzept* und *Unternehmensstruktur* das Engagement von Studiosus und ATG erklären. Im Rahmen des gewählten Forschungsdesigns, der strukturiert fokussierten Fallstudien, handelt es sich hierbei allerdings nicht um deterministische Erklärungszusammenhänge.[325] Um den Einfluss der Erklärungsfaktoren auf das Engagement der ausgewählten Unternehmen näher zu bestimmen, ist es notwendig, ihre Rolle für alle ausgewählten Unternehmen zu erörtern. Dieses bedeutet danach zu fragen, welche Rolle den *staatliche Anreizstrukturen* sowie der *Marktflexibilität* und dem *Branchendiskurs* für das Engagement von Studiosus und ATG zukommt. Zudem gilt es, den Faktoren *Leadership*, *Reisekonzept* und *Unternehmensstruktur* im Hinblick auf das Engagement von TUI, REWE Touristik, NET oder Laila nachzugehen.

324 Ähnlich hierzu auch Flohr/Rieth et al. 2010: 161.
325 Siehe hierzu Kapitel 4.1 sowie George/Bennett 2005: 25f, 155.

9.1.1 Staatliche Anreizstrukturen, Marktflexibilität und Branchendiskurs

Mit Blick auf *staatliche Anreizstrukturen* als potenziellen Erklärungsfaktor ergeben die Fallstudien, dass das Verhalten der international bzw. transnational operierenden Reiseanbieter jenseits des Heimatstaates wenig reguliert ist und vor allem durch die Reisewarnungen des Auswärtigen Amtes bestimmt wird. Eine konsistente und aktive deutsche Tourismuspolitik – insbesondere auch in konfliktrelevanten Feldern wie Korruption, Menschenrechte oder Ressourcenschutz – ist vor dem Hintergrund der Fragmentierung der Zuständigkeiten der deutschen staatlichen Institutionen nicht identifizierbar. Zudem kann das Engagement von Unternehmen jenseits des Heimatstaates – dies gilt auch für die Reiseanbieter – durch transnationales Recht oder transnationale Initiativen nur eingeschränkt auf die Einhaltung spezifischer Standards hin beeinflusst werden (Bernstorff 2010: 24; Muchlinski 2007: 110-122, 125).[326] Im Gegensatz dazu sind die lokalen Reiseanbieter damit konfrontiert, dass die Spielräume für Engagement im Kerngeschäft dadurch eingeschränkt sind, dass die regulativen Anforderungen an die Branche (Reiseleiterlizenzen, Hotelbaugenehmigungen) von den israelischen Behörden verwaltet und überwacht werden. Daneben sind die Strukturen der palästinensischen Selbstverwaltung nicht ausreichend entwickelt und verfügen nicht über ausreichende Ressourcen, um als Kooperationspartner privatwirtschaftliches Engagement der Tourismusbranche zu fördern. Eine Alternative zu diesen unterschiedlichen bzw. fehlenden Anreizstrukturen steht ebenfalls nur eingeschränkt – in Form von sich langsam entwickelnden Branchenverbänden oder Brancheninitiativen – zur Verfügung. Es ist offensichtlich, dass alle ausgewählten Unternehmen dem Einfluss der genannten Faktoren ausgesetzt sind. Interessanterweise reagieren die Unternehmen zunächst ähnlich hierauf. So zieht sich Studiosus ebenso wie TUI und REWE Touristik bei Ausgabe einer Reisewarnung aus der Region zurück. Auch haben alle drei transnational operierenden Reiseanbieter ein Krisenmanagementsystem eingerichtet. Vergleichbare Befunde ergeben sich bei den lokalen Unternehmen. Alle drei lokalen Unternehmen arrangieren den Kontakt mit den israelischen Behörden eigenständig. Sie erhalten alle keine signifikante Unterstützung oder Kooperationsangebote durch das Tourismusministerium oder andere Institutionen der palästinensischen Selbstverwaltung, um bspw. die notwendigen Reiseleiterlizenzen zu erhalten.

Betrachtet man die Marktbedingungen, so wird deutlich, dass sich das touristische Kerngeschäft durch eine ausgeprägte *Marktflexibilität* auszeichnet. Die

326 Dies ist jedoch kein spezifisches Phänomen der Tourismusbranche. Für eine Übersicht über die Initiativen, die für die Tourismusbranche potenziell relevant sind und (partiell) explizit die Tourismusbranche adressieren, siehe: Monshausen/Fuchs 2010: 21-23; Dodds/Joppe 2005: 16-19.

ausgewählten international bzw. transnational operierenden Reiseanbieter haben keine Investitionen – beispielsweise in Form von Hotelanlagen – in Israel oder den Palästinensischen Gebieten getätigt und verfügen zudem über ein relativ breites Angebotsportfolio, d.h. sie sind nicht an die Region gebunden. Die lokale Reisebranche ist insofern flexibel, als sie bei Einbruch der Nachfrage mit Bewältigungsstrategien im Rahmen des Kerngeschäfts reagieren kann.[327] Ein weiterer Erklärungsfaktor in diesem Feld ist, dass der *Branchendiskurs* zu Unternehmensverantwortung sowohl in der deutschen Tourismusbranche als auch in Israel und den Palästinensischen Gebieten erst in jüngster Zeit an Dynamik gewonnen hat. Damit befindet sich auch die Umsetzung durch die Branchenmitglieder noch in den Anfängen.[328] Branchenexperten und Vertreter von Reiseanbietern machen zusätzlich oftmals die komplexe Wertschöpfungskette der Tourismusbranche für das noch geringe CSR-Engagement – vor allem den geringen Grad an Implementierung von eingegangen Unternehmensverpflichtungen – der Branche verantwortlich (Dodds/Joppe 2005: 26). Zusätzlich dazu werden der harte Wettbewerb um das günstigste Reiseangebot sowie der Ressourcenaufwand als Gründe für das „Hinterherhinken" der Branche genannt (Dodds/Joppe 2005: 5, 16, 32; Interview #11, Jerusalem, 30.05.2008). Auch mit diesen Faktoren sind alle ausgewählten Reiseanbieter konfrontiert. Sie reagieren auf diese Marktbedingungen und Branchendynamiken erneut relativ gleichgerichtet – lediglich deren Beteiligung an dem sich entwickelten Branchendiskurs zu Nachhaltigkeit oder CSR variiert. So wird dieser von Studiosus und ATG weit stärker und umfassender aufgenommen als von den übrigen vier Unternehmen. Mit Blick auf die anderen marktrelevanten Erklärungsfaktoren kann jedoch festgestellt werden, dass auch Studiosus nicht in Anlagen in Israel oder den Palästinensischen Gebieten investiert und sich damit entsprechend flexibel aus der Region zurückziehen kann. Zudem ist Studiosus nicht regional spezialisiert, sondern bietet Reisen in eine Vielzahl an Regionen an, d.h. die Reisenden können im Fall einer Reisewarnung – ähnlich wie bei den Anbietern TUI und REWE Touristik – Reisen in andere Destinationen wahrnehmen. Vergleichbare Ergebnisse zeigen sich auch bei den lokalen Unternehmen. ATG reagiert wie NET und Laila Tours mit Bewältigungsstrategien auf einen Einbruch der touristischen Nachfrage, d.h. die Anzahl der Kooperationspartner und das Angebot werden an die Nachfrage angepasst.

327 Die Reduktion oder Verlagerung der operativen Kapazitäten, d.h. der Buskapazitäten, der Mitarbeiterkapazitäten oder des Angebotsportfolio werden als Bewältigungsstrategien bezeichnet (Alluri/Joras et al. 2009: 29-31; Joras/Alluri et al. 2009: 6, 25).

328 Indikatoren hierfür sind unter anderem, dass die zentrale Branchenmesse, die ITB in Berlin, erst zweimal einen *CSR-Day* in das Rahmenprogramm integriert hat. Überdies haben die wenigsten Unternehmen eigenständige CSR-Abteilungen eingerichtet. Oftmals wird das Thema Unternehmensverantwortung von den Umweltabteilungen oder Presseabteilungen in den Unternehmen betreut.

Die Faktoren *staatliche Anreizstrukturen*, *Marktflexibilität* und *Branchendiskurs*, allesamt Strukturfaktoren, erklären sichtbar den allgemeinen Trend des Unternehmensengagements der Reiseanbieter in Israel und den Palästinensischen Gebieten. Damit stellt sich nun die Frage nach den Erklärungsfaktoren für das spezifische Engagement von Studiosus und ATG. Außerdem gilt es zu erörtern, welche Rolle diese Faktoren bei TUI, REWE Touristik, NET und Laila Tours spielen.

9.1.2 Reisekonzept, Leadership und Unternehmensstruktur

Untersucht man das *Reisekonzept* aller sechs Unternehmen, so ist feststellbar, dass die Reisekonzepte von Studiosus und ATG auf Grund ihres spezifischen Zuschnitts als *Studienreise* oder *Alternative Tourism* eine stärkere Anbindung an eine Destination mit sich bringen. Dies wird auch dadurch deutlich, dass bei beiden Reisekonzepten die Begegnung mit der lokalen Bevölkerung einen wichtigen Stellenwert einnimmt (Interview #6, München, 11.12.2007; Interview #12, Beit Sahour, 05.06.2008). Zudem bietet Studiosus zwar unterschiedlichste Reiseziele an, allerdings ist eine Studienreise nach Israel und in die Palästinensischen Gebiete stärker an diese Destination gebunden als ein reiner Bade- oder Erholungsurlaub. Besonders instruktiv wird diese Destinations(un)gebundenheit von Kreilkamp beschrieben:

> „Zielgebietskrisen führen in der Regel zu kurzfristigen Nachfrageveränderungen oder zu einem Wechsel der Zieldestination, d.h. aktuelle Krisenregionen werden gemieden, die Urlaubsreise findet aber dennoch statt, jedoch in eine andere Region. Dies betrifft vor allem Reisen in so genannte ‚Warmwasserdestinationen'. Terroristische Anschläge in Tunesien oder beispielsweise Ägypten führten zu einer Veränderung der Reiseströme, die Urlauber fuhren beispielsweise an die spanische Küste, verzichteten aber nicht auf ihre Urlaubsreise. Ursache ist hierfür die weitgehende Austauschbarkeit der Reiseangebote. Hotel- und Strandurlaub werden immer mehr destinationsunabhängig [...].“ (Kreilkamp 2005: 35)

Als weiteren Faktor geben TUI und REWE Touristik in der empirischen Erhebung explizit an, dass Israel und die Palästinensischen Gebiete nicht zur Kernregion ihrer Geschäftstätigkeit gehören. Ein Aspekt, der die Bedeutung der Region für diese Unternehmen und damit die Anreize für Unternehmensengagement reduziert. Letztlich ist Studiosus auf Grund des spezifischen Reisekonzepts trotz seines breiten Angebotsportfolios stärker an die jeweilige Destination gebunden als beispielsweise REWE Touristik und TUI. Die Konzentration von ATG auf *Alternative Tourism* als Reisekonzept impliziert wiederum eine besondere Ansprache von Pilgern als Zielgruppe. Diese reagieren nach Interviewangaben weniger sensibel auf Konflikte in dem jeweiligen Zielgebiet (Interview #11, Jerusalem, 30.05.2008; Interview #16, Jerusalem, 06.06.2008). Dies bedeutet, dass

ATG – anders als NET oder Laila Tours – eine potenziell stabilere Nachfrage annehmen kann und weniger auf Bewältigungsstrategien angewiesen ist. Und schließlich handelt es sich sowohl bei den Reisenden von Studiosus als auch bei den Reisenden von ATG um eine Zielgruppe, die sich stärker mit der Destination auseinandersetzt (Interview #4, München, 19.10.2007) – ein Aspekt, der der Austauschbarkeit der Destination im Krisenfall entgegenwirkt. Für Studiosus impliziert dieses Reisekonzept auch, dass die angebotenen Reisen nicht in das Niedrigpreissegment fallen. Damit ist Studiosus weniger stark von dem preislichen Wettbewerb in der Wertschöpfungskette betroffen und kann weitere Kriterien, z.B. Umwelt- und Sozialstandards, in die Auswahl von Kooperationspartnern einbeziehen.

Insgesamt ergibt die empirische Untersuchung jedoch auch, dass das Engagement der jeweiligen Unternehmen eng mit einzelnen Personen in den Unternehmen verbunden ist, die das Engagement maßgeblich vorantreiben.[329] So zeigt die empirische Untersuchung von Studiosus, dass der Sohn des Unternehmensgründers die Weiterentwicklung des Unternehmensengagements – langfristig – und auch bei anfallenden Kosten – unterstützt und fördert (Interview #6, München, 11.12.2007). Vergleichbares läst sich bei dem Engagement von ATG nachweisen. So erwuchs ATG nicht nur der Initiative lokaler Intellektueller, sondern der geschäftsführende Direktor treibt das Engagement von ATG für *Alternative Tourism* sichtbar voran, z.B. durch Vorträge und Mitbegründung von Brancheninitiativen.[330] Ähnlich stellt sich das Engagement auch bei TUI und REWE Touristik dar. Gerade die erste Initiative für die Einführung von Umwelt- und Sozialstandards ist nach Interviewangaben jeweils sehr stark mit einem Mitarbeiter des Unternehmens verbunden (Interview #6, München, 11.12.2007). Untersucht man das Engagement von REWE Touristik, so lässt sich das aktuelle

329 Auch in der Textilbranche (z.B. Sunlife-Fair/Karl Bitzer zur Rose GmbH & Co) oder in der Automobilbranche (z.B. Daimler AG) lassen sich Unternehmen identifizieren, deren Engagement in Israel und den Palästinensischen Gebieten auf *Leadership* innerhalb des Unternehmens zurückzuführen ist. Siehe hierzu: http://www.sunlife-fair.de/5b4a56284bd3-429d-a0de-9a5637ca3f25.html?1289151118476 (07.11.10) sowie Interview #22, Engstlatt, 01.10.2007 und Interview #10,Herzliya, 25.05.2008.

330 Interessanterweise wird der Diskurs um Unternehmensverantwortung durch ATG gleichsam als Vehikel verwandt, um den explizit politischen Anspruch des Engagements von ATG voranzutreiben. Dieses Phänomen der Instrumentalisierung von CSR im Rahmen des Konfliktes trifft man bei zahlreichen Unternehmen in der Region an. So unterstützt das palästinensische Unternehmen Paltel Palästinenser, die ihr Haus im Rahmen israelischer Abrissmaßnahmen verloren haben. Umgekehrt unterstützte die israelische Leumi-Bank Opfer des Sommerkrieges im Südlibanon 2006 auf der israelischen Seite. Siehe hierzu: http://www.paltel.ps/index.php?lang=en&page=F1136677128.F1137894269.F1137894296.f1137894297 (07.11.2010) sowie Bank Leumi 2006: 107f.

Engagement – dies wird besonders deutlich am Unternehmensengagement für die TOI – ebenfalls stark auf *Leadership* zurückführen.

Letztlich sind die konsequente Einführung und vor allem die Umsetzung des Unternehmensengagements bei Studiosus und ATG jedoch darauf zurückzuführen, dass die Leadershipfunktion und die aktive und effektive Förderung des Unternehmensengagements von der Unternehmensleitung wahrgenommen werden. Damit kommt dem Unternehmensengagement innerhalb des Unternehmens eine größere Bedeutung zu. Anders stellt sich dies bei den Unternehmen REWE Touristik und TUI dar. Wie beschrieben, sind auch bei TUI und REWE Touristik Verantwortliche identifizierbar, die das Unternehmensengagement führend vorantreiben. Jedoch verfügen diese Mitarbeiter nicht über die Hebelwirkung, wie sie im Fall des Unternehmensengagements von Studiosus und ATG vorhanden ist.[331] Insgesamt zeigt die empirische Untersuchung, dass die Ausstrahlung von *Leadership* auf Unternehmensengagement zudem mit der *Struktur des Unternehmens* und der Verankerung des Themengebiets in der Unternehmensstruktur verbunden ist. So betonen Branchenexperten, dass die Geschäftsführung von Studiosus, einem eigentümergeführten Unternehmen, relativ „unbelastet" darüber entscheiden kann, wie sich das Unternehmen im Markt verhalten soll und welche Gewinnspanne angemessen ist (Interview #8, Berlin, 13.03.2009). Für TUI und REWE Touristik gelten andere Bedingungen. So muss die TUI als börsennotiertes Unternehmen unter anderem den Erwartungen des Aktienmarktes, beziehungsweise den Erwartungen der jeweiligen Anteilseigner, entsprechen und stärker kurzfristig gewinnorientiert operieren (Flohr/Rieth et al. 2010: 96; Freyer 2006: 210f). REWE Touristik ist wiederum neben dem Lebensmittelhandel die zweite und kleinere Säule der REWE Group. Diese Konstellation impliziert für das Engagement von REWE Touristik, die Anforderungen der Tourismusbranche stets mit Dynamiken der anderen Unternehmenssäule abzustimmen. Blickt man auf die lokalen Unternehmen, so wird deutlich, dass der Faktor Unternehmensstruktur für das Engagement von ATG ähnlich bedeutsam ist wie im Fall von Studiosus. So operiert ATG zwar wie eine reguläre Reiseagentur, ist allerdings als NRO strukturiert. Damit hat ATG leichter Zugang zu Kooperation mit Akteuren aus dem Bereich der Entwicklungspolitik oder der Zivilgesellschaft als NET und Laila Tours. Im Rahmen derartiger Kooperationskonstellationen kann ATG den fehlenden staatlichen Kooperationspartner einfacher kompensieren.

Insgesamt zeigt der Fallvergleich, dass die Ausprägung sowie die Kombination der Faktoren *Reisekonzept, Leadership* und *Unternehmensstruktur*, allesamt Akteursfaktoren, dazu führen, dass sich Studiosus und ATG entgegen dem Branchentrend engagieren. Bei TUI, REWE Touristik, NET und Laila Tours sind die-

331 Nach Interviewangaben berichtet das Umweltteam der REWE Touristik immerhin direkt an den Vorstand.

se Faktoren hingegen nicht in dieser Konstellation und nicht signifikant wirksam. Dementsprechend ist das Engagement dieser Unternehmen anders ausgeprägt.

9.2 Theoretische Debatte: Strukturfaktoren und Unternehmensengagement

Die vorliegenden empirischen Befunde zum Engagement von Reiseanbietern in Konfliktregionen sollen nun an bestehende theoretische Überlegungen angeschlossen werden. Wie in Kapitel 2 beschrieben, existieren zur Beschreibung und zur Erklärung von privatwirtschaftlichem Engagement für Frieden in Konfliktregionen nur wenige empirisch gesättigte theoretische Überlegungen (Deitelhoff/Wolf 2010a; Rieth/Zimmer 2004a; Rieth/Zimmer 2004b). An diese Überlegungen sollen die Befunde dieser Arbeit angeschlossen und damit in die theoretischen Überlegungen der Steuerungs- und Governanceforschung sowie der Betriebswirtschaftslehre eingebettet werden.

9.2.1 Staatliche Anreizstrukturen

Obgleich Staaten im Zeitalter der ökonomischen Globalisierung zu *competing states* (Cerny 2000: 30) werden, die zudem zunehmend über Formen weicher Steuerung und Metagovernance (Jessop 2007: 54; Kooiman 2005: 167-169; Wolf 2008: 6) Einfluss ausüben, verfügen sie nach wie vor über unterschiedlichste Instrumente, um Unternehmensverhalten innerhalb nationalstaatlicher Grenzen und partiell darüber hinausgehend zu beeinflussen.[332] Hierunter fallen gesetzliche Regelungen (z.B. Arbeitsrecht, Umweltgesetzgebung), *soft law* (z.B. Deutscher Corporate Governance Codex) oder auch öffentliche Bürgschaften (z.B. Hermes-Bürgschaften im Rahmen von Ausfuhrförderpolitik) (Cerny 2000: 25; Muchlinski 2007). Gesetze im Heimatstaat ermöglichen in einzelnen Fällen auch das Fehlverhalten von Unternehmen im Ausland durch Anklageverfahren im Heimatstaat zu sanktionieren. So war der *Alien Tort Claim Act* (ATCA) nicht nur Grundlage für Klagen von Nachfahren von Holocaust-Opfern und Zwangsarbeitern während der NS-Dikatur in Deutschland vor US-amerikanschen Gerichten, sondern auch für die Anklage gegen Unocal, heute Chevron Texaco, auf Menschrechtsverletzungen in Myanmar (Muchlinski 2007: 527).[333] Dies verweist

332 Für eine Darstellung von Extrempositionen – *powerless state* und *myth of the powerless state* – siehe McMichael 2000: 102.

333 Diese rechtliche Bestimmung zur Ahndung von Menschenrechtsverletzungen ist jedoch einzigartig (Muchlinski 2007: 526). In Zusammenhang mit der Verfolgung von Menschenrechtsverletzungen kann zudem auf die *OECD Guidelines on Multinational Enter-*

darauf, dass grundlegende Rechte und Pflichten der Unternehmen durch die jeweiligen Heimat- oder Gaststaaten gestaltet werden können (Frynas 2009: 3), woraus Handlungsanreize für Unternehmen erwachsen. Vor diesem Hintergrund thematisiert auch Haufler den Zusammenhang zwischen (drohender) staatlicher Regulierung und freiwilligem Engagement privatwirtschaftlicher Akteure wie folgt:

> „Under what conditions would we expect to see more corporate self-regulation? [...] [T]he most important factor is a high risk of government regulation at the national or international level [...].“ (Haufler 2001b: 3)

Die empirische Untersuchung zur Tourismusbranche bestätigt diesen Zusammenhang zwischen (drohender) Regulierung durch den Heimatstaat und dem Engagement international bzw. transnational operierender Reiseanbieter. Die in Deutschland ansässige Branche muss in den Feldern Menschenrechte, Umwelt oder Korruption auf Grund der fragmentierten institutionellen Zuständigkeiten (bislang) keine maßgebliche Regulierung fürchten. Lediglich im Umweltbereich sowie beim Schutz von Kindern vor der kommerziellen sexuellen Ausbeutung sind politische Maßnahmen – allerdings in Form von Leitlinien etc. – identifizierbar. Genau in diesen Feldern weist die Tourismusbranche in Deutschland dann auch Engagement in Form von Selbstverpflichtungen und Maßnahmen zur Implementierung dieser Selbstverpflichtungen entlang der Wertschöpfungskette auf, obgleich die Branche bei dem Thema Unternehmensengagement gegenüber anderen Branchen im Hintertreffen ist (Dodds/Joppe 2005: 6). Besonders deutlich wird der Zusammenhang zwischen staatlichen Vorgaben und Unternehmensengagement am Beispiel der vom deutschen Auswärtigen Amt ausgegebenen Reisewarnungen. Diese Befunde fügen sich in die Diskussion um die Rolle heimatstaatlicher Regulierung bzw. heimatstaatlicher Anreize für Unternehmensengagement (CsecR Research Group 2010: 212-216; Doremus/Keller et al. 1999; Flohr/Rieth et al. 2010: 52; Steuerer 2009). Regulierung oder weiche Anreize durch die Heimatstaaten können privatwirtschaftliches Engagement maßgeblich forcieren. Wo diese Formen staatlicher Anreizstrukturen nicht vorliegen, lässt sich umgekehrt kaum Unternehmensengagement identifizieren, das als Beitrag zu Frieden in Konfliktregionen gewertet werden kann.

Etwas anders stellt sich die Situation direkt im Gaststaat, in Israel und den Palästinensischen Gebieten dar. Zum einen sind die politischen Voraussetzungen für Regulierung oder weiche Anreize nicht gegeben, da ein funktionierendes pa-

prises sowie die *UN Draft Norms* verwiesen werden – beiden kommt jedoch noch kein Rechtsstatus zu (CsecR Research Group 2010: 213; Muchlinski 2007: 476; 518-524). Siehe hierzu: http://www.oecd.org/dataoecd/56/36/1922428.pdf (12.11.09); http://www.unhchr.ch/huridocda/huridoca.nsf/(Symbol)/E.CN.4.Sub.2.2003.12.Rev.2.En (12.11.09).

lästinensisches Staatswesen nicht existiert. Damit sind auch relevante politische Institutionen nicht ausreichend etabliert, die eine systematische Tourismuspolitik ermöglichen würden. Zudem können lokale Unternehmen kaum auf staatliche Kooperationspartner bei der Einführung oder Umsetzung von Unternehmensengagement hoffen. Dabei bestätigt die Tourismusforschung die wichtige Rolle des öffentlichen Sektors für eine Destination:

> „Although tourism as a ‚business' should essentially be driven and operated by the private sector, the public sector also has a very significant role to play. Not only many core tourist attractions public goods (landscapes, built and cultural heritage, etc.), but also many activities, such as research, planning, management, and regulation, can only be carried out effectively by the public sector. The role of the public sector should be that of supporting, facilitating and coordinating." (Keyser 2002: 209)

Die empirischen Fallstudien zeigen zudem, dass die lokalen Unternehmen einerseits mit einem fehlenden öffentlichen Partner und andererseits mit einem übermächtigen israelischen Regulierer konfrontiert sind. All dies führt insgesamt dazu, dass sich Unternehmen (tendenziell) nicht oder eher in begrenztem Ausmaß für Frieden in Konfliktregionen engagieren.[334] Damit wird die Erwartung, dass sich Unternehmensengagement für Frieden in Konfliktregionen zu einem „serious trend" (Haufler 2001a: 659) entwickeln könnte, zunächst weder für die Mehrheit der transnational operierenden noch die lokal operierenden Unternehmen (der Tourismusbranche) bestätigt. Insgesamt schließt dieser Befund an die theoretischen Überlegungen über die Reichweite eines *Schattens der Hierarchie* an. So weist Börzel darauf hin, dass in Räumen begrenzter Staatlichkeit, in welchen Governance-Engagement durch Akteure jenseits des Staates besonders wünschenswert wäre, derartiges Engagement auf Grund des fehlenden *Schattens der Hierarchie* besonders unwahrscheinlich ist (Börzel 2008; Börzel 2009). Mit der fehlenden „Rute im Fenster" (Mayntz/Scharpf 1995: 29) fehlen auch essentielle Handlungsanreize für privatwirtschaftliche Akteure, sich zu engagieren. Das Gleiche gilt umgekehrt für einen übermächtigen *Schatten der Hierarchie*, z.B. in Form staatlicher Besatzung wie in den Palästinensischen Gebieten.

Alles in allem zeigen die empirischen Befunde dieser Arbeit, dass die Antwort auf die Frage nach der Rolle staatlicher Anreizstrukturen für privatwirtschaftliches Engagement davon abhängt, ob man in der OECD ansässige, internationale bzw. transnational operierende Unternehmen untersucht, oder ob Unternehmen, die primär in der Konfliktregion operieren, im Fokus stehen. Die Rolle des Staates in der OECD hat sich unter den Bedingungen der Globalisierung gewandelt. Privatwirtschaftliche Akteure übernehmen bei der Bearbeitung von Steuerungsproblemen im Rahmen unterschiedlichster Governance-Konstellationen eine

334 ATG, das mit NROs und IOs kooperiert, kann damit den fehlenden öffentlichen Partner kompensieren.

wichtige Rolle (Conzelmann/Wolf 2007; Cutler/Haufler et al. 1999b; Hall/Biersteker 2002). Allerdings bedarf es der *Rute im Fenster,* sofern privatwirtschaftliches Engagement über Einzelfälle und selektive Themenbearbeitung hinausgehen soll. Im Gegensatz dazu sind für privatwirtschaftliches Engagement lokaler Unternehmen in Konfliktregionen kooperative Anreize, z.B. finanzielle oder logistische Unterstützung, relevant.[335] Diese Mechanismen stehen jedoch gerade in Konfliktregionen, in denen staatliche Strukturen oftmals schwach ausgebildet sind, nicht zur Verfügung (Mayntz 2008: 49). Allerdings müssen diese Mechanismen – Zwang oder Anreize – letztlich nicht unbedingt in einem staatlichen Akteur verortet sein. Vielmehr stellt sich gerade unter den Bedingungen sich wandelnder Staatlichkeit und Staatlichkeit in Konfliktregionen die Frage nach Funktionsäquivalenten. Zumindest einer der untersuchten Fälle deutet an, welche Akteure als Funktionsäquivalent für lokale Unternehmen in Frage kommen können – so kooperiert ATG mit IOs und NROs. Zahlreiche Interviews mit Branchenexperten verweisen zudem – mit Blick auf eine alternative *Rute im Fenster* – auf die Rolle einer kritischen Zivilgesellschaft.[336] Insbesondere letzteres schließt an theoretische Überlegungen über die Rolle eines alternativen *Schattens der Hierarchie* sowie der Rolle einer (transnationalen) kritischen Zivilgesellschaft an (Doh 2008; Flohr/Rieth et al. 2010: 41-52). Zwar gibt es empirische Hinweise darauf, welche Akteure als *Rute im Fenster* im Rahmen neuer Governance-Konstellationen fungieren können, systematische Untersuchungen darüber, welche Akteure oder Akteurskonstellationen unter welchen Bedingungen angemessene Funktionsäquivalente zu einen staatlichen *Schatten der Hierarchie* oder staatlichen Kooperationsangeboten darstellen, existieren bislang nicht (Börzel 2008: 128f).

335 Dies ist zunächst vom empirischen Befund her gedacht und schließt nicht an Überlegungen zum so genannten *kooperativen Staat* an. Für eine gute Übersicht über verschiedene Staatlichkeiten siehe Schuppert 2008.

336 Wichtig ist, dass die Tourismusbranche im Gegensatz zu extraktiven Industrien oder produzierendem Gewerbe in den vergangenen Jahren nicht Zielscheibe professionell durchgeführter Imagekampagnen durch zivilgesellschaftliche Akteure war. Lediglich in den 1970er Jahre hatte es – insbesondere in den Zielgebieten – einen kritischen zivilgesellschaftlichen Diskurs zum Engagement der Tourismusbranche gegeben. Hierauf hat die Branche jedoch nur punktuell und geringfügig reagiert. In der vergangenen Dekade war lediglich das Engagement einzelner weniger Reiseanbieter, insbesondere der TUI, von NROs kritisch begleitet worden. Dieser Fall ist jedoch für oben beschriebenen Mechanismus instruktiv.

9.2.2 Marktflexibilität und Branchendiskurs

Wie beschrieben, verfügen die untersuchten international bzw. transnational operierenden Reiseanbieter nicht über Investitionen in Israel oder den Palästinensischen Gebieten. Die lokalen Unternehmen können wiederum im Rahmen der so genannten Bewältigungsstrategien bei Eskalation des regionalen Konfliktes und der damit einhergehenden Marktsituation flexibel reagieren. Diese empirischen Befunde fügen sich in Überlegungen, die Handlungsanreize in Form von marktspezifischen Bedingungen als Erklärungsfaktoren für privatwirtschaftliches Engagement thematisieren (Bray 2005; Salzmann/Steger et al. 2008). Oftmals werden in diesem Zusammenhang die so genannten *sunk costs*[337] genannt, die besonders bei extraktiven Industrien zu einer langfristigen Bindung an eine (Konflikt-)Region führen können (Rittberger 2004: 23). Das in den empirischen Studien aufgefundene geringe Engagement der Tourismusbranche in Konfliktregionen ist somit auf den geringen Anteil an materiellen Investitionen vor Ort und die daraus resultierende Flexibilität zurückzuführen.[338] Es ist evident, dass sich in dieser Hinsicht die Voraussetzungen für Unternehmensengagement der Tourismusbranche manifest von den Voraussetzungen im extraktiven Bereich oder auch im produzierenden Gewerbe unterscheiden.[339] Daneben erweist sich der Fokus des Kerngeschäfts der jeweiligen Reiseanbieter als Erklärungsfaktor für das Unternehmensengagement. Ist das Kerngeschäft nicht in der jeweiligen Konfliktregion angesiedelt, so steigert dies die bereits beschriebene Flexibilität der Branche, die dann nicht nur „physisch" flexibel ist, sondern auch vor dem Hintergrund des Geschäftsvolumens den Rückzug aus der jeweiligen Konfliktregion ökonomisch einfacher kompensieren kann. Bedeutsam ist überdies, dass die deutsche Tourismusbranche von einigen wenigen Großanbietern – TUI, Thomas Cook, REWE Touristik und Neckermann – dominiert wird (Freyer 2006: 208). Zwischen diesen wenigen großen Anbietern herrschen ein scharfer Wettbewerb um Hotelkapazitäten in „beliebten" Reisezielen und ein intensiver Preiskampf bei den Angeboten für den Kunden. Dies gilt insbesondere für Kapazitäten in

337 Für eine Definition siehe Clark/Wrigley 1997.

338 Wie in Kapitel 6.2 beschrieben, investieren integrierte Reiseanbieter zunehmend in Anlagen in den Destinationen. Dieser Trend ist jedoch noch recht jung. Dennoch kann vermutet werden, dass die Anreize, sich in diesen Regionen zu engagieren, zu einem verstärkten Engagement führen.

339 Es existieren bislang nur wenige Studien, die der Rolle von branchenspezifischen Faktoren im Rahmen eines Branchenvergleichs nachgehen und dies an theoretische Überlegungen zu Unternehmensengagement in Konfliktregionen anschließen. Zu ersten branchenvergleichenden empirischen Studien siehe unter anderem Bray 2005 oder Salzmann/Steger et al. 2008.

den *boomenden* touristischen Destinationen, die zum Kerngeschäft gehören.[340] Verschärft hat sich dieser Wettbewerb überdies mit der Entwicklung des Internet und der Möglichkeit der Kunden, Reiseangebote *online* zu vergleichen und eigenständig zu buchen. Damit kann zwar nicht das geringe Engagement der Branche in Konfliktregionen erklärt werden, es trägt dazu bei, dass „allgemeine Hinterherhinken“ der Branche zu erklären. Diese konzentriert sich bei intensivem Wettbewerb auf das Kerngeschäft und sucht Engagement, das darüber hinausgeht, zu vermeiden. Zudem verweist dies darauf, dass das allgemeine identifizierbare Unternehmensengagement eng mit den bestehen Marktbedingungen verbunden ist. Um Unternehmensengagement für Frieden in Konfliktregion angemessen zu erklären, dürfen die „klassischen“ Einflussfaktoren privatwirtschaftlichen Handelns somit nicht ignoriert werden:

> „Given the importance of economics in shaping business practices, one needs to look much more closely at the rules governing the market, including terms of international trade, market structure and rules for foreign investment.“ (Frynas 2009: 175)

Der letzte Faktor, den es im Rahmen der Branchendynamiken zu diskutieren gilt, ist die Rolle des *Branchendiskurses* zu Unternehmensverantwortung oder, wie eingangs eingeführt, zu CSR. Die empirischen Studien zeigen, dass dieser Diskurs in der deutschen Tourismusbranche noch sehr jung ist. Dieses „Hinterherhinken“ betrifft – mit geringfügigen Abweichungen – die gesamte Tourismusbranche (Dodds/Joppe 2005: 5, 26; Interview #8, Berlin, 13.03.2009). Dies zeigt sich unter anderem darin, dass Themenfelder der Unternehmensverantwortung oftmals von verschiedenen Abteilungen innerhalb der Unternehmen betreut werden, z.B. den Abteilungen für Kommunikation, nachhaltige Entwicklung oder auch der Umweltabteilung. Zudem dominiert in der Umsetzung oftmals die ökologische Komponente von CSR, während die sozialen Aspekte gering berücksichtigt werden. Und schließlich erfolgt die Umsetzung entlang der Wertschöpfungskette bislang nur unzureichend. Nichtsdestotrotz hat die Auseinandersetzung der Branche mit Unternehmensverantwortung im Sinne von CSR in den zurückliegenden Jahren stark an Dynamik gewonnen. Diese junge Entwicklung profitiert dabei insbesondere von dem politischen Diskurs um Nachhaltigkeit. Seit dem Gipfel in Rio 1992 wurde Nachhaltigkeit zu einem zentralen Ziel für die Tourismusbranche (Freyer 2006: 20). Dies bestätigt auch ein Branchenexperte:

> „Ich glaube, [...], dass alle Unternehmen, so in der Folge von vielleicht 1992, verstanden haben, sie müssen sich als nachhaltige Unternehmen aufstellen. Das ist so ein Grundkonsens. Und dieses nachhaltige Aufstellen ist sehr stark entwickelt und ausgeprägt worden

340 Umgekehrt stehen insbesondere Destinationen in Entwicklungsländern unter dem Druck, die Bedingungen großer Reiseanbieter anzunehmen, um in deren Angebotsprogramm aufgenommen zu werden und so die lokale ökonomische Entwicklung abzusichern.

mit Bezug auf Umweltverantwortung […]. Da ist sehr viel Dynamik entstanden. Und das ist in allen Unternehmen. […] Und in den letzten Jahren, auch mit dem Aufkommen einer Debatte, die im weitesten Sinne unter CSR, Corporate Social Responsibility läuft, ist auch in den Unternehmen, auch über die fortwährende Debatte um Nachhaltigkeitsstrategien, ein Bewusstsein, eine Einstellung gereift, dass im Bereich der sozialen Dimension der Nachhaltigkeit mehr Transparenz entstehen muss. Oder, dass da nachgelegt werden muss." (Interview #14, Bonn, 27.10.2008)

Dies zeigt, dass Unternehmen in einem normativ durchtränkten Umfeld operieren, das neben dem wirtschaftlichem Erfolg zunehmend auch weitergehende Forderungen an die Geschäftstätigkeit von Unternehmen erhebt (Deitelhoff/Wolf 2010b: 205ff; Hiß 2005: 20). Ein solches Umfeld stellt einen zentralen Faktor nicht nur für das Engagement einzelner Unternehmen dar, sondern wirkt als Anknüpfungspunkt für die Entwicklung von branchenweiten Diskursen zur Verantwortung von Unternehmen (Steuerer 2009: 53). In diesem Zusammenhang ist interessant, dass die Tourismusbranche Ende der 1970er und Anfang der 1980er Jahre mit einigen tourismuskritischen Kampagnen, vor allem in touristischen Zielgebieten, konfrontiert war (Aderhold/Laßberg et al. 2000: 55-58). Dies hatte jedoch lediglich mittelfristigen Einfluss auf die Geschäftstätigkeit der Branche, während langfristige branchenweite Veränderungen nicht eingetreten sind. Dies zeigt, dass gesamtgesellschaftlichen und transnationalen Diskursen für den Wandel von Branchendiskursen und der Entstehung neuer (normativer) Maßstäbe für privatwirtschaftliches Engagement eine zentrale Bedeutung zukommt.[341]

9.2.3 Resümee

Die Marktflexibilität und der Branchendiskurs sowie staatliche Anreizstrukturen wirken auf alle privatwirtschaftlichen Akteure der Tourismusbranche und bewirken damit ähnliche Formen von Unternehmensengagement für Frieden in Konfliktregionen. Strukturelle Faktoren sind wesentliche Erklärungsfaktoren für das identifizierbare allgemeine Niveau von Unternehmensengagement. Gleichwohl gilt es zu beachten, dass damit keine generelle Aussage über die konkrete Wirkung der einzelnen Strukturfaktoren möglich ist – diese kann lediglich auf Ebene der einzelnden Unternehmen bestimmt werden. In der Gesamtkonstellation ist der Einfluss der Strukturfaktoren für das Unternehmensengagement jedoch erkennbar. Auf Ebene der Strukturfaktoren kann somit auch von „Stellschrauben"

341 Wichtig ist, dass die Tourismusbranche im Gegensatz extraktiven Industrien oder produzierendem Gewerbe in den vergangenen Jahren nicht Zielscheibe professionell durchgeführter Imagekampagnen durch zivilgesellschaftliche Akteure war. Damit kann der Wandel im Branchendiskurs auf den politischen und gesellschaftlichen Diskurs zurückgeführt werden.

für ein grundlegendes und branchenweites Unternehmensengagement gesprochen werden. Allerdings gilt es in diesem Zusammenhang, die jeweils unterschiedlichen Mechanismen für Unternehmensengagement zu beachten. Exemplarisch hierfür ist, dass beispielsweise die staatlichen Anreizstrukturen gegenüber lokalen Unternehmen in den Konfliktregionen und international bzw. transnational operierenden Unternehmen aus der OECD unterschiedlich ausgestaltet sein müssen, um Unternehmensengagement zu bewirken.

9.3 Theoretische Debatte: Akteursfaktoren und Unternehmensengagement

9.3.1 Reisekonzept

Die Tourismusforschung differenziert verschiedene Arten von Reiseanbietern. Kriterien hierfür sind unter anderem die Größe – am Umsatz oder der Anzahl der Mitarbeiter gemessen –, die Angebotsregion oder die Programmspezialisierung. Im Rahmen dieser Kategorisierung wird unter anderem von *Generalisten* und *Spezialisten* gesprochen – eine Unterscheidung, die sich aus dem Kriterium der Reiseprogrammspezialisierung ergibt (Freyer 2006: 208f). Nimmt man diese Kategorisierung und überträgt diese auf die für diese Arbeit ausgewählten Unternehmen, so fallen unter anderem TUI und REWE Touristik sowie NET und Laila Tours in die Kategorie der Generalisten[342], während Studiosus und ATG zu den Spezialisten zu rechnen sind. Mit diesen Kategorien gehen wiederum verschiedene, das Unternehmensengagement beeinflussende Faktoren einher. So sind die Reiseangebote der Generalisten sehr viel flexibler oder – wie Kreilkamp formuliert (Kreilkamp 2005: 35) – austauschbarer als Reiseangebote von so genannten Spezialisten. Generalisten können sich damit flexibler aus Konfliktregionen zurückziehen als Spezialisten, die stärker darauf angewiesen sind, dass die Destination bereisbar ist. Dies bildet sich natürlich auch in der Kundennachfrage ab, die bei Spezialisten weniger flexibel und damit auch in Konfliktregionen stabiler ist als bei Generalisten – besonders deutlich zeigt dies die Fallstudie zu ATG. Insgesamt handelt es sich hierbei um wichtige Anreizfaktoren für privatwirtschaftliches Engagement – auch in einer Konfliktregion.[343] Zudem ist der Wettbewerb in der Branche zwar insgesamt sehr hoch und die Kundenachfrage stark preisgetrieben (Dodds/Joppe 2005: 34; Freyer 2006: 17), allerdings entspricht einem

342 NET und Laila Tours weisen auf Grund einer starken Bindung an den Markt in Israel und den Palästinensischen Gebieten eine regionale Spezialisierung auf, operieren sonst jedoch wie Generalisten (Freyer 2006: 215).

343 Exemplarisch hierfür sind Anbieter wie Biblische Reisen oder Reiseanbieter mit regionalen Schwerpunkten in Afrika, Latainamerika oder Asien usw.

speziellen Reisekonzept zumeist auch ein spezifisches Preisniveau. So sprechen Spezialisten mit ihrem spezifischem Reisekonzept Konsumenten an, die weniger sensibel auf den Reisepreis reagieren. Exemplarisch für eine solche Konsumentengruppe sind die so genannten *LOHAS*. Diese zeichnen sich dadurch aus, dass sie ethische Kriterien wie Umwelt- oder Sozialstandards an ihre Kaufentscheidung anlegen und einen höheren Preis des jeweiligen Produktes – in diesem Fall einer Reise – akzeptieren.[344] Gleichzeitig gehen Reisekonzepte oftmals mit spezifischen Eckdaten des Produzierens und Konsumierens einher, dem dann Qualitätsmaßstäbe oder auch ethische Maßstäbe inhärent sind.[345] Dies ist unter anderem typisch für Reiseanbieter, die so genannten religiösen Tourismus oder Öko-Tourismus anbieten. Damit verweisen die Konzepte dieser Spezialisten oftmals auf Fragen nach den Bedingungen des Produzierens und Konsumierens und damit auf die Notwendigkeit, den globalen Herausforderungen auch als privatwirtschaftlicher Akteur zu begegnen. Dies ist auch über die Tourismusbranche hinaus zu beobachten, zum Beispiel in der Nahrungsmittelindustrie (z.B. Alnatura) oder der Energiebranche (z.B. Lichtblick). Bei der Entwicklung derartiger Konzepte kommt jedoch, wie die empirischen Befunde bereits gezeigt haben, *Leadership* als Erklärungsfaktor in besonderer Weise zum Tragen.

9.3.2 Leadership und Unternehmensstruktur

Die Unternehmensfallstudien zeigen, dass das stark ausgeprägte Unternehmensengagement oftmals mit dem aktiven und effektiven Engagement einzelner Personen in einem Unternehmen einhergeht. In der betriebswirtschaftlichen Forschung wird dieses Phänomen zumeist als *Leadership* diskutiert. Die theoretische Erfassung dieses Phänomens erweist sich als schwierig:

> „Leadership has been defined in terms of individual traits, leader behavior, interaction patterns, role relationships, follower perceptions, influence over followers, influence on task goals, and influence on organizational culture. Most definitions of leadership involve an influence process, but the numerous definitions of leadership that have been proposed appear to have little else in common." (Yukl 1989: 252)

Obgleich die Forschung mit Blick auf *Leadership* und Unternehmensengagement – respektive CSR – nach wie vor am Anfang steht (Waldmann/Siegel et al. 2006:

344 Siehe hierzu: www.lohas.de (01.11.10). Untersuchung zum Konsumententypen im Tourismus allgemein sowie im Zusammenhang mit der Nachfrage nach nachhaltigem Tourismus siehe Aderhold/Laßberg et al. 2000: Kapitel III/3, insbesondere S. 142; Dodds/Joppe 2005: 13-16; Kirstges 1992: 59-67.

345 Exemplarisch hierfür ist die unterschiedliche reiseprogrammatische Ausrichtung von TUI (*nachhaltiger Qualitätsanbieter*) und Studiosus (*umwelt- und sozial verantwortliche Studienreise*). Siehe Studiosus 2008: 51; TUI AG 2007: 17.

1705), wurden bereits verschiedene Wege eingeschlagen: So gehen McWilliams et al. davon aus, dass Manager das Thema Unternehmensverantwortung dann vorantreiben, wenn entweder das Unternehmen oder der Manager selbst davon profitieren (McWilliams/Siegel 2001: 118). Nach Ansicht von Waldmann/Siegel et al. greift ein solcher Ansatz, der allein auf strategische Kalkulation eines Managers abstellt, jedoch zu kurz und kann die Rolle von Managern für privatwirtschaftliches CSR-Engagement nicht adäquat erklären. Die Autoren sind vielmehr der Meinung, dass *Leadership* als ein Mix aus strategischen sowie persönlichen Faktoren, beispielsweise ethische Werthaltung oder systemübergreifendes konzeptuelles Denken, konzipiert werden muss (Waldmann/Siegel et al. 2006: 1704).[346] Vor diesem Hintergrund greifen die Autoren auf *Transformational Leadership* als Erklärungsansatz zurück.[347] Dieser Ansatz widmet sich insbesondere Fragen der Mitarbeiterführung und der Motivation von Mitarbeitern sowie Teams und erörtert in diesem Zusammenhang die Rolle von Kreativität, Inspiration und Charisma (Bass/Steidlmeier 1999). Damit kann der Ansatz individuelle moralische Überzeugungen von Managern – wie in den Fallstudien zu Studiosus und ATG sichtbar – erfassen. Außerdem wurde dieser Ansatz, der sich zunächst vor allem auf die Mikroebene konzentrierte, in jüngeren Studien um die Auswirkungen von *Leadership* auf die Prozesse und Strukturen eines Unternehmens erweitert.[348] Dieser Schritt der *Leadership*-Forschung ist für die Beschreibung und Analyse von Unternehmensengagement insofern relevant, als es sich bei der Einführung und Umsetzung von Unternehmensengagement um Veränderungen in den Unternehmensstrukturen und -prozessen handelt, die unter bestimmten Bedingungen von *Leadership* induziert sind. Allerdings erweist sich der Einfluss von *Leaderhip* insbesondere dann als richtungsweisend für ein Unternehmen – im Sinne eines Einflusses auf grundlegende Strukturen und Prozesse –, wenn der jeweilige Manager in der Unternehmensstruktur eine führende Position einnimmt oder direkten Zugang zur Führungsspitze des Unternehmens hat. Diskussionen in der CSR-Forschung bestätigen die Bedeutung der Verortung von Unternehmensengagement in der Führungsetage eines Unternehmens:

346 Eine interessante Hypothese zu *Leadership* und personenbezogene Faktoren ergibt ein Interview. Der Interviewpartner vermutete, dass die Sozialisierung im israelischen Militär dazu führe, dass israelische Unternehmen besonders stark von *Leadership* – begriffen als Führungskraft und innovative Problemlösung – gekennzeichnet seien (Interview #23, Tel Aviv, 29.11.2007).

347 Für eine Übersicht über Konzepte zu *Transformational Leadership* siehe Yukl 1989: 269-273.

348 Überdies zielen unter anderem House et al. mit dem Meso-Paradigma darauf ab, Faktoren der Mikro- sowie der Makroebene zur Erklärung von Unternehmensverhalten verknüpfen (House/Rousseau et al. 1995: 73f).

„Bemerkenswert ist aber, dass das Thema gesellschaftliches Engagement in Unternehmen nicht oder nur unzureichend implementiert ist. So fehlt es zumeist an entsprechenden Zuständigkeitsregelungen sowie adäquaten Personal- und Sachressourcen, obwohl Experten einhellig darauf hinweisen, dass dieses Thema nur Aussicht auf Erfolg hat, wenn es in der Unternehmensspitze personell, sachlich und kulturell verankert ist [...].“ (Backhaus-Maul/Biedermann et al. 2008b: 27)

Damit gehen auch Überlegungen über die Entscheidungsspielräume der jeweiligen Unternehmensführung einher. Hier zeigt sich, dass Entscheidungsträger in eigentümergeführten Unternehmen über andere Handlungsspielräume verfügen, als es bei Unternehmen in Streubesitz der Fall ist. Hieraus ergibt sich schließlich auch die besondere Rolle familiengeführter Unternehmen:

„In Deutschland verfügt das gesellschaftliche Engagement von Unternehmen [...] über eine lange Tradition und weist einige charakteristische Besonderheiten auf. So sind es vor allem inhabergeführte Unternehmen, die sich in der Tradition eines deutschen Pfades von Corporate Citizenship verorten, wie etwa Faber-Castell oder Otto [...].“ (Backhaus-Maul/Biedermann et al. 2008b: 26)

Es ist evident, dass der Unternehmensleitung im Rahmen solcher Unternehmensstrukturen eine größere Hebelwirkung zukommt als in börsennotierten Unternehmen in Streubesitz. Die Bedeutung der Eigentümerstruktur für das Engagement eines Unternehmens wird sowohl von betriebswirtschaftlichen als auch von politikwissenschaftlichen Forschungsarbeiten diskutiert (Flohr/Rieth et al. 2010: 94-98; Gutberlet/Kern 2007: 51; Jenkins 2006: 252). Gerade börsennotierte Unternehmen zeichnen sich durch komplexe *Principal-Agent-Strukturen* zwischen Management und Eigentümern aus, die durch den Wissensvorsprung des Managements und den wirtschaftlichen Interessen der Eigentümer geprägt sind. Insbesondere bei börsennotierten Unternehmen in Streubesitz können die Anreizstrukturen zu einer starken Konzentration auf die kurzfristige ökonomische Performance des jeweiligen Unternehmens führen – eine konträre Dynamik lässt sich bei Familienunternehmen feststellen (Flohr/Rieth et al. 2010: 96; Harvey 1999). Diese Voraussetzungen spiegeln sich in dem unterschiedlich ausgeprägten Unternehmensengagement wider.

9.3.3 Resümee

Die Akteursfaktoren können somit – im Gegensatz zu den Strukturfaktoren – erklären, dass Unternehmen sich entgegen dem Branchentrend als Vorreiter für Frieden in Konfliktregionen engagieren. Allerdings muss auch hier angefügt werden, dass damit keine generelle Aussage über den Einfluss der Einzelfaktoren möglich ist. Deren Einfluss kann lediglich auf der Ebene des jeweiligen Unternehmens bestimmt werden. Nichtsdestotrotz wird dann auf der Ebene der Gesamtkonstellation deutlich, dass diese Akteursfaktoren für das Engagement der „Vorreiterunternehmen“ ausschlaggebend sind.

Besonders interessant ist zudem, dass die Kombination dieser Akteursfaktoren offensichtlich damit einher geht, dass die handlungsleitende Logik dieser „Vorreiterunternehmen“ zunehmend von der in dieser Arbeit angenommenen Logik eines primär Kosten-Nutzen kalkulierenden Akteurs abweicht bzw. um eine Logik der Angemessenheit ergänzt wird. Besonders deutlich wird dies, wenn man das Engagement von TUI und REWE Touristik mit dem Engagement von Studiosus und ATG vergleicht.[349] Betrachtet man das Engagement dieser „Vorreiterunternehmen“ genauer, so zeigt sich jedoch auch, dass die jeweiligen Reisekonzepte den von der Unternehmensleitung geäußerten *moral case* zugleich zum *business case* werden lassen, d.h. das Unternehmensengagement von ATG und Studiosus ist *Governance-Beitrag* und Verkaufsargument zugleich. Damit öffnet sich die Handlungslogik der Vorreiterunternehmen sowohl einer ökonomischen Logik sowie einer Logik der Angemessenheit. Diese Gleichzeitigkeit von *moral case* und *business case*, die bei ATG und Studiosus sichtbar wird, ist nicht nur in der Debatte um CSR ein überaus populäres (Verkaufs-)Argument, sie zeigt vor allem auch die Komplexität der Verknüpfung von Mechanismen, die privatwirtschaftlichem Engagement zu Grunde liegen.

9.4 Unternehmensengagement erklären

Die empirische Untersuchung und deren Einbettung in die bestehenden theoretischen Diskussionsansätze ergeben, dass Unternehmen, die im Kontext der selben *staatlichen Anreizstrukturen* operieren und mit den gleichen *Marktbedingungen* und *Branchendiskursen* konfrontiert sind, ähnlichen Verhaltensanreizen unterliegen und daher ähnliches Unternehmensengagement aufweisen (Abbildung 1). Dies bedeutet, dass strukturelle Faktoren den „generellen Trend“ erklären können.[350] Im Gegensatz dazu bestimmen die Faktoren auf der Akteursebene – das jeweilige *Leadership*, das jeweilige *Reisekonzept* und die *Unternehmensstruktur*

349 Besonders augenfällig ist die Verschiebung der Handlungslogik von einer reinen Marktlogik zu einer Logik der Angemessenheit bei ATG. Der untersuchte Reiseanbieter operiert zwar wie eine klassische *Incoming-Agentur*, hat jedoch die Struktur einer NRO und gibt als Kernziel der Geschäftstätigkeit „the political issue“ an (Interview #12, Beit Sahour, 05.06.2008).

350 Wie in Resümee 9.2.3 beschrieben, wirken diese staatlichen Anreizstrukturen jedoch über unterschiedliche Mechanismen auf die transnational/international operierenden Unternehmen und die lokalen Unternehmen. Für die transnational/international operierenden Unternehmen ist die (wenig aktive) „Rute im Fenster“ und für lokale Unternehmen ist der (fehlende) staatliche Kooperationspartner ausschlaggebend.

– die spezifischen Abweichungen über den „Branchentrend" hinaus (Abbildung 1). Allerdings liegen die Einzelfaktoren innerhalb der Struktur- oder Akteursfaktoren stets in unternehmensspezifischen Konstellationen vor. Dies bedeutet, dass keine generelle Aussage über den Einfluss der einzelnen Erklärungsfaktoren für das Engagement der Reiseanbieter geleistet werden kann. Lediglich in der Gesamtkonstellation der Strukturfaktoren bzw. Akteursfaktoren ergibt sich das beschriebene Bild. Vor diesem Hintergrund lässt sich das Erklärungsmodell von Unternehmen in Konfliktregionen wie in Abbildung 1 darstellen.

Abbildung 1: Akteurs- und Strukturfaktoren zur Erklärung von Unternehmensengagement in Konfliktregionen

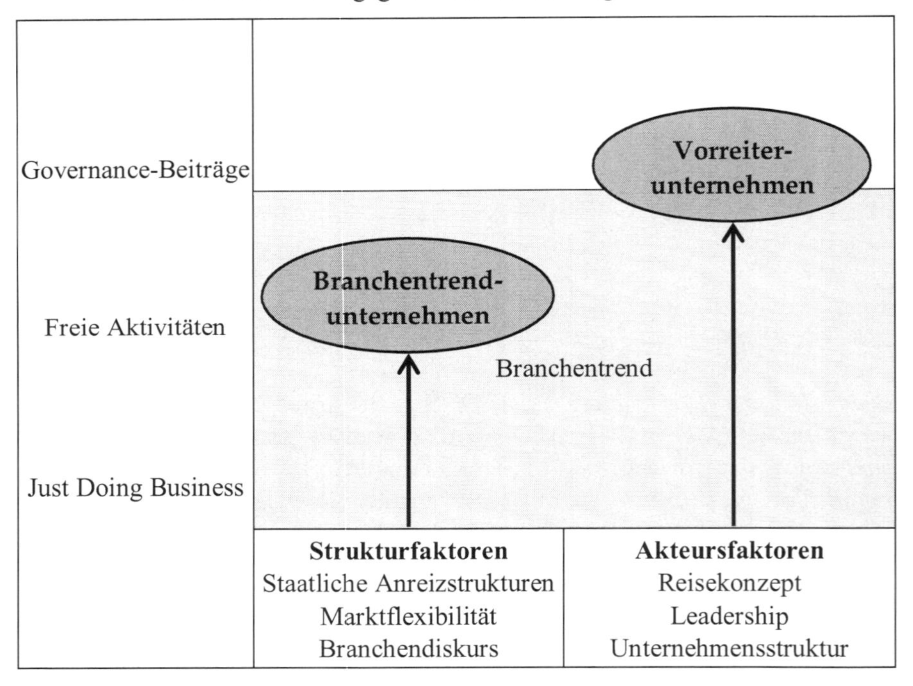

Die empirischen Befunde legen überdies nahe, dass mit diesen Akteursfaktoren gewisse Charakteristika in der Handlungslogik der Unternehmen einhergehen, nämlich eine Verschiebung hin zu einer Logik der Angemessenheit, die normative Erwartungen der Umwelt zu einem konstitutiven Bestandteil unternehmerischer Entscheidungen macht. Dass die Brancheninitiative TOI verschiedene Best-Practice-Maßnahmen ihrer Mitglieder auf der Internetseite einsehbar macht, verweist darauf, dass derartige „Vorreiterunternehmen" für Dynamiken innerhalb einer Branche wichtige Akzente setzen können. Das empirische Beispiel verweist jedoch auch darauf, dass Strukturbedingungen und Akteursverhalten in dem Feld Tourismus überaus dynamischen Wechselwirkungen unterliegen und somit für die Erklärung von Unternehmensengagement stets zusammen gedacht werden müssen.

Nachdem die empirischen Befunde zusammengeführt, an die bestehenden theoretischen Überlegungen zur Rolle von Unternehmen in Konfliktregionen angeschlossen sowie in einem Modell zur Erklärung von Unternehmensengagement in Konfliktregionen abgebildet wurden, sollen nun das Forschungsvorhaben und seine Ergebnisse abschließend zusammengefasst werden.

10. Forschungsergebnisse und Forschungsdesiderata

Zum Abschluss der Arbeit gilt es die Forschungsfrage, die Vorgehensweise und die empirischen Befunde zusammenfassend darzustellen, den Beitrag der Arbeit zur Global Governance Forschung sowie zur Friedens- und Konfliktforschung zu formulieren und abschließend einige zentrale Forschungsdesiderata, die vor diesem Hintergrund deutlich werden, zu benennen.

10.1 Die Rolle von Unternehmen in Konfliktregionen

Die vorliegende Arbeit befasste sich erstens mit der Frage, wie sich Unternehmen in Konfliktregionen verhalten. Zweitens wurde erklärt, warum sich die Unternehmen in der empirisch festgestellten Weise verhalten. Ausgangspunkt für diese Forschungsfragen ist die empirische Beobachtung, dass privatwirtschaftliche Akteure nicht nur als Problemverursacher, sondern zunehmend auch als Problemlöser in Konfliktregion wirken können. Exemplarisch hierfür ist die Beteiligung privatwirtschaftlicher Akteure an der Etablierung des Zertifizierungsmechanismus für Diamanten aus Bürgerkriegsregionen im Rahmen des *Kimberley-Prozessess* sowie das privatwirtschaftliche Engagement im Rahmen der *Extraktive Industrie Transparency Initiative* oder der *Voluntary Principles on Security and Human Rights.*[351] Damit griff diese Arbeit das Verhältnis zwischen Wirtschaft und Frieden aus der Akteursperspektive auf und fokussierte – anders als die Forschung zu Bürgerkriegsökonomien, welche Unternehmen als Verursacher und oder Treiber von Konflikten untersucht – darauf, wie und warum Unternehmen (potenziell) zu Frieden in Konfliktregionen beitragen.[352]

351 Zu diesen Initiativen siehe auch Kapitel 1.1. Neben den Initiativen, die für Frieden in Konfliktregionen quasi direkt relevant sind, existieren zahlreiche Initiativen – in unterschiedlichster Akteurskonstellation – für andere Politikfelder. Bekannt sind unter anderem der *Forest Stewardship Council* (Umwelt) und die *Roll Back Malaria Initiative* (Gesundheit), siehe Pattberg 2004; Huckel/Rieth et al. 2007: 125-128.

352 Wichtig ist, dass in dieser Arbeit die tatsächliche Friedenswirkung privatwirtschaftlichen Engagements nicht untersucht wurde. Es wurde lediglich Engagement untersucht, das die Voraussetzung erfüllt, potenziell zu Frieden beizutragen (siehe auch Kapitel3.3).

10.2 Wie lässt sich Unternehmensengagement erklären?

Um diese Forschungsfrage zu bearbeiten, setzte die Arbeit bei der Tourismusbranche an. Aufgrund der in der Forschungsliteratur genannten Abhängigkeit der Tourismusbranche von der „Intaktheit" der Destination sowie der Sensibilität der Reisenden gegenüber politischer Instabilität und Konflikten konnte vermutet werden, dass Reiseanbieter dazu neigen, sich in Konfliktregionen zu engagieren (Kapitel 2.2). Ausgangspunkt für das Vorgehen war somit die Vermutung, dass die Tourismusbranche als *most-likely case* für die Bedingungen von Unternehmensengagement in Konfliktregionen besonders aufschlussreich sein würde. Überdies zeigte ein Blick in die vorliegende empirische Forschung, dass die Rolle von internationalen bzw. transnationalen sowie lokalen Unternehmen der Dienstleistungsbranche in Konfliktregionen – insbesondere der Tourismusbranche – stark unterbelichtet war. Neben der Überprüfung dieser theoretischen Vermutung galt es, aus dem vorliegenden empirischen Material Erklärungsfaktoren zu destillieren sowie – in ausgewählten Fällen – die Kausalmechanismen zur Erklärung des privatwirtschaftlichen Engagements nachzuvollziehen. Diesem Forschungsziel entspricht auch die Entscheidung für die Fallstudienmethode, die sich als geeignet erwies, um das in dieser Arbeit verwendete mehrdimensionale Konzept von Unternehmensengagement zu erfassen und weitere Erklärungsansätze zu dem noch wenig erforschten Gebiet zu entwickeln.

10.3 Das Engagement der Tourismusbranche für Frieden in Konfliktregionen

Die empirischen Fallstudien zu drei international bzw. transnational operierenden Reiseanbietern – TUI, REWE Touristik, Studiosus – und drei lokal operierenden Reiseanbietern – NET, Laila Tours, ATG – ergaben folgende Befunde: Es wurde deutlich, dass sich die Mehrheit der untersuchten Reiseanbieter nur sehr geringfügig in der ausgewählten Konfliktregionen engagierten. Damit wurde die eingangs formulierte Annahme zunächst enttäuscht. Gleichzeitig wiesen jedoch zwei der sechs Unternehmen – Studiosus und ATG – ein über den „Branchentrend" hinausgehendes Engagement in der Konfliktregion auf. Es wurden also gleichsam zwei unterschiedliche Unternehmensgruppen identifiziert, die getrennt auf Erklärungsfaktoren untersucht wurden. Die Analyse zeigte schließlich, dass Strukturfaktoren das Engagement der Mehrheit der Unternehmen – den so genannten „Branchentrend" – und die Akteursfaktoren das spezifische Engagement der Minderheit der Reiseanbieter – der „Vorreiterunternehmen" – erklären. Zu den relevanten Strukturfaktoren gehören *staatliche Anreizstrukturen*, die *Marktflexibilität* der Unternehmen und der *Branchendiskurs* zu Unternehmensverantwortung. Als relevante Akteursfaktoren wurden das *Reisenkonzept* eines

Unternehmen, *Leadership* innerhalb des Unternehmens sowie die jeweilige *Unternehmensstruktur* identifiziert. Dabei ist zu beachten, dass eine Aussage über den Einfluss und die Wechselwirkungen dieser einzelnen Faktoren nur für die konkreten Unternehmensfälle, die untersucht wurden, möglich ist. Erst in der Gesamtkonstellation der Einzelfaktoren – als Struktur- oder Akteursfaktoren – lässt sich ein generalisierender Befund formulieren.[353]

10.4 Governance Forschung und Friedens- und Konfliktforschung

Diese Befunde tragen im Wesentlichen zu zwei Diskussionssträngen in der *Governance Forschung* bei: Erstens zur Diskussion über die Rolle staatlicher Anreizstrukturen – Regulierung oder Kooperationsanreizen – für privatwirtschaftliches Engagement, zweitens zur Diskussion über die Fragen nach dem normativen Umfeld privatwirtschaftlichen Engagements. Die Erkenntnisse der Fallstudien zeigten, dass privatwirtschaftliches Engagement international bzw. transnational operierender Unternehmen mit Hauptsitz in der westlichen OECD von (drohender) staatlicher Regulierung maßgeblich befördert wird. Darüber hinaus wurde jedoch auch deutlich, dass in der Konfliktregion operierende lokale Unternehmen vor allem auf kooperative Formen der Einflussnahme angewiesen sind und ein allzu langer *Schatten der Hierarchie* Unternehmensengagement erschwert (Börzel 2008: 127f). Damit kommt es auf die „richtige Ausgestaltung" der staatlichen Anreizstrukturen an – eine *Rute im Fenster* (Mayntz/Scharpf 1995: 29) einerseits und Kooperationsangebote andererseits –, um Unternehmensengagement in Form von *freien Aktivitäten* oder *Governance Beiträgen* der jeweiligen Unternehmen in Konfliktregionen zu befördern.

Die Arbeit verwies weiterhin auf ein komplexes Gefüge normativer Bestimmungsfaktoren für das Engagement von Unternehmen. So ist die Tourismusbranche in der Entwicklung einer CSR-Norm gegenüber anderen Branchen im Hintertreffen und treibt derartiges Engagement nur bedingt voran; gleichzeitig wird *Nachhaltigkeit* als eine in der Tourismusbranche etablierte Norm diskutiert, die die Entscheidungsprozesse von Unternehmen der Tourismusbranche anleitet und ein Fundament für brancheninterne Debatten über Unternehmensengagement im Allgemeinen und CSR im Besonderen bietet. Mit Blick auf die Frage

353 Damit lässt sich an dieser Stelle bereits ein erstes Forschungsdesideratum formulieren – nämlich die systematische Beschreibung und Analyse der Rolle einzelner Akteurs- oder Strukturfaktoren für privatwirtschaftliches Engagement. Gerade die Rolle nicht originär politikwissenschaftlicher Faktoren – z.B. Leadership oder Unternehmensstruktur – erfordert hier interdisziplinäre Forschung, siehe hierzu auch CsecR Research Group 2010: 225.

nach der Rolle privatwirtschaftlicher Akteure in Global Governance Prozessen bedeutet dies, dass Unternehmen durchaus für Anforderungen aus dem – nationalen wie internationalen – gesellschaftlichen Umfeld ansprechbar sind. Allerdings beanspruchen derartige Veränderungsprozesse – bis sie sich in den unternehmensinteren Logiken widerspiegeln – komplexe Übersetzungsprozesse.[354]

Aus Perspektive der *Friedens- und Konfliktforschung* sind vor allem die unterschiedlichen inhaltlichen Dimensionen privatwirtschaftlichen Engagements relevant. Die Zuordnung des empirisch identifizierten Unternehmensengagements zu den verschiedenen Bereichen offenbarte zunächst lediglich, in welchen Problemfeldern der betreffenden Konfliktregion sich die ausgewählten Unternehmen engagieren. Allerdings deutete bereits dieses an, in welchen Bereichen, auch über diese Fallauswahl hinausgehend, Unternehmensengagement vermutet werden kann. So konzentrierte sich das Engagement der meisten Unternehmen stark auf die sozio-ökonomische Dimension – damit sind die Unternehmen bevorzugt in jenen Bereichen aktiv, die sich am Kerngeschäft des Unternehmens orientieren.[355] Ein normatives Interesse an pazifizierendem Unternehmensengagement kann sich – wie bereits 2003 von Wenger und Möckli diskutiert auf die mit dem Kerngeschäft eines Unternehmens verwandten Felder, auf *Economic Peacebuilding* stützen (Wenger/Möckli 2003: 133). So auch ein lokaler Interviewpartner einer politischen Stiftung:

> „In der Vergangenheit waren Treffen mit Wirtschaftsvertretern vielfach von Klagen über die politische Situation dominiert. Dies erweist sich als nicht zielführend, da die politischen Rahmenbedingungen nicht – oder nur sehr bedingt – von Unternehmen beeinflussbar sind. Vor diesem Hintergrund erscheint es sinnvoller, einen anderen Ausgangspunkt zu wählen – jetziger Ausgangspunkt für neue Projekte ist: Wie kann Wirtschaft, auch ohne die spezifische intrinsische Motivation zu Frieden beitragen zu wollen, Stabilität und Frieden fördern? Was kann Wirtschaft „im Kerngeschäft" tun? Ausschlaggebend ist also das gemeinsame Interesse der Unternehmer." (Interview #20, Jerusalem 28.05.2008)[356]

Diese Schlussfolgerung mag zunächst – vielleicht auch angesichts der Erwartungshaltung, die dem Phänomen Unternehmensengagement entgegen gebracht wird (Haufler 2001a; Ruggie 2004: 519) – enttäuschen. Gleichzeitig ist damit jedoch auch ein konkretes Handlungsfeld aufgezeigt, innerhalb dessen (vielleicht

354 Die Dynamiken zwischen dem Branchendiskurs zu *Nachhaltigkeit* und CSR verweisen hier auf verschiedene – zum Teil synchron – verlaufende Diskurse, die für Unternehmen unterschiedliche Deutungshorizonte und damit unterschiedliche (Re)Aktionsmuster ermöglichen, siehe auch Kapitel 9.2.2. Im Rahmen solcher Übersetzungsprozesse können so genannte Interfaces eine zentrale Rolle spiele, siehe hierzu CsecR Research Group 2010: 208 (Haidvogl).

355 Für eine Diskussion des geringen Unternehmensengagements in der Sicherheitsdimension siehe CsecR Research Group 2010: 204f.

356 Ähnliche Äußerungen auch eines Regionalexperten in Interview #24, Mainz, 08.10.07.

engen) Grenzen privatwirtschaftliche Akteure mit hoher Wahrscheinlichkeit zu Frieden in einer Konfliktregion beitragen können.[357]

10.5 Forschungsdesiderata

Die Analyse der „Vorreiterunternehmen" Studiosus und ATG zeigte, dass unter den gleichen Strukturbedingungen insbesondere die Faktoren auf der Ebene der Akteursmerkmale deren Engagement bestimmen. Überdies wurde deutlich, dass das Zusammenspiel dieser Faktoren dazu führt, dass die Unternehmen eine Handlungslogik ausbilden, die sich durch eine Verquickung von normgeleiteten sowie marktrationalen Elementen auszeichnet. Die eingangs eingeführte Annahme, dass dem Engagement der Unternehmen ausschließlich Kosten-Nutzen Abwägungen zu Grunde liegen, erwies sich somit als unzureichend. Damit ist die Forschung zu den normativen und ökonomischen Triebkräften, die privatwirtschaftlichem Engagement zu Grunde liegen, keineswegs abgeschlossen. Vielmehr verweist gerade dieser Befund darauf, dass die politikwissenschaftliche Forschung Unternehmen bislang zu wenig auf akteursspezifische Logiken – bzw. Veränderungen in der Akteurslogik – untersucht hat (Conzelmann/Wolf 2007: 161-163; Flohr/Rieth et al. 2010: 10f). Dies ist unter dem Gesichtspunkt systematischen privatwirtschaftlichen Engagements ein wesentliches Desideratum. Anknüpfungmöglichkeiten für weitere Forschung bieten sich unter anderem in der Wirtschaftsethik, die sich mit der Frage nach der Integration des „ethischen Moments" in Unternehmenshandeln bereits intensiv befasst hat (Freeman 1984); ein Aspekt, der auch die CSR-Praktiker beschäftigt:

> „Ich glaube das Problem sind wirklich schon mal ethische Maßstäbe – und darum geht's ja irgendwie. Also wenn man ein bisschen artfremde Elemente in Unternehmen einführen will – dass es nur funktioniert, wenn es sozusagen in die Unternehmensphilosophie eingebaut wird und dann auch strategisch als Unternehmensziel in der Breite versucht wird umzusetzen. Also dieser Weg, an irgendeiner Stelle eine einzelne Person zu identifizieren ist eher eine Notlösung. Aber es löst das strukturelle Problem nicht, weil diese (…) CSR Strategien eher willkürlich und im konkreten Fall, aber nicht systematisch verankern und in der Tiefe ihre Strukturen hinterlassen." (Interview #14, Bonn, 27.10.2008)

Diese Akteursbestimmung ist letztlich jedoch nur ein weiterer Schritt, um das dynamische Verhältnis zwischen den Unternehmen und dem sie umgebenden Umfeld zu analysieren. Es wurde deutlich, dass Kontextbedingungen – z.B. Nachhaltigkeitsnormen – Unternehmensengagement sowie deren grundlegenden Handlungslogiken maßgeblich beeinflussen können. Gleichzeitig wirkt das En-

357 Mit Blick auf die Praxis von Unternehmensengagement in Konfliktregionen verweisen Feil/Fischer et al. (Feil/Fischer et al. 2008a: 32) darauf, dass es einer offenen Verständigung darüber bedarf, zu welchem Engagement Unternehmen bereit sind.

gagement dieser Unternehmen auf unterschiedlichste Weise auf das Branchenumfeld zurück – exemplarisch hierfür ist die Präsentation von *best practices* auf der Homepage von Brancheninitiativen wie der TOI. Diese Wechselwirkungen zwischen Unternehmen und gesellschaftlichem Umfeld bzw. dem Branchenumfeld sind letztlich zentral für die Beschreibung und Erklärung der unterschiedlichen Formen privatwirtschaftlichen Engagements d.h. *just doing business*, *freie Aktivitäten* oder *Governance-Beiträge*[358] – sowie für die Erklärung der wachsenden Bereitschaft privatwirtschaftlicher Akteure, im Rahmen politischer Prozesse – jenseits von *just doing business* – Verantwortung zu übernehmen und an der Bereitstellung öffentlicher Güter – auch in Konfliktregionen – mitzuwirken.[359]

Die Rolle von Unternehmen in Konfliktregion war vor wenigen Jahren noch ein völlig neues Forschungsfeld. Die rasch wachsende empirische Forschung – sowohl im Bereich der Global Governance Forschung sowie der Friedens- und Konfliktforschung – zeigte, dass die Erwartungen an Unternehmensengagement insbesondere in Konfliktregionen bislang nur sehr eingeschränkt erfüllt werden. Nimmt man jedoch davon Abstand, privatwirtschaftliches Engagement als Allheilmittel zu betrachten, werden empirisch durchaus unterschiedliche Ansätze privatwirtschaftlicher *best practices* deutlich.

358 Diese Formen ließen sich überdies in individuelles und kollektives Engagement und nach der Reichweite (regional, national, international) differenzieren, siehe hierzu Feil/Fischer et al. 2008b: 7-9.

359 Exemplarisch für eine solche Analyse der Wechselwirkungen zwischen Unternehmen und Unternehmensumfeld unter Rückgriff auf Überlegungen des soziologischen Institutionalismus ist Hiß 2005.

Literatur- und Quellenverzeichnis

Verzeichnis der Interviewpartner[360]

Unternehmensvertreter

Interview #2, Hannover, 16.10.2008, TUI AG
Fragebogen #2, Hannover, 07.11.2008, TUI AG
Interview #5, Köln, 27.08.2008, Touristik der REWE Group
Fragebogen #1, Köln, 24.09.2008, Touristik der REWE Group
Interview #4, München, 19.10.2007, Studiosus Reisen München GmbH
Interview #6, München, 11.12.2007, Studiosus Reisen München GmbH
Interview #7, München, 18.06.2008, Studiosus Reisen München GmbH
Interview #11, Jerusalem, 30.05.2008, Near East Tourist Agency
Telephoninterview #2, 16.05.2009, Laila Tours & Travel
Interview #12; Beit Sahour, 05.06.2008, Alternative Tourism Group
Interview #16, Jerusalem, 06.06.2008, Partner von Studiosus Reisen München AG/TUI AG
Interview #9, Tel Mond, 11.11.2007, Landwirtschaftsbranche
Interview#10, Herzliya, 25.05.2008, Automobilbranche
Interview #22, Engstlatt, 01.10.2007, Textilbranche
Telephoninterview #1, 25.11.2008, Tourismusbranche

Branchenexperten

Interview #1, Bethlehem, 01.12.2007, NRO
Interview #3, Berlin, 07.01.2009, Branchenverband
Interview #8, Berlin, 13.03.2009, NRO
Interview #14, Bonn, 27.10.2008, NRO
Interview #17, Berlin, 04.12.2008, Bundestag
Interview #18, Berlin, 22.01.2009, Wirtschaftsministerium
Interview #19, Berlin, 13.03.2008, NRO/Reiseanbieter
Interview #21, Jerusalem, 03.06.2008, Branchenverband

360 Vor dem Hintergrund der Sensibilität des Themas für einige Interviewpartner, wurde für diese Arbeit standardmäßig eine möglichst umfassende Anonymisierung vorgenommen.

Regionalexperten

Interview #13, Ramallah, 08.11.2007, Entwicklungszusammenarbeit

Interview #15, Tel Aviv, 29.05.2008, CSR-Beratungsunternehmen

Interview #20, Jerusalem 28.05.2008, Politische Stiftung

Interview #23, Tel Aviv, 29.11.2007, Forschung

Interview #24, Mainz, 08.10.2007, Politische Stiftung

Interview #25, Tel Aviv, 19.05.2008, Handelskammer

Interview #26, Tel Aviv, 25.10.2007, Botschaft

Interview #27, Tel Aviv, 31.10.2007, Handelskammer

Interview #28, Jerusalem, 22.11.2007, Politische Stiftung

Literaturverzeichnis

Abels, G. /Behrens, M. 2005: ExpertInnen-Interviews in der Politikwissenschaft. Geschlechtertheoretische und politikfeldanalytische Reflexion einer Methode. In: Bogner, A./Littig, B./ Menz, W. (Hg.): Das Experteninterview. Theorie, Methode, Anwendung, Wiesbaden: VS Verlag für Sozialwissenschaften, 173-190.

Aderhold, P. /Laßberg, D. v. /Stäbler, M. /Vielhaber, A. 2000: Tourismus in Entwicklungsländer. Eine Untersuchung über Dimensionen, Wirkungen und Qualifizierungsansätze im Entwicklungsländer-Tourismus - unter besonderer Berücksichtigung des deutschen Urlaubsreisemarktes, Ammerland: Studienkreis für Tourismus und Entwicklung e.V.

Adwan, S. 2008: Learning Each Other's Historical Narratives. A Palestinian-Israeli Peacebuilding Project. In: Hauswedell, C./Johannsen, M./ Nolan, P. (Hg.): Demilitarizing Conflicts. Learning Lessons in Northern Ireland, Palestine and Israel, Rehburg-Loccum: Evangelische Akademie Loccum, 33-41.

Alluri, R. /Joras, U. /Leicher, M. /Palme, K. 2009: Tourismus, Frieden und Konflikt: Effekte, Strategien und das privatwirtschaftliche Engagement in der Friedensförderung (Forschungsbericht), Working Paper, 10, Köln und Bern: Europäische Fachhochschule/Cologne Business School/Compass/ Swisspeace.

Alroi-Arloser, G. 2004: "Israel - Ausblick auf die nächsten 10 Jahre" (Einführungsrede bei einer Veranstaltung des Wirtschaftsrats der CDU), Berlin: http://berlin.mfa.gov.il/mfm-/web/main/document.asp?DocumentID=52880&MissionID=88 (31.01.11).

Alternative Tourism Group 2007: Combating Dispossession. Towards a Code of Ethics for Tourism in Palestine (An Initiative of the Alternative Tourism Group and the Palestinian Initiative for Responsible Tourism), Beit Sahour: http://www.atg.ps/site_files/File/PIFT/ATG.pdf (08.07.10).

Amalric, F. 2005: The Equator Principles: A Step Towards Sustainability? CCRS Working Paper Series, 01/05, Zürich: Center for Corporate Responsibility and Sustainability at the University of Zurich.

Amundsen, I. /Ezbidi, B. 2004: PNA Political Institutions and the Future of State Formation. In: Khan, M. H./Giacaman, G./ Amundsen, I. (Hg.): State Formation in Palestine. Viabiliy and Governance During a Social Transformation, London: Routledge, 141-167.

Aschauer, W. 2008: Tourismus im Schatten des Terrors. Eine vergleichende Analyse der Auswirkungen von Terroranschlägen (Bali, Sinai, Spanien), München: Profil.

Ashkenazi, A. /Greenapple, B. 2009: Economic Peace? Political Peace with Economic Prosperity, Res 01-09/A07, Jaffa: The Peres Center for Peace.

Asseburg, M. 2003: Road Map oder Road Blocks? o.O.: http://www.swp-berlin.org/common/get_document.php?asset_id=470 (14.08.08).

Asseburg, M. 2007: Hamastan vs. Fatahland. Fortschritt in Nahost? SWP-Aktuell, Berlin: Stiftung Wissenschaft und Politik.

Asseburg, M. /Perthes, V. 2008: Geschichte des Nahostkonfliktes, Informationen zur politischen Bildung: Israel, 278, Bonn: Bundeszentrale für politische Bildung.

Auty, R. M. 1993: Sustaining Development in Mineral Economies. The Resource Curse Thesis, London: Routledge.

Backhaus-Maul, H. /Biedermann, C. /Nährlich, S. /Polterauer, J. (Hg.) 2008a: Corporate Citizenship in Deutschland. Bilanz und Perspektiven, Wiesbaden: VS Verlag für Sozialwissenschaften.

Backhaus-Maul, H. /Biedermann, C. /Nährlich, S. /Polterauer, J. 2008b: Corporate Citizenship in Deutschland. Die überraschende Konjunktur einer verspäteten Debatte. In: Backhaus-Maul, H./Biedermann, C./Nährlich, S./ Polterauer, J. (Hg.): Corporate Citizenship in Deutschland. Bilanz und Perspektiven, Wiesbaden: VS Verlag für Sozialwissenschaften, 13-42.

Bais, K. /Huijser, M. 2005: The Profit of Peace. Corporate Responsibility in Conflict Regions, Sheffield: Greanleaf Publishing.

Ballentine, K. /Sherman, J. (Hg.) 2003: The Political Economy of Armed Conflict. Beyond Greed and Grievance, London: Lynne Rienner.

Banfield, J. /Gündüz, C. /Killick, N. 2006: Local Business, Local Peace: The Peacebuilding Potential of the Domestic Private Sector, London: International Alert.

Bank Leumi 2006: Corporate Responsibility Report, Tel Aviv: http://english.leumi.co.il/staticfiles/Media%20Server/BLITA%20English/PDF%20files/Social_Responsibility_Report_%5BEng%5D.pdf (07.11.10).

Bank of Israel 2007: Recent Economic Developments. April-September 2007, 119, Jerusalem: http://www.bankisrael.gov.il/develeng/develeng119/develeng.pdf (05.09.11).

Bank of Israel 2009: Recent Economic Developments. May-August 2009, 125, Jerusalem: http://www.bankisrael.gov.il/develeng/develeng125/develeng.pdf (03.02.11).

Barash, D. P. /Webel, C. P. 2002: Peace and Conflict Studies, Thousand Oaks: Sage Publications.

Barnett, M. /Kim, H. /O'Donell, M. /Sitea, L. 2007: Peacebuilding: What Is in a Name? In: Global Governance, 13(2007), 35-58.

Bass, B. M. /Steidlmeier, P. 1999: Ethics, Character, and Authentic Transformational Leadership Behavior. In: Leadership Quarterly, 10(2), 181-217.

Bastian, H. /Born, K. (Hg.) 2004: Der integrierte Touristikkonzern. Strategien, Erfolgsfaktoren und Aufgaben, München: Oldenbourg Wissenschaftsverlag.

Baumgart-Ochse, C. 2008: Demokratie und Gewalt im Heiligen Land. Politisierte Religion in Israel und das Scheitern des Osloer Friedensprozesses, Frankfurt am Main: Nomos.

Ben-Porat, G. 2005b: Between Power and Hegemony; Business Communities in Peace Processes. In: Review of International Studies, 31(2), 325-348.

Ben-Porat, G. 2006: Global Liberalism, Local Populism: Peace and Conflict in Israel/Palestine and Northern Ireland, Syracuse, NY: Syracuse University Press.

Berdal, M. R. /Malone, D. M. 2000: Greed and Grievance: Economic Agendas in Civil Wars, Boulder, CO: Lynne Rienner.

Berg-Schlosser, D. (Hg.) 2007: Democratization. The State of the Art (IPSA Series "The World of Political Science"), Opladen: Barbara Budrich.

Bernstorff, J. v. 2010: Die völkerrechtliche Verantwortung für menschenrechtswidriges Handeln transnationaler Unternehmen. Unternehmensbezogene menschenrechtliche Schutzpflichten in der völkerrechtlichen Spruchpraxis, INEF Forschungsreihe Menschenrechte, Unternehmensverantwortung und Nachhaltige Entwicklung, 5, Duisburg: Institut für Entwicklung und Frieden/ Universität Duisburg-Essen.

Bertelsmann Stiftung 2006: Government as Partner? CSR Policy in Europe, Gütersloh: http://www.bertelsmann-stiftung.de/cps/rde/xbcr/SID-64919D74-02FBBC8C/bst/Government_as_partner_Executive_Summary_mit_Bild.pdf (20.09.10).

Besant, R. 2006: Telecoms and Peacebuilding: The Search for Shared Communication (Case Study Sierra Leone). In: Banfield, J./Gündüz, C./ Killick, N. (Hg.): Local Business, Local Peace: The Peacebuilding Potential of the Domestic Private Sector, London: International Alert, 485-462.

Betz, K. 2006: TO Do! 2006. Wettbewerb Sozialverantwortlicher Tourismus. Begründung für die Preisverleihung (Preisträger: Alternative Tourism Group), Ammerland: http://www.todo-contest.org/preistraeger/pdf/alternative-preis.pdf (19.04.10).

Beyer, M. /Häusler, N. /Strasdas, W. 2007: Tourismus als Handlungsfeld der deutschen Entwicklungszusammenarbeit, Eschborn: GTZ.

Binder, M. 2005: Private Sicherheits- und Militäranbieter im Dienste westlicher Demokratien: Die Bürgerkriege in Bosnien-Herzegowina und Sierra Leone. In: Die Friedens-Warte. Journal of International Peace and Organization, 80(1-2), 131-151.

Blatter, J. K. /Janning, F. /Wagemann, C. 2007: Qualitative Politikanalyse. Eine Einführung in die Forschungsansätze und Methoden, Wiesbaden: VS Verlag für Sozialwissenschaften.

Blowfield, M. /Frynas, J. G. 2005: Setting New Agendas: Critical Perspectives on Corporate Social Responsibility in the Developing World. In: International Affairs, 81(3), 499-513.

Blowfield, M. /Murray, A. 2008: Corporate Responsibility. A Critical Introduction, Oxford: Oxford University Press.

Blumenthal, J. v. 2005: Governance - eine kritische Bilanz. In: Zeitschrift für Politikwissenschaft, 15(4), 1149-1180.

Bonacker, T. /Imbusch, P. 1999: Begriffe der Friedens- und Konfliktforschung: Konflikt, Gewalt, Krieg, Frieden. In: Imbusch, P./ Zoll, R. (Hg.): Friedens- und Konfliktforschung. Eine Einführung mit Quellen, Opladen: Leske+Budrich, 73-115.

Bonacker, T. /Imbusch, P. 2005: Zentrale Begriffe der Friedens- und Konfliktforschung: Konflikt, Gewalt, Krieg, Frieden. In: Imbusch, P./ Zoll, R. (Hg.): Friedens- und Konfliktforschung. Eine Einführung, Wiesbaden: VS Verlag für Sozialwissenschaften, 69-144.

Bone, A. 2004: Conflict Diamonds: The De Beers Group and the Kimberley Process. In: Bailes, A. J. K./ Frommelt, I. (Hg.): Business and Security. Public-Private Sector Relationsships in a New Security Environment, Oxford: Oxford University Press, 129-147.

Bornschier, V. 1976: Wachstum, Konzentration und Multinationalisierung von Industrieunternehmen, Frauenfeld: Verlag Huber.

Bornschier, V. /Chase-Dunn, C. 1985: Transnational Corporations and Underdevelopment, New York, NY: Praeger.

Börzel, T. A. 2007: Regieren ohne den Schatten der Hierarchie: Ein modernisierungstheoretischer Fehlschluss? In: Risse, T./ Lehmkuhl, U. (Hg.): Regieren ohne Staat? Governance in Räumen begrenzter Staatlichkeit, Baden-Baden: Nomos.

Börzel, T. A. 2008: Der "Schatten der Hierarchie" - Ein Governance-Paradox? In: Schuppert, G. F./ Zürn, M. (Hg.): Governance in einer sich wandelnden Welt, Wiesbaden: VS Verlag für Sozialwissenschaften.

Börzel, T. A. 2009: Governance without Government - False Promise or Flawed Premises? (50th Annual Convention of International Studies Association), New York.

Bothe, M. 2004: Die Mauer im Westjordanland. Ein Crashtest für das Völkerrecht? HSFK-Standpunkte, Nr. 2/2004, Frankfurt am Main.

Boulding, K. E. 1978: Stable Peace, Austin, TX: University of Texas.

Boutros-Ghali, B. 1992: An Agenda for Peace, Preventive Diplomacy and Peace-Keeping, A/47/277-S/24111, New York, NY: United Nations.

Brady, H. E. /Collier, D. 2004: Rethinking Social Inquiry. Diverse Tools, Shared Standards, Oxford: Rowman & Littlefield Publishers.

Brady, H. E. /Collier, D. /Seawright, J. 2004: Refocusing the Discussion of Methodology. In: Brady, H. E./ Collier, D. (Hg.): Rethinking Social Inquiry. Diverse Tools, Shared Standards, Oxford: Rowman & Littlefield Publishers, 3-20.

Brahimi, L. 2000: Report of the Panel on United Nations Peace Operations, A/55/305-S/2000/809, New York, NY: United Nations.

Brahm, E. 2007: Uncovering the Truth: Examining Truth Commission Success and Impact. In: International Studies Perspectives, 8, 16-35.

Bray, J. 2005: International Companies and Post-Conflict Reconstruction. Cross-Sectorial Comparisons, Social Development Papers, 22, Washington, DC: CPR Unit of the World Bank.

Brock, L. 1990: "Frieden". Überlegungen zur Theoriebildung. In: Politische Vierteljahresschrift (PVS), 21(Sonderheft), 71-89.

Brock, L. 2002: Was ist das "Mehr" in der Rede, Friede sei mehr als die Abwesenheit von Krieg? In: Sahm, A./Sapper, M./ Weichsel, V. (Hg.): Die Zukunft des Friedens. Eine Bilanz der Friedens- und Konfliktforschung, Wiesbaden: Westdeutscher Verlag, 95-114.

Brown, N. J. 2009: Palestine: The Schism Deepens, Web Commentary (Middle East Program): Carnegie Endownment for International Peace.

Brözel, C. 2004: UN fördert verantwortlichen Tourismus. Die Aufwertung der Welttourismusorganisation. In: Eine-Welt-Presse. Nord-Süd Zeitung, 21(1), 11.

Brühl, T. /Liese, A. 2004: Grenzen der Partnerschaft. Zur Beteiligung privater Akteure an internationaler Steuerung. In: Albert, M./Moltmann, B./ Schoch, B. (Hg.): Die Entgrenzung der Politik. Internationale Beziehungen und Friedensforschung, Frankfurt am Main: Campus Verlag, 162-190.

Bryden, A. /Hänggi, H. (Hg.) 2005: Security Governance in Post-Conflict Peacebuilding, Münster: Lit-Verlag.

Buchholtz, A. K. /Carroll, A. B. 2008: Business & Society, Cincinnati: South-Western.

Bundesministerium für Wirtschaft und Technologie 2008: Tourismuspolitischer Bericht der Bundesregierung, 16. Legislaturperiode, Berlin.

Bundesministerium für Wirtschaft und Technologie 2009: Tourismuspolitische Leitlinien der Bundesregierung, Berlin: http://www.deutschland-tourismus.de/pdf/Tourismuspolitische_Leitlinien_der_Bundesregierung.pdf (26.08.10).

Burnell, P. (Hg.) 2000: Democracy Assistance. International Co-Operation for Democratization, London: Frank Cass.

Bussmann, M. /Hasenclever, A. /Schneider, G. 2009: Einleitung. Identität, Institutionen und Ökonomie: Ursachen und Scheinursachen innenpolitischer Gewalt. In: Politische Vierteljahresschrift (PVS), 43(Sonderheft), 9-45.

Butler, R. W. 1980: The Concept of a Tourist Area of Life Cycle of Evolution: Implications for Management Resources. In: Canadian Geographer, 24(1), 5-12.

Calließ, J. /Weller, C. (Hg.) 2003: Friedenstheorie. Fragen - Ansätze - Möglichkeiten. Loccumer Protokolle 31, Rehburg-Loccum: Evangelische Akademie Loccum.

Carbonnier, G. 2009: Private Sector. In: Chetail, V. (Hg.): Post-Conflict Peacebuilding: A Lexicon, Oxford: Oxford University Press.

Carothers, T. 1999: Aiding Democracy Abroad. The Learning Curve, Wasington, DC: Carnegie Endowment for International Peace.

Carroll, A. B. 1979: A Three-Dimensional Conceptual Model of Corporate Performance. In: The Academy of Management Review, 4(4), 497-505.

Carroll, A. B. 1991: The Pyramid of Corporate Social Responsibility: Toward the Moral Management of Organizational Stakeholders. In: Business Horizons, Juli-August, 1-48.

Cerny, P. G. 2000: Structuring the Political Arena: Public Goods, States and Governance in a Globalizing World. In: Palan, R. (Hg.): Global Political Economy: Contemporary Theories, New York, NY: Routledge, 21-35.

Clark, G. L. /Wrigley, N. 1997: Exit, the Firm and Sunk Costs: Reconceptualizing the Corporate Geography of Disinvestment and Plant Closure. In: Progress in Human Geography, 21(3), 338-358.

Coalition for Accountability and Integrity 2009: National Integrity System Study: Palestine 2009, Jerusalem: http://www.aman-palestine.org/Documents/Publication/Corruption-Rpt2009.pdf (17.05.2010).

Collier, D. /Brady, H. E. /Seawright, J. 2004: Critiques, Responses, and Trade-Offs: Drawing Together the Debate. In: Brady, H. E./ Collier, D. (Hg.): Rethinking Social Inquiry. Diverse Tools, Shared Standards, Oxford: Rowman & Littlefield Publishers, 195-227.

Collier, P. /Hoeffler, A. 2000: Greed and Grievance in Civil War, Policy Research Working Paper, 2355, Washington, DC: The World Bank.

Collier, P. /Hoeffler, A. 2001: Greed and Grievance in Civil War, Working Paper, 28126, Washington, DC: The World Bank.

Conzelmann, T. /Wolf, K. D. 2007: Doing Good While Doing Well? Potenzial und Grenzen grenzüberschreitender privatwirtschaftlicher Regulierung. In: Hasenclever, A./Wolf, K. D./ Zürn, M. (Hg.): Macht und Ohnmacht internationaler Institutionen, Frankfurt am Main: Campus, 145-175.

Crane, A. /Matten, D. /Moon, J. 2008a: Corporations and Citizenship, Cambridge: Cambridge University Press.

Crane, A. /Matten, D. /Spence, L. J. (Hg.) 2008b: Corporate Social Responsibility. Readings and Cases in a Global Context, London: Routledge.

CsecR Research Group 2010: Business in Zones of Conflict and Global Security Governance: What has been Learnt and Where to from Here? In: Deitelhoff, N./ Wolf, K. D. (Hg.): Corporate Security Responsibility? Private Governance Contributions to Peace and Security in Zones of Conflict, Basingstoke: Palgrave Macmillan, 202-226.

Cutler, C. A. 2008: Problematizing Corporate Social Responsibility under Conditions of Late Capitalism and Postmodernity. In: Rittberger, V./ Nettesheim, M. (Hg.): Authority in the Global Political Economy, Basingstoke: Palgrave Macmillan, 189-216.

Cutler, C. A. /Haufler, V. /Porter, T. 1999a: The Contours and Significance of Private Authority in International Affairs. In: Cutler, C. A./Haufler, V./ Porter, T. (Hg.): Private Authority and International Affairs, New York, NY: State University of New York Press, 333-375.

Cutler, C. A. /Haufler, V. /Porter, T. 1999b: Private Authority and International Affairs. In: Cutler, C. A./Haufler, V./ Porter, T. (Hg.): Private Authority and International Affairs, New York, NY: State University of New York Press, 3-28.

Czempiel, E.-O. 1972: Schwerpunkte und Ziele der Friedensforschung, München: Kaiser Verlag.

Czempiel, E.-O. 1998: Friedensstrategien. Eine systematische Darstellung außenpolitischer Theorien von Machiavelli bis Madariaga, Opladen: Westdeutscher Verlag.

Czempiel, E.-O. 2001: Der Friedensbegriff der Friedensforschung. In: Sahm, A./Sapper, M./ Weichsel, V. (Hg.): Die Zukunft des Friedens. Eine Bilanz der Friedens- und Konfliktforschung, Wiesbaden: Westdeutscher Verlag, 83-93.

Daase, C. 1996: Vom Ruinieren der Begriffe. Zur Kritik der Kritischen Friedensforschung. In: Meyer, B. (Hg.): Eine Welt oder Chaos? Frankfurt am Main: Suhrkamp, 455-490.

Dajani, A. /Dayan, Y. /Touboul, C. 2006: Israel and Palestine: Doing Businss across the Conflict Divide. In: Banfield, J./Gündüz, C./ Killick, N. (Hg.): Local Business, Local Peace: The Peacebuilding Potential of the Domestic Private Sector, London: International Alert, 364-399.

Dashwood, H. S. 2007: Canadian Mining and Corporate Social Responsibility: Weighting the Impact of Global Norms. In: Canadian Journal of Political Science, 40(1), 129-156.

de Kadt, E. 1979: Tourism. Passport to Development? Perspectives on the Social and Cultural Effects of Tourism in Developing Countries, Washington: Oxford University Press.

Deitelhoff, N. 2010: Private Security and Military Companies: The Other Side of Business and Conflict. In: Deitelhoff, N./ Wolf, K. D. (Hg.): Corporate Security Responsibility? Private Governance Contributions to Peace and Security in Zones of Conflict, Basingstoke: Palgrave Macmillan, 177-201.

Deitelhoff, N. /Wolf, K. D. 2010a: Corporate Security Responsibility. Corporate Governance Contributions to Peace and Security in Zones of Conflict. In: Deitelhoff, N./ Wolf, K. D. (Hg.): Corporate Security Responsibility? Private Governance Contributions to Peace and Security in Zones of Conflict, Basingstoke: Palgrave Macmillan, 1-25.

Deitelhoff, N. /Wolf, K. D. (Hg.) 2010b: Corporate Security Responsibility? Private Governance Contributions to Peace and Security in Zones of Conflict, Basingstoke: Palgrave Macmillan.

Denzing, N. K. 1970: The Research Act. A Theoretical Introduction to Sociological Methods, Chicago, IL: Aldine Publishing Company.

Dodds, R. /Joppe, M. 2005: CSR in the Tourism Industry? The Status of and Potential for Certification, Codes of Conduct and Guidelines, Study prepared for the CSR Practice Foreign Investment Advisory Service Investment Climate Department, Washington: IFC/ World Bank.

Doh, J. 2008: Between Confrontation and Cooperation: Coporate Citizenship and NGOs. In: Scherer, A. G./ Palazzo, G. (Hg.): Handbook on Research of Global Corporate Citizenship, Cheltenham: Edward Elgar, 273-292.

Doremus, P. N. /Keller, W. W. /Pauly, L. W. /Reich, S. 1999: The Myth of the Global Corporation, Princeton, NJ: Princeton University Press.

Dreyer, A. /Dreyer, D. /Rütt, K. 2004: Touristisches Krisenmanagement. In: Bastian, H./ Born, K. (Hg.): Der integrierte Tourismuskonzern. Strategien, Erfolgsfaktoren und Aufgaben, München: Oldenbourg Wissenschaftsverlag, 213-232.

DRV 2009: Fakten und Zahlen zum deutschen Reisemarkt 2009. Eine Übersicht des deutschen ReiseVerbandes (DRV), Berlin: http://www.drv.de/fileadmin/user_upload/fachbereiche/DRV_Zahlen_Fakten2009_01.pdf (16.04.2010).

Duffield, M. 2001: Global Governance and the New Wars. The Merging of Development and Security, New York, NY: Zed Books.

Easton, D. 1965: A Systems Analysis of Political Life, New York: John Wiley & Sons.

Eckstein, H. 1975: Case Study and Theory in Political Science. In: Greenstein, F./ Polsby, N. (Hg.): Handbook of Political Science. Strategies of Inquiry, Reading: Addison-Wesley, 79-139.

Eckstein, H. 1992a: Regarding Politics. Essays on Political Theory, Stability and, Change, Berkely, CA: Universitiy of California Press.

Feil, M. 2010: Here's to Peace! Governance Contributions by Companies in Rwanda and the Democratic Republic of Congo. In: Deitelhoff, N./ Wolf, K. D. (Hg.): Corporate Security Responsibility? Private Governance Contributions to Peace and Security in Zones of Conflict, Basingstoke: Palgrave Macmillan, 26-57.

Feil, M. /Fischer, S. /Haidvogl, A. /Zimmer, M. 2008a: Bad Guys, Good Guys, or Something in Between? Corporate Governance Contributions in Zones of Violent Conflict, PRIF-Report, 84, Frankfurt am Main: Peace Research Institute Frankfurt.

Feil, M. /Fischer, S. /Haidvogl, A. /Zimmer, M. 2008b: Corporate Governance Contributions in Conflict Zones: Findings from Heuristic Case Studies (49th Annual Convention of International Studies Association), San Francisco.

Feldt, H. 2004: Publish What You Pay. Rohstoffe und die Offenlegung von Zahlungsströmen. In: Brühl, T./Feldt, H./Hamm, B./Hummel, H./ Martens, J. (Hg.): Unternehmen in der Weltpolitik. Politiknetzwerke, Unternehmenregeln und die Zukunft des Multilateralismus, Bonn: Stiftung Entwicklung und Frieden, 246-263.

Fischer, S. 2006: Wählen lassen bis es past? Demokratieförderung und Terrorismusbekämpfung in den palästinensischen Gebieten. In: HSFK-Standpunkte, Nr. 5/2006, Frankfurt am Main.

Fischer, S. 2009: The Role of Business in Zones of Violent Conflict. Findings from Comparative Company Case Studies (General Conference of European Consortium for Political Research), Potsdam.

Fischer, S. 2010a: Travelling for Peace: The Role of Tourism in the Israeli-Palestinian Conflict. In: Deitelhoff, N./ Wolf, K. D. (Hg.): Corporate Security Responsibility? Corporate Governance Contributions to Peace and Security in Zones of Conflict, Basingstoke: Palgrave Macmillan, 130-153.

Fischer, S. 2010b: Reisen für den Frieden? Die Rolle des Tourismus in Palästina. In: TourismWatch. Informationsdienst Dritte Welt-Tourismus, Nr. 59/60 (September 2010), http://www.tourism-watch.de/node/1513 (31.08.2011).

Flick, U. 2004: Triangulation. Eine Einführung, Wiesbaden: VS Verlag für Sozialwissenschaften.

Flohr, A. /Rieth, L. /Schwindenhammer, S. /Wolf, K. D. 2010: The Role of Business in Global Governance. Corporations as Norm-Entrepreneurs, Basingstoke: Palgrave Macmillan.

Fort, T. L. /Schipani, C. A. 2004: The Role of Business in Fostering Peaceful Societies, Cambridge: Cambridge University Press.

Freeman, B. /Hernández Uriz, G. 2003: Managing Risk and Building Trust: The Challenge of Implementing the Voluntary Principles on Security and Human Rights. In: Sullivan, R. (Hg.): Business and Human Rights. Dilemmas and Solutions, Sheffield: Greenleaf, 243-259.

Freeman, E. R. 1984: Strategic Management, Boston: Pitman.

Freyer, W. 2006: Tourismus. Einführung in die Fremdenverkehrsökonomie, München: Oldenbourg Wissenschaftsverlag.

Friedman, M. 1970: The Social Responsibility of Business is to Increase its Profits. In: The New York Times Magazine, 13 September, 405-409.

Frynas, J. G. 2009: Beyond Corporate Social Responsibility. Oil Multinational and Social Challenges, Cambridge: Cambridge University Press.

Fuchs, H. /Monshausen, A. 2010: Zauberformel CSR? Unternehmensverantwortung zwischen Freiwilligkeit und Verpflichtung. Ein Beitrag zur Debatte um die Qualität freiwilliger CSR-Maßnahmen im Tourismus, Bonn: Evangelischer Entwicklungsdienst - Arbeitsstelle Tourism Watch.

Futouris e.V. 2009: Jahresbericht 2009, Berlin: http://www.futouris.org/uuid/0b453-ffc8cab44e2aa41df84ee2ac44e (02.02.11).

Galtung, J. 1969: Violence, Peace, and Peace Research. In: Journal of Peace Research, 6(3), 167-191.

Ganser, D. 2004: Brauchen wir eine Ökonomie des Friedens? Eine Schweizer Perspektive auf die Verbindung der Wirtschaft mit Gewaltkonflikten. In: Die Friedens-Warte. Journal of International Peace and Organization, 79(1-2), 57-74.

Gardener, E. 2001: The Role of Media in Conflict. In: Reychler, L./ Paffenholz, T. (Hg.): Peacebuilding. A Field Guide, Boulder, CO: Lynne Rienner, 301-311.

George, A. L. /Bennett, A. 2005: Case Studies and Theory Development in the Social Science, Cambridge, MA: MIT Press.

Gerring, J. 2007: Case Study Research. Principles and Practices, New York, NY: Cambridge University Press.

Gerson, A. /Colletta, N. J. 2002: Privatizing Peace. From Conflict to Security, Ardsley, NY: Transnational Publishers.

Ginifer, J. /Greene, O. 2004: Considering Armed Violence in the Post-Conflict Transition: DDR and Small-Arms and Light Weapons Reduction Initiatives, Briefing Paper, Bradford: CICS.

Glaeßer, D. 2001: Krisenmanagement im Tourismus, Frankfurt am Main: Peter Lang.

Gläser, J. /Laudel, G. 2009: Experteninterviews und qualitative Inhaltsanalyse als Instrument rekonstruierender Untersuchungen, Wiesbaden: VS Verlag für Sozialwissenschaften.

Grinberg, L. L. 2010: Politics and Violence in Israel/Palestine. Democracy versus Military Rule, London: Routledge.

Guáqueta, A. 2006: Doing Business amidst Conflict: Emerging Best Practices in Colombia (Case Study Colombia). In: Banfield, J./Gündüz, C./ Killick, N. (Hg.): Local Business, Local Peace: The Peacebuilding Potential of the Domestic Private Sector, London: International Alert, 272-306.

Gutberlet, S. /Kern, S. 2007: Corporate Social Responsibility: Wie verantwortungsbewusst und nachhaltig agieren deutsche Familienunternehmen? Forschungspapier, 6, Vallendar: INTES Zentrum für Familienunternehmen.

Hall, R. B. /Biersteker, T. J. (Hg.) 2002: The Emergence of Private Authority in Global Governance, Cambridge: Cambridge University Press.

Hamm, B. 2002: Die OECD-Leitsätze für multinationale Unternehmen in ihrer revidierten Fassung von 2000 - ihr Potential für den Schutz der Menschenrechte. In: Arnim, G. v./Deile, V./Hutter, F.-J./Kurtenbach, S./ Tessmer, C. (Hg.): Jahrbuch Menschenrechte 2003. Schwerpunkt: Terrorismus und Menschenrechte, Frankfurt am Main: Suhrkamp, 191-200.

Harvey, S. J. 1999: Owner as Manager, Extendet Horizons and the Family Firm. In: International Journal of the Economics of Business, 6(1), 41-55.

Hashai, N. 1999: Israeli-Palestinian Industrial Cooperation: Current Status and Future Prospects. In: Palestine-Israel Journal of Politics, Economics, and Culture, 6(3), o.S.

Hassel, A. /Höpner, M. /Kurdelbusch, A. /Rehder, B. /Zugehör, R. 2000: Zwei Dimensionen der Internationalisierung. Eine empirische Analyse deutscher Grossunternehmen. In: Kölner Zeitschrift für Soziologie und Sozialpsychologie, 52(3), 500-519.

Haufler, V. 2001a: Is There a Role for Business in Conflict Management? In: Crocker, C. A./Hampson, F. O./ Aall, P. (Hg.): Turbulent Peace. The Challenges of Managing International Conflict, Washington, DC: United States Institute of Peace Press, 659-675.

Haufler, V. 2001b: Public Role for the Private Sector. Industry Self-Regulation in a Global Economy, Washington, DC: Carnegie Endowment for International Peace.

Hedström, P. /Swedberg, R. 1998: Social Mechanisms: An Introductory Essay. In: Hedström, P./ Swedberg, R. (Hg.): Social Mechanisms. An Analytical Approach to Social Theory, Cambridge: Cambridge University Press, 1-31.

Hein, W. 2006: Tourismus und nachhaltige Entwicklung. Ein Überblick über den Forschungsstand. In: Schneider, H. (Hg.): Nachhaltigkeit als regulative Idee in der geographischen Stadt- und Tourismusforschung, Hamburg: Lit-Verlag, 119-159.

Herberg, M. 2007: Globalisierung und private Selbstregulierung. Umweltschutz in multinationalen Unternehmen, Frankfurt am Main: Campus.

Herkenrath, M. 2003: Transnationale Konzerne im Weltsystem. Globale Unternehmen, nationale Wirtschaftspolitik und das Problem nachholender Entwicklung, Wiesbaden: Westdeutscher Verlag.

Hill, H. 2008: Good Governance - Konzepte und Kontexte. In: Schuppert, G. F. (Hg.): Governance-Forschung, Baden-Baden: Nomos, 220-250.

Hiß, S. 2005: Warum übernehmen Unternehmen gesellschaftliche Verantwortung? Ein soziologischer Erklärungsversuch, Frankfurt am Main: Campus.

Homann, K. /Suchanek, A. 2005: Ökonomik: Eine Einführung, Tübingen: Mohr Siebeck.

Honey, M. /Gilpin, R. 2009: Tourism in the Developing World. Promoting Peace and Reducing Poverty, Special Report, 233, Washington, DC: United States Institute of Peace.

House, R. /Rousseau, D. M. /Thomas-Hunt, M. 1995: The Meso Paradigm: A Framework for the Integration of Micro and Macro Organizational Behavior. In: Research in Organizational Behavior, 17(1995), 71-114.

Huber, M. 2003a: Business in Conflict. Bericht im Rahmen der Eigenmaßnahme 'Rolle der Privatwirtschaft in Konflikt- und Postkonfliktsituationen', Eschborn: GTZ.

Huber, M. 2003b: KMU und Organisation der Privatwirtschaft in der Krisenprävention, Eigenmaßnahmen ‚Privatwirtschaftsförderung in (Post-)Konfliktsituationen', Den Haag: GTZ.

Huckel, C. /Rieth, L. /Zimmer, M. 2007: Die Effektivität von Public-Private Partnerships. In: Hasenclever, A./Wolf, K. D./ Zürn, M. (Hg.): Macht und Ohnmacht internationaler Institutionen, Frankfurt am Main: Campus, 115-144.

Id'ais, M. 2008: Security Sector Reform and Judicial Reform: The Missing Link. In: Friedrich, R./ Luethold, A. (Hg.): Entry-Points to Security Sector Reform, Baden-Baden: Nomos, 71-83.

Ihlau, G. 2004: Was leistet ein integrierter Touristikkonzern für die Sicherheit seiner Kunden? In: Bastian, H./ Born, K. (Hg.): Der integrierte Touristikkonzern. Strategien, Erfolgsfaktoren und Aufgaben, München: Oldenbourg Wissenschaftsverlag, 381-393.

International Alert 2005: Conflict-Sensitive Business Practice: Guidance for Extractive Industries, http://www.international-alert.org/pdfs/conflict_sensitive_business_practice_section_1.pdf (17.07.09).

Jamali, D. /Mirshak, R. 2009: Business-Conflict Linkages: Revisiting MNCs, CSR, and Conflict. In: Journal of Business Ethics, (online publication), 1-22.

Jarstadt, A. K. /Sisk, T. D. (Hg.) 2008: From War to Democracy. Dilemmas of Peacebuilding, Cambridge: Cambridge University Press.

Jean, F. /Rufin, J.-C. (Hg.) 1999: Ökonomie der Bürgerkriege, Hamburg: Hamburger Edition.

Jenkins, H. 2006: Small Business Champions for Corporate Social Responsibility. In: Journal of Business Ethics, 67, 241-256.

Jessop, B. 2007: Regulation- and State-Theoretical Perspectives on Changes in Corporate Governance and Metagovernance. In: Overbeek, H./Apeldoorn, B. v./ Nölke, A. (Hg.): The Transnational Politics of Corporate Governance Regulation, New York, NY: Routledge.

Johannsen, M. 2009: Der Nahost-Konflikt, Wiesbaden: VS Verlag für Sozialwissenschaften.

Joras, U. /Alluri, R. /Palme, K. 2009: Motivating and Impeding Factors for Corporate Engagement in Peacebuilding, Working Paper, Bern: Swisspeace.

Kanagaretnam, P. /Brown, S. 2005: Business, Conflict, and Peacebuilding: An Operational Framework, Ottawa, ON: Pearson Peacekeeping Centre.

Karl, T. L. 1997: The Paradox of Plenty. Oil Booms and Petro-States, Berkeley, CA: University of California Press.

Kassis, R. 2006: The Palestinians & Justice Tourism. Another Tourism is Possible (Master of Pilgrimage, Tourism and Cultural Heritage), Bethlehem: http://www.abs.ps/websites/atg/-print.php?page=palestinianandjusticetourism (05.09.11)

KATE - Kontaktstelle für Umwelt und Entwicklung /Evangelischer Entwicklungsdienst - Arbeitsstelle Tourism Watch /forum anders reisen e.V. /UNI Europa 2008: Corporate Social Responsibility (CSR). Leitfaden CSR-Reporting im Tourismus, Stuttgart.

Kaul, I. /Mendoza, R. U. 2003: Advancing the Concept of Public Goods. In: Kaul, I./Conceicao, P./Goulven, K. L./ Mendoza, R. U. (Hg.): Providing Global Public Goods. Managing Globalization, New York, NY: Oxford University Press, 78-111.

Keyser, H. 2002: Tourism Development, Oxford: Oxford University Press.

Khatib, G. 2010: Palestinian Politics and the Middle East Peace Process. Consensus and Competition in the Palestinian Negotiating Team, London: Routledge.

Killick, N. /Srikantha, V. /Gündüz, C. 2005: The Role of Local Business in Peacebuilding, Berghof Handbook, Berlin: Berghof Research Center for Constructive Conflict Management.

King, G. /Keohane, R. O. /Verba, S. 1994: Designing Social Inquiry. Scientific Inference in Qualitative Research, Princeton, NJ: Princeton University Press.

Kirchgässner, G. 2008: Homo Oeconomicus. Das ökonomische Modell individuellen Verhaltens und seine Anwendung in den Wirtschafts- und Sozialwissenschaften, Tübingen: Mohr Siebeck.

Kirstges, T. 1992: Sanfter Tourismus. Chancen und Probleme der Realisierung eines ökologie-orientieren und sozialverträglichen Tourismus durch deutsche Reiseveranstalter, München: Oldenbourg Wissenschaftsverlag.

Kirstges, T. H. 2005: Expansionsstrategien im Tourismus. Marktanalyse und Strategiebausteine, unter besonderer Berücksichtigung mittelständischer Reiseveranstalter, Wilhelmshaven: Dr. Kirstges' Buch- und Musikverlag.

Knill, C. /Lehmkuhl, D. 2002: Governance and Globalization: Conceptualizing the Role of Public and Private Actors. In: Héritier, A. (Hg.): Commond Goods. Reinventing European and International Governance, Lanham, MD: Rowman & Littlefield Publishers, 85-104.

Kooiman, J. 2005: Governing as Governance. In: Schuppert, G. F. (Hg.): Governance-Forschung. Vergewisserung über Stand und Entwicklungslinien, Baden-Baden: VS Verlag für Sozialwissenschaften, 149-172.

Kreilkamp, E. 2005: Strategische Frühaufklärung im Rahmen des Krisenmanagements im Tourismusmarkt. In: Pechlaner, H./ Glaeßer, D. (Hg.): Risiko und Gefahr im Tourismus. Erfolgreicher Umgang mit Krisen und Strukturbrüchen, Berlin: Erich Schmidt, 29-60.

Kriesberg, L. 1998: Coexistence and the Reconciliation of Communal Conflicts. In: Weiner, E. (Hg.): The Handbook of Interethnic Coexistence, New York, NY: The Continuum Publishing Company, 182-198.

Kvale, S. 2007: Doing Interviews, London: SAGE Publications.

Lamnek, S. 1995: Qualitative Sozialforschung. Methoden und Techniken, Weinheim: Beltz Verlag.

Law, D. M. 2006: The Post-Conflict Security Sector, Policy Paper, 14, Genf: Geneva Centre for the Democratic Control of Armed Forces (DCAF).

Leander, A. 2003: The Commodification of Violence, Private Military. Companies, and African States, COPRI Working Paper, 1-19.

Lederach, J. P. 2008: The Role of Corporate Actors in Peace-Building Processes. Opportunities and Challenges. In: Williams, O. F. (Hg.): Peace through Commerce. Responsible Corporate Citizenship and the Ideal of the United Nations Global Compact, Notre Dame, IN: University of Notre Dame Press, 96-106.

Leibfried, S. /Zürn, M. 2006: Transformationen des Staates? Frankfurt am Main: Suhrkamp.

Levy, D. /Prakash, A. 2003: Bargains Old and New: Multinational Corporations in Global Governance. In: Business and Politics, 5(2), 131-150.

Lijphard, A. 1975: The Comparable-Cases Strategy in Comparative Research. In: Comparative Political Studies, 8(2), 158-177.

Lim, S. /Cameron, M. 2003: The Contribution of Multinationals to the Fight against HIV/AIDS. In: Sullivan, R. (Hg.): Business and Human Rights. Dilemmas and Solutions, Sheffield: Greenleaf Publishing, 170-180.

Lock, P. 2005: Ökonomie der neuen Kriege. In: Frech, S./ Trummer, P. I. (Hg.): Neue Kriege. Akteure, Gewaltmärkte, Ökonomie, Schwalbach/Ts.: Wochenschau Verlag, 53-72.

Lund, M. 2001: A Toolbox for Responding to Conflicts and Building Peace. In: Reychler, L./ Paffenholz, T. (Hg.): Peacebuilding. A Field Guide, Boulder, CO: Lynne Rienner, 16-20.

Lund, M. S. 1996: Preventing Violent Conflicts. A Strategy for Preventive Diplomacy, Washington, DC: United States Institute of Peace Press.

Lunde, L. /Taylor, M. 2005: Revenue Transparency and the Publish What You Pay. In: Ballentine, K./ Nitzschke, H. (Hg.): Profiting From Peace. Managing the Resource Dimensions of Civil War, Boulder, CO: Lynne Rienner, 263-285.

Ma'oz, M. 2002: The Oslo Peace Process: From Breakthrough to Breakdown. In: Rothstein, R. L./Ma'oz, M./ Shikaki, K. (Hg.): The Israeli-Palestinian Peace Process. Oslo and the Lessons of Failure, Brighton: Sussex Academic Press, 133-148.

Mansfeld, Y. /Pizam, A. (Hg.) 2006: Tourism, Security and Safety, Oxford: Elsevier.

Matthies, V. 1994: Friedensursachenforschung. Ein vernachlässigtes Forschungsfeld. In: Wissenschaft & Frieden, 94(2), 1-13.

Matthies, V. 1995: Der Transformationsprozess vom Krieg zum Frieden. Ein vernachlässigtes Forschungsfeld. In: Matthies, V. (Hg.): Vom Krieg zum Frieden. Kriegsbeendigung und Friedenskonsolidierung, Bremen: Temmen, 8-38.

Matthies, V. 1997: Einleitung: Friedenserfahrungen und Friedensursachen. In: Matthies, V. (Hg.): Der gelungene Frieden. Beispiele und Bedingungen erfolgreicher friedlicher Konfliktbearbeitung, Bonn: Dietz, 13-43.

Matthies, V. 2000: Zwischen Kriegsbeendigung und Friedenskonsolidierung. In: Senghaas, D. (Hg.): Frieden machen, Frankfurt am Main: Suhrkamp.

Mayntz, R. 2002: Common Goods and Governance. In: Heritier, A. (Hg.): Common Goods. Reinventing European and International Governance, Lanham, MD: Rowman & Littlefield, 15-27.

Mayntz, R. 2005: Governance Theory als fortentwickelte Steuerungstheorie? In: Schuppert, G. F. (Hg.): Governance-Forschung, Baden-Baden: Nomos, 11-20.

Mayntz, R. 2008: Von der Steuerungstheorie zu Global Governance. In: Schuppert, G. F./ Zürn, M. (Hg.): Governance in einer sich wandelnden Welt, Wiesbaden: VS Verlag, 43-60.

Mayntz, R. /Scharpf, F. W. 1995: Steuerung und Selbstorganisation in staatsnahen Sektoren. In: Mayntz, R./ Scharpf, F. W. (Hg.): Gesellschaftliche Selbstregelung und politische Steuerung, Frankfurt am Main: Campus, 9-38.

Mayring, P. 2008: Qualitative Inhaltsanalyse. Grundlagen und Techniken, Weinheim: Beltz Verlag.

McKeown, T. J. 1999: Case Studies and the Statistical Worldview: Review of King, Keohane and Verba's Designing Social Inquiry: Scientific Inference in Qualitative Research. In: International Organization, 53(1), 161-190.

McMichael, P. 2000: Globalisation. Trend or Project? In: Palan, R. (Hg.): Global Political Economy: Contemporary Theories, New York, NY: Routledge, 100-113.

McWilliams, A. /Siegel, D. S. 2001: Corporate Social Responsibility: A Theory of the Firm Perspective. In: Academy of Management Review, 26(1), 117-127.

Melé, D. 2008: Corporate Social Responsibility Theories. In: Crane, A./McWilliams, A./Matten, D./Moon, J./ Siegel, D. S. (Hg.): The Oxford Handbook of Corporate Social Responsibility, Oxford: Oxford University Press, 47-82.

Meyers, R. 1994: Begriffe und Probleme des Friedens, Opladen: Leske + Budrich.

Monshausen, A. /Fuchs, H. 2010: Zauberformel CSR? Unternehmensverantwortung zwischen Freiwilligkeit und Verpflichtung. Ein Beitrag zur Debatte um die Qualität freiwilliger CSR-Maßnahmen im Tourismus, Bonn: Evangelischer Entwicklungsdienst - Arbeitsstelle Tourism Watch.

Muchlinski, P. T. 2007: Multinational Enterprises and the Law, Oxford: Oxford University Press.

Müller, H. 2003: Begriff, Theorien und Praxis des Friedens. In: Hellmann, G./Wolf, K. D./ Michael, Z. (Hg.): Die neuen Internationalen Beziehungen. Forschungsstand und Perspektiven, Baden-Baden: Nomos, 209-250.

Müller, H. 2007: Process-tracing (10. Oktober), Frankfurt am Main: unveröffentliches Diskussionspapier.

Mundt, J. W. 2004: Tourismuspolitik, München: Oldenbourg Wissenschaftsverlag.

Mundt, J. W. 2006: Tourismus, München: Oldenbourg Wissenschaftsverlag.

Nelson, J. 2000: The Business of Peace. The Privat Sector as a Partner in Conflict Prevention and Resolution, London: International Alert.

Nitzan, J. /Bichler, S. 1996: From War Profits to Peace Dividends: The New Political Economy of Israel. In: Capital &Class, 60, 61-94.

Norman, W. /MacDonald, C. 2003: Getting to the Bottom of "Triple Bottom Line". In: Business Ethics Quarterly, 14(2), 243-262.

Nuscheler, F. 1996: Lern- und Arbeitsbuch Entwicklungspolitik, Bonn: Dietz.

Oren, N. /Bar-Tal, D. /David, O. 2004: Conflict, Identity, and Ethos: The Israeli-Palestinian Case. In: Lee, Y.-T./McCauley, C./Moghaddam, F. M./ Worchel, S. (Hg.): The Psychology of Ethnic and Cultural Conflict, Westport, CT: Praeger Publishers, 133-154.

Palazzo, G. /Scherer, A. G. 2006a: Corporate Legitimacy as Deliberation: A Communicative Framework. In: Journal of Business Ethics, 66, 71-88.

Palestine Ministry of Interior 2008: Palestinian Civil Police. Connect, Train, Equip, Mobilize: Funding Request (Berlin Conference 24 June 2008), Ramallah: http://www.consilium.europa.eu/uedocs/cmsUpload/080624-Civil_Police_Brochure_fin.pdf (14.05.10).

Palestinian Central Bureau of Statistics 2008: Palestine in Figures 2007, Ramallah: http://www.pcbs.gov.ps/Portals/_PCBS/Downloads/book1432.pdf (10.02.09).

Palestinian Initiative for Responsible Tourism 2008: The Code of Conduct, Beit Sahour: http://www.pirt.ps/resources/file/Code,%20text%20only.pdf (28.06.10).

Palestinian National Authority 2007: Building a Palestinian State. Towards Peace and Prosperity, Paris: http://imeu.net/engine2/uploads/pna-full-report.pdf (10.02.09).

Parnell, Michael J.G. 1998: Tourism and Critical Security, with Particular Reference to Burma. In: Poku, Nana /Graham, David T. (Hg.): Redefining Security. Population Movements and National Security, Westport, CT: Praeger Publishers, 123-147.

Passia 2008: Facts and Figures. Population, Jerusalem: http://www.passia.org/palestine_facts/pdf/pdf2008/Population.pdf (10.02.09).

Pattberg, P. 2004: Private-Private-Partnerships als innovative Modelle zur Regel(durch)setzung? Das Beispiel des Forest Stewardship Council. In: Brühl, T./Feldt, H./Hamm, B./Hummel, H./ Martens, J. (Hg.): Unternehmen in der Weltpolitik. Politiknetzwerke, Unternehmensregeln und die Zukunft des Multilateralismus, Bonn: Stiftung Entwicklung und Frieden, 143-162.

Pechlaner, H. /Glaeßer, D. (Hg.) 2005: Risiko und Gefahr im Tourismus. Erfolgreicher Umgang mit Krisen und Strukturbrüchen. Schriften zu Tourismus und Freizeit, Berlin: Erich Schmidt Verlag.

Peres, S. 1993: The new Middle East, New York: Henry Holt.

Perez, O. /Amichai-Hamburger, Y. /Shterental, T. 2009: The Dynamic of Corporate Self-Regulation: ISO 14001, Environmental Commitment and Organizational Citizenship Behavior, http://papers.ssrn.com/sol3/papers.cfm?abstract_id=1407227 (15.08.10).

Peters, D. 2007: International Structure and National Security Policy. Constrained Balancing in British and German Policies towards European Security and Defense Policy (Inauguraldissertation eingereicht an der Johann Wolfgang Goethe-Universität zu Frankurt am Main), Frankurt am Main.

Peters, D. 2010: Constrained Balancing: The EU's Security Policy, Basingstoke: Palgrave Macmillan.

Pierre, J. 2000: Conclusions: Governance beyond State Strength. In: Pierre, J. (Hg.): Debating Governance, Oxford: Oxford University Press, 241-246.

Prieto-Carrón, M. /Lund-Thomsen, P. /Chan, A. /Bhushan, C. 2006: Critical Perspectives on CSR and Development: What We Know, What We Don't know, and What We Need to Know. In: International Affairs, 82(5), 977-987.

Puddington, A. 2010: Freedom in the World 201: Erosion of Freedom Intensifies (Overview Essay), Washington D.C.: http://www.freedomhouse.org/uploads/fiw10/FIW_2010_Overview_Essay.pdf (14.05.10).

Reinicke, W. H. 1998: Global Public Policy. Governing without Government? Washington, DC: Brookings Institution Press.

Reuveny, R. 2000: The Trade and Conflict Debate: A Survey of Theory, Evidence and Future Research. In: Peace Economics, Peace Science and Public Policy, 6(1).

REWE Group 2005: Tourismus mit Zukunft. Engagement für Umwelt, Kultur und Soziales (ITS, Jahn Reisen, Tjaereborg), Köln: http://www.rewe-touristik.com/downloads/umwelt-soziales/Tourismus_mit_Zukunft.pdf (21.08.2008).

REWE Group 2008a: Eine Frage des Wertes (Geschäftsbericht 2008), Köln: http://www.rewe-group.com/fileadmin/content/Downloads/Geschaeftsberichte/REWE_Group_GB_2008.pdf (06.05.10).

REWE Group 2008b: Nachhaltigkeitsbericht, Köln: http://www.rewe-group.com/fileadmin/content/Downloads/Nachhaltigkeit/REWE_Group_NB_2008.pdf (06.05.10).

REWE Group 2008c: Touristiksparte der REWE Group, Köln: http://www.rewe-touristik.com/downloads/unternehmen/REWE_Broschuere_08.pdf (21.08.08).

REWE Group 2009: Die Touristik. Travel & Tourism, Köln: http://www.rewe-touristik.com/downloads/unternehmen/REWE_Broschuere_09_10.pdf (16.04.10).

REWE Touristik GmbH 2005: Tourismus mit Zukunft. Engagement für Umwelt, Kultur und Soziales (ITS, Jahn Reisen, Tjaereborg), Köln: http://www.rewe-touristik.com/downloads/umwelt-soziales/Tourismus_mit_Zukunft.pdf (21.08.08).

REWE Touristik GmbH o.J.: Das Ferienhotel. Mit ökologischer und sozialer Verantwortung zum Erfolg, Köln: http://www.rewe-touristik.com/downloads/umwelt-soziales/umwelt-broschuere.pdf (01.12.08).

Rieth, L. 2004: Der VN Global Compact. Was als Experiment begann... In: Die Friedens-Warte. Journal of International Peace and Organization, 79(1-2), 151-170.

Rieth, L. /Zimmer, M. 2004a: Transnational Corporations and Conflict Prevention. The Impact of Norms on Private Actors. In: Tübinger Arbeitspapiere zur Internationalen Politik und Friedensforschung, 43, 1-39.

Rieth, L. /Zimmer, M. 2004b: Unternehmen der Rohstoffindustrie - Möglichkeiten und Grenzen der Konfliktprävention. In: Die Friedens-Warte. Journal of International Peace and Organization, 79(1-2), 75-101.

Rittberger, V. 2004: Transnationale Unternehmen in Gewaltkonflikten. In: Die Friedens-Warte. Journal of International Peace and Organization, 79(1-2), 15-34.

Rosenau, J. /Czempiel, E.-O. 1992: Governance without Government: Order and Change in World Politics, Cambridge: Cambridge University Press.

Ross, M. L. 2003: Oil, Drugs, and Diamonds: The Varying Roles of Natural Resources in Civil War. In: Ballentine, K./ Sherman, J. (Hg.): The Political Economy of Armed Conflict, Boulder, CO: Lynne Rienner, 47-70.

Ross, M. L. 2004: What Do We Know About Natural Resources and Civil War? In: Journal of Peace Research, 41(3), 337-356.

Rothstein, R. L. 2002: A Fragile Peace: Could a "Race to the Bottom" Have Been Avoided? In: Rothstein, R. L./Ma'oz, M./ Shikaki, K. (Hg.): The Israeli-Palestinian Peace Process. Oslo and the Lessons of Failure. Perspectives, Predicaments and Prospects, Brighton: Sussex Academic Press, 1-36.

Rothstein, R. L. /Ma'oz, M. /Shikaki, K. (Hg.) 2002: The Israeli-Palestinian Peace Process. Oslo and the Lessons of Failure. Perspectives, Predicaments and Prospects, Brighton: Sussex Academic Press.

Ruggie, J. G. 2004: Reconstituting the Global Public Domain - Issues, Actors, and Practices. In: European Journal of International Relations, 10(4), 499-531.

Russett, B. /Oneal, J. 2001: Triangulating Peace. Democracy, Interdependence, and International Organizations, New York, NY: W.W. Norton & Company.

Salomon, G. 2004: A Narrative-Based View of Coexistence Education. In: Journal of Social Issues, 60(2), 273-287.

Salzmann, O. /Steger, U. /Ionescu-Somers, A. 2008: Determinants of Corporate Sustainability Management: An Empirical Contingency Approach. In: Zeitschrift für Betriebswirtschaft, 3(Special Issue), 1-23.

Scharpf, F. W. 2000: Interaktionsformen. Akteurszentrierter Institutionalismus in der Politikforschung, Opladen: Leske+Budrich.

Scherer, A. G. /Palazzo, G. /Baumann, D. 2006: Global Rules and Private Actors: Toward a New Role of the Transnational Corporation in Global Governance. In: Business Ethics Quarterly, 16(4), 505-532.

Schimmelfennig, F. 2006: Prozessanalyse. In: Behnke, J./Gschwend, T./Schindler, D./ Schnapp, K.-U. (Hg.): Methoden der Politikwissenschaft. Neuere qualitative und quantitative Analyseverfahren, Wiesbaden: Nomos, 263-271.

Schlichte, K. 2002: Neues über den Krieg? Einige Anmerkungen zum Stand der Kriegsforschung in den Internationalen Beziehungen. In: Zeitschrift für Internationale Beziehungen, 9(2), 113-138.

Schmid, R. 2003: Krieg in der Nähe des Urlaubslandes - ein Fall der "höheren Gewalt"? In: Monatsschrift für Deutsches Recht, 17, 974-977.

Schmid, R. 2004: Zur Beobachtungs-, Erkundigungs-, und Informationsweitergabepflicht eines Reiseveranstalters hinsichtlich terroristischer Gefahren im Urlaubsland, http://www.ronald-schmid.de/p2004_rra2.html (28.08.10).

Schneckener, U. 2006: Fragile Staatlichkeit. "States at Risk" zwischen Stabilität und Scheitern, Baden-Baden: Nomos.

Schneiker, A. 2008: Die Selbstregulierung privater Sicherheits- und Militärfirmen als Instrument der Marktbeeinflussung. In: Sicherheit + Frieden, 26, 214-219.

Schuppert, G. F. 2008: Von Ko-Produktion von Staatlichkeit zur Co-Performance of Governance. Eine Skizze zu kooperativen Governance-Strukturen von den Condottieri der Renaissance bis zu Public Private Partnerships, SFB-Governance Working Paper Series, 12, Berlin: SFB 700.

Schwerdtfeger, J. 2001: Begriffsbildung und Theoriestatus in der Friedensforschung, Opladen: Leske+Budrich.

Sell, A. 2003: Einführung in die internationalen Wirtschaftsbeziehungen, München: Oldenbourg Wissenschaftsverlag.

Senghaas, D. 1995: Frieden als Zivilisierungsprojekt. In: Senghaas, D. (Hg.): Den Frieden denken. Si vis pacem, para pacem, Frankfurt am Main: Suhrkamp, 196-223.

Senghaas, D. /Senghaas, E. 1996: Si vis pacam, para pacem - Überlegungen zu einem zeitgemäßen Friedenskonzept. In: Meyer, B. (Hg.): Eine Welt oder Chaos? Frankfurt am Main: Suhrkamp, 245-275.

Shafir, G. /Peled, Y. 2000: Peace and Profits: The Globalization of Israeli Business and the Peace Process. In: Shafir, G./ Peled, Y. (Hg.): The New Israel. Peacemaking & Liberalization, Boulder, CO: Westview Press, 243-264.

Shamir, R. 2004: The De-Radicalization of Corporate Social Responsibility. In: Critical Sociology, 30(3), 669-689.

Smith, D. 2004: Towards a Strategic Framework for Peacebuilding: Getting Their Act Together. Overview Report of the Joint Utstein Study of Peacebuilding, Evaluation Report, 1 (2004), Oslo: Royal Norwegian Ministry of Foreign Affairs.

Sonderforschungsbereich 700 2007: Grundbegriffe. Ein Beitrag aus dem Teilprojekt A1, Berlin: http://www.sfb-governance.de/publikationen/sfbgov_wp/wp8/SFB700-WorkingPaper8-_HP_22-06-2009.pdf (24.08.09).

Spar, D. L. /Mure, L. T. L. 2003: The Power of Activism: Assessing the Impact of NGOs on Global Business. In: California Management Review, 45(3), 78-101.

Steuerer, R. 2009: The Role of Governments in Corporate Social Responsibility: Characterising Public Policies on CSR in Europe. In: Policy Sci, 43(2010), 49-72.

Stopford, J. M. /Strange, S. /Henley, J. S. 1991: Rival States, Rival Firms. Competition for World Market Shares, Cambridge: Cambridge University Press.

Strange, S. 1996: The Retreat of the State. The Diffusion of Power in the World Economy, Cambridge: Cambridge University Press.

Studiosus 2007: Unternehmensleitbild (Dezember 2007), München.

Studiosus 2008: Nachhaltigkeitsbericht 2008, München: http://www.studiosus.com/unternehmen/presse/downloads/rubriken/geschaeftsberichte/GRI_GC_Version_1_extern.pdf (16.04.10).

Studiosus 2009a: Umwelterklärung 2009, München: http://www.studiosus.com/unternehmen/presse/downloads/rubriken/geschaeftsberichte/UE_2009.pdf (16.04.10).

Studiosus 2009b: Unternehmensprofil. Zahlen, Daten, Fakten, München: http://www.studiosus.com/downloads/unternehmensprofil.pdf (16.04.10).

Sturm, G. 2006: Abduktion. In: Behnke, J./Gschwend, T./Schindler, D./ Schnapp, K.-U. (Hg.): Methoden der Politikwissenschaft. Neuere qualitative und quantitative Analyseverfahren, Baden-Baden: Nomos, 27-35.

Sullivan, R. (Hg.) 2003: Business and Human Rights. Dilemmas and Solutions, Sheffield: Greenleaf Publishing.

Sweetman, D. 2009: Business, Conflict Resolution and Peacebuilding. Contributions from the Private Sector to Adress Violent Conflict, New York, NY: Routledge.

Teubner, G. 2005: Codes of Conduct multinationaler Unternehmen: Unternehmensverfassung jenseits von Corporate Governance und gesetzliche Mitbestimmung. In: Höland, A./Hohmann-Dennhardt, C./Schmidt, M./ Seifert, A. (Hg.): Arbeitnehmermitwirkung in einer sich globalisierenden Arbeitswelt: Liber Amicorum Manfred Weiss, Berlin: Berliner Wissenschaftsverlag, 109-117.

The Peres Center for Peace /Paltrade 2006: The Untapped Potential. Palestinian-Israeli Economic Relations: Policy Options and Recommendations, Jaffa: http://www.peres-center.org/The%20untapped%20Potential.pdf (10.08.10).

The World Bank 2007: Two Years after London: Restarting Palestinian Economic Recovery. Economic Monitoring Report at the Ad Hoc Liason Committee (24.09.2007), New York: http://www.diplomatie.gouv.fr/fr/IMG/pdf/AHLCMainReportfinalSept18_cover.pdf (29.04.09).

The World Bank 2009: A Palestinian State in Two Years: Institutions for Economic Revival, New York: http://siteresources.worldbank.org/INTWESTBANKGAZA/Resources/AHLC-Sept09WBreport-final.pdf (12.05.10).

The World Bank 2010: Towards a Palestinian State: Reforms for Fiscal Strengthening, New York: http://siteresources.worldbank.org/INTWESTBANKGAZA/Resources/WorldBank-ReportAHLCApril2010Final.pdf (12.05.10).

Trinczek, R. 2005: Wie befrage ich Manager? Methodische und methodologische Aspekte des Experteninterviews als qualitativer Methode empirischer Sozialforschung. In: Bogner, A./Littig, B./ Menz, W. (Hg.): Das Experteninterview. Theorie, Methode, Anwendung, Wiesbaden: VS Verlag für Sozialwissenschaften, 209-222.

TUI AG 2007: Nachhaltig wirtschaften im TUI Konzern. Nachhaltigkeitsberichterstattung 2006/2007, Hannover: http://www.csr-news.net/directory/ebook/7768/files/7768.pdf (04.02.11).

TUI AG 2008: Verhaltenskodex des TUI Konzerns (TUI), Hannover: http://www.tui-group.com/uuid/593dc6c9e84241d98af8bad787d5e835 (31.05.10).

TUI AG 2009: Nachhaltigkeitsbericht 2009/2010. Zu Gast im Paradies, Hannover: http://www.tui-group.com/dms/nachhaltigkeit/nachhaltigkeit_bei_tui/berichterstattung/TUI-NB09-dt_100/TUIAG_NB2010_DE.pdf (05.09.11).

TUI AG 2010a: Der TUI Konzern im Überblick (Konzern-Präsentation), Hannover: http://www.tui-group.com/dms/konzern/profil/konzern_praesentation/2010_02_Konzern-praesentation_TUI_AG.pdf (16.04.10).

TUI AG 2010b: TUI AG - Daten und Fakten (Stand Februar 2010), Hannover: http://www.tui-group.com/dms/konzern/profil/kurzprofil_de/Kurzportraet_02_2010.pdf (30.04.2010).

TUI AG o.J.-a: Fair Play. Compliance im TUI Konzern (Verhaltenskodex des TUI Konzerns), Hannover: http://www.tui-group.com/dms/konzern/compliance/Verhaltenskodex-_deutsch/Code_of_Conduct_de.pdf (06.05.10)

TUI AG o.J.-b: Zeitreise durch die Geschichte des Konzerns, Hannover: http://www.tui-group.com/dms/konzern/geschichte/geschichte_des_konzerns/geschichte_des_konzerns.pdf (16.04.10).

TUI Travel PLC 2008: Sustainable Development Report 2008, Crawley: http://www.tuitravelplc.com/tui/uploads/dlibrary/documents/TUITravelSustainableDevelopmentReport2008latest.pdf (20.05.10).

UNCTAD 2008: World Investment Report. Transnational Corporations and the Infrastructure Challenge, New York: United Nations.

UNDP 2010: Human Development Report 2009/10: Investing in Human Security for a Future State, Jerusalem: http://204.200.211.31/contents/file/PHDR2010/PHDR_Book_Eng.pdf (12.05.10).

United Nations /World Tourism Organization 1994: Recommendations on Tourism Statistics, UN Statistical Papers Series M, No. 83, New York, NY: United Nations.

United States Conference of Catholic Bishops 2008: Holy Land Pilgrimage Guidelines, http://www.usccb.org/sdwp/international/holyland-pilgrimage-guidelines.pdf (08.07.10).

UNWTO 2008: UNWTO World Tourism Barometer. Committed to Tourism, Travel and the Millenium Development Goals (World Tourism Organization), 6(1), Madrid.

UNWTO 2009: UNWTO World Tourism Barometer. Committed to Tourism, Travel and the Millenium Development Goals (World Tourism Organization), 7(3), Madrid.

UNWTO 2010: UNWTO World Tourism Barometer. Committed to Tourism, Travel and the Millenium Development Goals (World Tourism Organization), 8(1), Madrid.

Vaggi, G. /Baroud, S. 2005: Asymmetries and Economic Interaction between Israel and Palestine, Pavia: http://www-3.unipv.it/iuss/cdn/userfiles/file/Papers/paper_vaggi_2.pdf (14.04.10).

van Evera, S. 1997: Guide to Methods for Students of Political Science, Ithaca, NY: Cornell University Press.

Waldmann, D. A. /Siegel, D. S. /Javidan, M. 2006: Components of CEO Transformational Leadership and Corporate Social Responsibility. In: Journal of Management Studies, 43(8), 1703-1725.

Wallbott, L. 2010: Calling on Peace: The International ICT Sector and the Conflict in the Democratic Republic of Congo. In: Deitelhoff, N./ Wolf, K. D. (Hg.): Corporate Security Responsibility? Private Governance Contributions to Peace and Security in Zones of Conflict, Basingstoke: Palgrave Macmillan, 85-105.

Wallensteen, P. 2002: Understanding Conflict Resolution: War, Peace and the Global System, London: Sage Publications.

Walther, E. (Hg.) 1991: Charles Sanders Peirce. Vorlesungen über den Pragmatismus. Mit Einleitung und Anmerkungen neu herausgegeben von Elisabeth Walther, Hamburg: Felix Meiner Verlag.

Weber, M. 1984: Soziologische Grundbegriffe. Mit einer Einführung von Johannes Winkelmann, Tübingen: J.C.B. Mohr.

Wenger, A. /Möckli, D. 2003: Conflict Prevention. The Untapped Potential of the Business Sector, Boulder, CO: Lynne Rienner.

Wennmann, A. 2009: Economic Issues in Peace Processes: Socio-Economic Inequalities and Peace in Nepal, CCDP Working Paper, 2, Geneva: The Centre on Conflict Development and Peacebuilding.

Willetts, P. 1998: Political Globalization and the Impact of NGOs upon Transnational Companies. In: Mitchell, J. V. (Hg.): Companies in a World of Conflict, London: Earthscan Publications, 195-226.

Wolf, A. T. 1996: Middle East Water Conflicts and Directions for Conflict Resolution, Food, Agriculture, and the Environment Discussion Paper 12, Washington, DC: International Food Policy Research Institute.

Wolf, K. D. 2002: Zivilgesellschaftliche Selbstregulierung: Ein Ausweg aus dem Dilemma des internationalen Regierens? In: Jachtenfuchs, M./ Knodt, M. (Hg.): Regieren in internationalen Institutionen, Opladen: Leske + Budrich, 183-214.

Wolf, K. D. 2005: Möglichkeiten und Grenzen der Selbststeuerung als gemeinwohlverträglicher politischer Steuerung. In: Zeitschrift für Wirtschafts- und Unternehmensethik, 6(1), 51-68.

Wolf, K. D. 2006: Private Actors and the Legitimacy of Governance Beyond the State. Conceptional Outlines and Empirical Explorations. In: Benz, A./ Papadopoulos, Y. (Hg.): Governance and Democracy. Comparing National, European and International Experiences, London: Routledge.

Wolf, K. D. 2008: Emerging Patterns of Global Governance: The new Interplay between the State, Business and Civil Society. In: Scherer, A. G./ Palazzo, G. (Hg.): Handbook of Corporate Citizenship, Cheltenham: Edward Elgar, 225-248.

Wolf, K. D. 2010: Chartered Companies: Linking Private Security Governance in Early and Post Modernity. In: Deitelhoff, N./ Wolf, K. D. (Hg.): Corporate Security Responsibility? Private Governance Contributions to Peace and Security in Zones of Conflict, Basingstoke: Palgrave Macmillan, 154-176.

Wolf, K. D. /Deitelhoff, N. /Engert, S. 2007: Corporate Security Responsibility. Towards a Conceptual Framework for a Comparative Research Agenda. In: Cooperation and Conflict, 42(3), 295-321.

Young, O. R. /Underdal, A. (Hg.) 2004: Regime Consequences. Methodological Challenges and Research Strategies, Dordrecht: Kluwer Academic Publishers.

Yukl, G. 1989: Managerial Leadership: A Review o Theory and Research. In: Journal of Managment, 15(2), 251-289.

Yusuf, A. W. 2006: Somali Enterprises: Making Peace their Business (Case Study Somalia). In: Banfield, J./Gündüz, C./ Killick, N. (Hg.): Local Business, Local Peace: The Peacebuilding Potential of the Domestic Private Sector, London: International Alert, 468-507.

Zandvliet, L. 2005: Opportunities for Synergy: Conflict Transformation and the Corporate Agenda, Berghof Handbook, Berlin: Berghof Research Center for Constructive Conflict Management.

Zielinski, M. 1995: Friedensursachen. Genese und konstituierende Bedingungen von Friedensgemeinschaften am Beispiel der Bundesrepublik Deutschland und der Entwicklung ihrer Beziehungen zu den USA, Frankreich und den Niederlanden, Baden-Baden: Nomos.

Zimmer, M. 2010: Oil Companies in Nigeria: Emerging Good Practice or still Fuelling Conflict? In: Deitelhoff, N./ Wolf, K. D. (Hg.): Corporate Security Responsibility? Private Governance Contributions to Peace and Security in Zones of Conflict, Basingstoke: Palgrave Macmillan, 58-84.

Zürn, M. 1998: Regieren jenseits des Nationalstaates. Globalisierung und Denationalisierung als Chance, Frankfurt am Main: Suhrkamp.